DES EAUX DE NIMES

ET

DE L'AQUEDUC ROMAIN DU GARD.

TOME SECOND.

DEUXIÈME PARTIE.

ÉTUDES

SUR

LES EAUX DE NIMES

ET SUR L'AQUEDUC ROMAIN DU GARD,

Par M. le Docteur

JULES TEISSIER-ROLLAND.

Membre de plusieurs Sociétés savantes.

TOME SECOND.

DEUXIÈME PARTIE.

NIMES.

IMPRIMERIE BALLIVET ET FABRE,
RUE DE L'HÔTEL-DE-VILLE, 11.

1846.

1847

HISTOIRE

DES EAUX DE NIMES

ET

DE L'AQUEDUC ROMAIN

DU GARD.

INTRODUCTION.

*Du Culte des Fontaines, et du véritable nom de la
source d'Eure chez les Romains.*

Parmi les superstitions aveugles du paganisme,
aucune ne fut plus généralement répandue que le
culte des sources, des rivières et des fleuves ; presque
tous les anciens ont fait une divinité de l'eau, qui, suivant quelques philosophes, était le principe de toutes
choses.

L'adoration de l'eau était générale en Egypte ; les
grandes divinités des Perses étaient le soleil et l'eau.

Les Grecs avaient fait les fontaines filles de l'O-
céan et de Téthys, emblême poétique du retour incessant de l'élément humide des fontaines à la mer
et de la mer aux fontaines. Les anciens, voyant les
sources couler constamment sans s'épuiser, les hono-
rèrent dans leurs poésies de l'épithète glorieuse de
perpétuelles ; et ce cours, cet écoulement sans fin,

pour eux si bienfaisant, devint une image de la bonté
et de l'éternité du Dieu suprême.

C'est au respect que l'eau inspirait qu'on attribue
l'usage où étaient les Dieux de jurer par le Styx, et
l'importance de ce serment. Théocrite qualifie les rivières et les vallées de divinités, θεῖον γένος ;—Aristide
dit bien plus encore, dans un hymne qu'il a fait en
l'honneur de Neptune ; car il nous apprend que l'antiquité la plus reculée croyait que les fleuves, les fontaines et généralement toutes les eaux, étaient, entre
tous les Dieux, les plus grands et les premiers.

L'idée des nymphes paraît être venue de l'opinion
où l'on était, avant le système du Tartare et des
Champs Elysées, que les âmes demeuraient auprès
des tombeaux et dans les jardins ou les bois délicieux
qu'elles avaient fréquentés pendant leur vie ; de là
l'usage de sacrifier sous des arbres verts, au bord des
fontaines. On crut d'abord que les astres étaient animés ; ce qu'on étendit ensuite jusqu'aux fleuves, aux
sources, aux montagnes, aux vallées, en un mot, à tous
les êtres sans vie auxquels on assigna des Dieux terres-
tres. On sacrifiait à ces divinités de l'huile, du lait et
du miel ; quelquefois on leur immolait des chèvres.

L'effet souvent médicateur d'un élément indispensable à la vie, devenait aussi une cause réelle de la
vénération qu'on lui portait. Les nymphes dont les
eaux guérissaient de quelque infirmité étaient particulièrement honorées. Sénèque nous apprend (*Epist.*
41. *lib.* 1.) que les sources thermales avaient un
droit incontesté au culte religieux des Romains.

« Ceux que l'effet des bains soulagea de leurs souffrances, dit Maxime de Tyr, ceux-là rendirent les honneurs divins aux cours d'eaux par reconnaissance... » Aussi Vitruve prescrit-il de placer auprès d'une fontaine les temples des Dieux réputés les plus secourables pour les infirmes et les malades, tels que ceux d'Esculape et de la déesse *Salus :* — « Parce que les » malades guérissent bien plus rapidement, lorsqu'ils » sont transportés d'un lieu malsain dans un site salu- » bre et qu'ils peuvent profiter de l'effet bienfaisant » de certaines eaux. »

Outre cette cause de vénération pour les eaux, il en existait encore une autre dans l'esprit des anciens, qui croyaient que les sources avaient quelque chose de divinatoire. « Les sources et les cours d'eau, dit » Plutarque, favorisent la connaissance de l'avenir, et » leur boisson développe l'esprit prophétique. » La fontaine de Castalie, de Colophon, le lac Palicarus en Sicile, et tant d'autres cours d'eau dans la Grèce et ailleurs, étaient regardés comme la cause inspiratrice des oracles fameux du voisinage. La fontaine d'Apon était consultée par les habitans superstitieux de la Vénétie. (Plutarque, *de Oracul. defectu.* — Claudien, *Eidyllia*, vi.) Aussi, les Romains vénéraient-ils, au rapport de Sénèque, même les étangs et les lacs, surtout quand ils étaient dans un lieu sombre et élevé.

Les *Fontinales,* fêtes en l'honneur des nymphes qui présidaient aux fontaines, se célébraient à Rome, le 13 octobre, à l'une des portes qui en avait pris son nom. On trempait, ce jour-là, dans les fontaines des guirlandes dont on couronnait ensuite les enfans. (Noël, t. Ier, p. 440.)

Les mêmes superstitions régnaient dans la Gaule et la Germanie.

Les Hermondures et les Cattes se disputaient, les armes à la main, la possession d'une fontaine salée qui bornait leurs terres et à laquelle ils rendaient des hommages excessifs. Le fondement de leur culte pour les sources, dit Tacite, c'est qu'elles sont en communication avec le ciel (par les pluies et l'évaporation sans doute), et qu'il n'est point de lieu d'où les hommes puissent se faire entendre plus facilement aux Dieux.

Le Rhin était pour les Gaulois une divinité vénérable ; les armées imploraient son secours et combattaient avec plus de confiance dans son voisinage ; on sait que les tribus riveraines attribuaient à ses eaux le pouvoir de distinguer un enfant légitime du fruit de l'adultère.

Une bonne portion de la religion des Gaulois roulait formellement sur l'adoration des fontaines et des rivières ; c'était, pour ainsi dire, la substance de leur culte. Leurs réunions sacrées avaient lieu au bord des étangs, des lacs, des ruisseaux et des rivières, des bois ou des bosquets ; — ils enrichissaient ces lieux de présens et d'offrandes comme les autres nations le faisaient pour leurs temples. Ils jetaient en sacrifice dans les eaux courantes, les dépouilles, et dans les gouffres les chevaux qu'ils avaient pris sur leurs ennemis. Cet usage était très-ancien chez eux, ainsi que le prouve l'acte religieux par lequel ils jetèrent l'or du temple de Delphes dans le lac de Toulouse après leur mémorable expédition. « De retour dans » leur pays, les Tectosages furent attaqués de la peste, » dit Justin, et ne purent en être délivrés qu'après » avoir jeté, par le conseil de leurs augures, dans le » lac de Toulouse, tout l'or et l'argent qu'il avaient » rapporté de leurs guerres sacriléges (1). » Posidonius assure que ces lacs étaient un asile inviolable pour ces richesses auxquelles nul n'osait toucher.

Il y avait chez les Germains des femmes qui prétendaient lire dans l'avenir en observant les tourbillons et les mouvemens des ondes ; elles en instruisaient ceux qui venaient les consulter. (Plutarque, *Vie de César*. Clément d'Alexandrie, *Stromat*, liv. 1.)

(1) Un auteur, cité par Lafaille (*Annales de Toulouse*), évaluait ce butin à la somme de trois milliards huit cent quarante-six millions, valeur de notre époque, *ni plus, ni moins*. — Au reste, on fait maintenant des fouilles autour de l'église St-Sernin qui paraît être sur l'emplacement de l'ancien lac. Une couche de terre évidemment rapportée et de quatre mètres d'épaisseur était un ancien cimetière. — Au-dessous, le sol est composé d'une terre noirâtre et sableuse, qui fut un cimetière aussi, mais de l'époque romaine. Là, parmi plusieurs cercueils de marbre ou de belle pierre calcaire, on en a trouvé un de simples briques ; et, sous la tête du cadavre, il y avait de ces clous dont j'ai déjà parlé (*Des Eaux de Nimes*, 4ᵉ part. p. L.) — Qu'on soit ou non au fond du lac des Tectosages, il n'importe ; on sait que Cépion en retira toutes les richesses, qui furent pour lui une occasion de désastres et de malheurs ; ce qui donna naissance au proverbe : *Il a de l'or de Toulouse.*

Grégoire de Tours fait une mention spéciale des
eaux, quand il énumère les superstitions des Francs
envahisseurs de la Gaule : " peuple fanatique, qui se
" fait des idoles , qui leur offre des sacrifices , qui
" rend un culte aux forêts et aux *eaux*. "

Cette superstition devint si générale dans les Gaules , qu'après l'établissement du christianisme , cinq
siècles de lutte ne purent suffire pour l'extirper, malgré
le zèle du clergé chrétien et le secours des princes de
plus en plus animés contre l'idolâtrie (1).

II.

Encore aujourd'hui , les historiens regardent le règne
de Constantin comme l'époque de la ruine des temples
en Occident , et les antiquaires fixent ordinairement à
l'année 331 la destruction des édifices païens ou leur
conversion en églises. C'est une erreur. Les lois de
Constantin n'eurent aucun effet immédiat dans l'empire d'occident ; celles d'Honorius, rendues à une époque où le christianisme avait autant gagné d'influence
que le paganisme en avait perdu , et confiées au zèle

(1) *Voyez* particulièrement, sur cette première et seconde partie : — Bimard de La Bastie, *Diatriba de Diis quibusdam ignotis* ;
— dans Muratori, *Novus Thesaurus veterum inscriptionum* ,
t. I. p. 54.

Dom. Martin, *De la Religion des anciens Gaulois*, t. I. p. 5 ,
23 , 65 , 115 , 121 , 129 , 150 , 153 , 243.

T. II. p. 117, 290.

Beugnot, *De la destruction du paganisme en Occident*, t. I.
passim in fine.

T. II. p. 11 , 49 , 81 , 175 , 132 , 282 , 356.

de prêtres ardens et dévoués ou de magistrats partisans, en général, de la nouvelle religion, ne purent recevoir une exécution ni aussi prompte ni aussi rigoureuse qu'il l'aurait voulu, au moins dans les provinces où le paganisme dominait. C'est en 408 qu'on vit fermer, vendre, démolir ou changer en églises les anciens édifices sacrés.

Constantin avait blessé profondément l'antique religion de l'empire, en ordonnant à tous les citoyens de fêter le dimanche. Gratien ravit au sacerdoce des faux Dieux toutes ses richesses (375). Théodose déclara que le trésor ne payerait plus les sacrifices publics (391), après avoir supprimé (389) tous les jours fériés du paganisme.

En 398 et 399, Honorius publia des lois très-sévères contre les païens ; saint Prosper, Tyro Prosper, Idace et saint Augustin disent, mais d'une manière beaucoup trop générale, que la ruine des temples et de l'idolâtrie eut lieu dans l'Occident en 399.

En 408, Honorius supprima l'annone et les sommes destinées à payer les festins et les jeux sacrés ; ainsi l'ancien culte n'eut plus, pour subsister, que les dons et les offrandes des particuliers qui suffirent encore longtemps à ses besoins dans les lieux reculés.

Les chrétiens cherchaient partout à détruire les temples désormais inutiles ; une loi de 408, en déclarant qu'ils seraient appropriés au service public, en conserva un grand nombre en Occident.

Honorius mourut en 423, après avoir passé vingt-huit ans sur le trône ; cette période fut désastreuse pour l'ancienne religion des Romains qui ne devait plus avoir ni trève ni repos. Théodoric lui-même, tout arien qu'il était, et malgré son admiration pour les anciennes institutions de Rome, poursuivit avec une grande sévérité les traces cachées du paganisme. La divination, la nécromancie, les maléfices étaient punis d'un exil perpétuel, si le coupable était d'un rang distingué; de mort, s'il était d'une classe plus humble.

Le pouvoir ecclésiastique poursuit le paganisme avec plus d'ardeur encore que le pouvoir séculier; nous allons, sur l'objet particulier qui nous occupe, réunir les documens épars qui racontent sa longue agonie.

La première prohibition du culte des eaux se trouve dans le XXIIIe canon du concile d'Arles, tenu vers l'an 452. (Hardouin, *Concil.* t. II, p. 775.)—« Vous vous rendez sur les carrefours, au pied de certains arbres, *au bord des fontaines*, et là vous brûlez une chandelle ou une torche en signe de vénération.... »

Les chefs de l'Eglise n'obtenaient pas, en général, beaucoup d'appui du clergé de la Gaule. Déjà, en 428, Célestin 1er, en écrivant aux évêques de la Narbonnaise et de la Viennoise, s'était plaint avec douleur de l'esprit de superstition des prêtres et de l'ignorance des fidèles. Les décrets rendus contre l'ancien culte étaient exécutés avec une extrême négligence; les idoles restaient debout et les sacrifices avaient toujours lieu publiquement. C'est pour faire cesser un état de choses si préjudiciable aux intérêts de la religion, que le deuxième concile d'Arles déclara coupable de sacrilége tout évêque dans le diocèse duquel les

païens allumeraient des feux, ou adoreraient les arbres, les *fontaines* et les pierres. (*Concil. Galliæ col-
lect.* t. i. col. 563.)

C'est aux prêtres et à tous les membres du clergé
que le second concile de Tours, assemblé en 567
(*Concil.* t. iii., p. 365, can. xxii) confie le soin de
combattre et de faire disparaître des erreurs aussi
enracinées : « Que ceux qui adorent les arbres, les
» rochers, les *fontaines,* soient rejetés de la sainte
» Eglise...., qu'ils n'approchent pas de nos autels,
» ceux qui conservent les rites des gentils... »

Bientôt les peines deviennent plus sévères. En 590,
le pape saint Grégoire veut qu'en Sardaigne, les
païens, les aruspices et les sorciers, soient fustigés
et mis à la torture s'ils sont esclaves, emprisonnés
s'ils sont de condition libre. (*Epist. lib.* ii, p. 982-6.)

L'abbé Reginon (*De Discipl. eccles.* lib. i, cap. 5.
num. 42), recommande à ceux à qui la charge des
âmes est commise : « de veiller à ce que nul ne porte
» ses vœux aux arbres, aux rochers, aux *fontaines,*
» comme on doit ne le faire qu'au pied des autels ; —
» de veiller à ce qu'on n'apporte en ces lieux ni dons,
» ni flambeaux, comme s'il s'agissait d'une divinité
» capable de récompenser ou de châtier les mortels... »

En l'an 578, le synode d'Auxerre prévient encore
que ces supertitions sont illicites. — « Qu'on s'abs-
» tienne d'accomplir aucun vœu au pied des arbres
» consacrés, au bord des *fontaines*... » (*Concil.* t. iii,
p. 444.)

Malgré la sollicitude active des pasteurs et l'auto-

rité des saints canons, cette antique superstition avait jeté des racines trop profondes dans l'esprit du vulgaire, pour que les lois ecclésiastiques parvinssent seules à l'extirper. Le septième siècle était prêt de finir qu'elle était encore en vigueur, comme l'atteste, en 681, le chap. 11e du douzième concile de Tolède (*Concil.* t. III, p. 1724).— « Nous prévenons les partisans de l'idolâ-
» trie, ceux qui brûlent des torches, qui vénèrent des
» pierres, qui rendent un culte à la sainteté des *Fontai-*
» *nes* et des arbres, qu'ils se soumettent volontaire-
» ment à la mort, parce qu'ils sacrifient ainsi au démon. »

En l'an 693, le seizième concile de Tolède (*ibid.* p. 1794), rappelle les mêmes prescriptions : « Insen-
» sés sont les idolâtres, les adorateurs des pierres,
» des *fontaines*, des arbres, ceux qui allument des
» flambeaux, qui expliquent les augures, qui veulent
» prédire l'avenir ou qui se livrent à tant d'autres su-
» perstitions trop longues à énumérer... »

Enfin, Charlemagne et son fils Louis-le-Débonnaire, voyant, dans leur zèle pieux, l'impuissance des moni-toires ecclésiastiques pour dissiper ces coutumes, voulurent donner à la religion du Christ le secours de la loi séculière.

Dans le capitulaire d'Aix-la-Chapelle, publié en 789, Charles prescrit de poursuivre les enchanteurs et les sorciers : — « Quant aux arbres, ajoute-t-il, aux
» pierres, aux *fontaines*, où certains insensés atta-
» chent des lumières et font d'autres actes de ce
» genre, nous voulons que, partout où cet usage ab-
» surde sera trouvé en vigueur, il soit aboli... »

En 794, il ordonna de couper les arbres et les *luci*
ou bois sacrés, dernier asile de l'esprit païen.

Les capitulaires répètent ailleurs : —« Si, dans une
« paroisse, les infidèles allument des flambeaux, ado-
« rent les arbres, les *fontaines*, ou les pierres, le
« prêtre, s'il néglige de combattre ces habitudes, sera
« déclaré sacrilége. Le seigneur du lieu et les auteurs
« de ces actes seront privés de la communion, si, après
« un avertissement, ils n'ont pas voulu s'amender.

« Quand des insensés brûleront des flambeaux ou
« accompliront d'autres rites devant des arbres, des
« rochers ou des *fontaines*, nous entendons, sans
« exception, que ces usages détestables, en exécration
« à Dieu, soient supprimés et détruits, en quelque
« lieu qu'ils se rencontrent. — Tout prêtre est chargé
« du soin d'y veiller dans sa paroisse, déclarant sacri-
« léges ceux qui se relâcheraient dans ce devoir.
« (*Capit.* édit. de Baluze, t. i, livr. 7 et liv. 64)...»

Enfin, ce qui parut probablement plus sûr, on
frappa d'amendes pécuniaires ceux qui, malgré les
avertissemens, persistaient dans leur folie.—« Si quel-
« qu'un fait un vœu aux bois et aux *fontaines*, s'il y
« dépose des offrandes, — qu'il paie soixante sols
« s'il est noble; — l'homme libre en paiera trente;
« — l'homme de main morte (*letus*) quinze. — *Ceux*
« *qui ne pourront pas s'acquitter immédiatement de-*
« *viendront serfs de l'Eglise, jusqu'à ce que leur*
« *dette soit soldée.*» (Ibid. p. 254.)

C'est ainsi que, par le concours de l'autorité civile
et ecclésiastique, on put mettre aux abois', après tant

de siècles, ce culte insensé des *fontaines* qui, résista plus longtemps dans les Gaules qu'ailleurs.

Le moine Glaber s'en scandalise encore dans le onzième siècle. — " Le démon assiége l'homme sous " toutes les formes ; —gardez-vous, surtout, du culte " des arbres et des *fontaines*, auquel les malades ne " se livrent que trop facilement. (*Hist. lib.* 1. c. 3.) "

D'après dom Martin (*De la Religion des Gaulois*, t. I., p. 133.), " on aurait pu trouver encore en France, " au seizième siècle, des traces du culte des Gaulois à " l'égard des sources, des marais, des fleuves et des " rivières. " (*Concil. Labb.* t. X, p. 728.—Burchard.) Tellement il est vrai que l'autorité n'est pas l'ennemi le plus redoutable de l'erreur, et que, là où le prince et le prêtre ont longtemps échoué, l'instruction et les lumières ont bientôt déblayé le terrain. Le culte de l'eau semble si naturel à l'homme qu'il s'est retrouvé chez les peuples ignorans, de toutes les époques et sous tous les climats ; François Vasquez rapporte " que " quelques peuplades de l'Amérique adoraient l'eau, " parce qu'elle fait croître les graines et les autres alimens ; ce qui montre qu'elle est l'unique soutien de " notre vie. (Noël, *Dict. myth.*, t. I, p. 352) " Des traces de ce culte insensé, si longtemps proscrit, sont venues jusqu'à nous ; —l'écho en murmure encore dans les campagnes réculées ; ce n'est que de nos jours qu'une instruction répandue avec libéralité en fera définitivement justice.

Beaucoup d'auteurs prétendent que les fées nous viennent de l'Orient, et que les Persans ou les Arabes en sont les inventeurs (Cournaud, *Tableau de la littérature ancienne et moderne*, chap. x) ; — d'autres attribuent l'origine des *Contes de Fées* aux traditions fabuleuses sur les Parques des anciens. (Naudé, Mascurat.)—Quoi qu'en dise ce dernier écrivain, les fées n'ont succédé ni aux Parques, ni aux sorcières, mais plutôt aux nymphes, telle qu'était Egérie. *(Dict. des Orig.* t. ii. p. 554.)

Suivant Astruc *(Mém. pour servir à l'Hist. du Languedoc)*, l'idée populaire des fées, si répandue au moyen-âge, ressemble beaucoup à celle que les Grecs et les Romains avaient des nymphes des bois et des fontaines, c'est-à-dire des Dryades, Hamadryades, des Oréades, des Napées et des Naïades ; aussi Ducange a-t-il soupçonné que le nom de fée venait de celui de nymphe, et un scoliaste ancien de Théocrite dit : — « que les nymphes sont des démons » qui apparaissent sur les montagnes sous la forme de » femmes »......Les *Deæ Fanæ* ou *Fatuæ*, qui prédisaient l'avenir, tenaient dans la mythologie romaine le même rang à-peu-près que les nymphes chez les Grecs.

A la fin de la première race de nos rois, il y avait encore plus d'un tiers de la France dans les ténèbres de l'idolâtrie. On croyait qu'à force de méditations, certaines filles Druidesses avaient pénétré dans les secrets de la nature, qu'elles habitaient *au fond des puits, au bord des torrens et des cavernes*. La Pucelle d'Orléans fut accusée d'avoir eu commerce avec les fées auprès d'une fontaine voisine de Vaucouleurs et de Domremi, que l'on appelle encore aujourd'hui la *Fontaine des dames ou des fées*. (Saint-Foix.)

« Les *Dracs*, écrivait en 1211 Gervais de Tillebery, « demeurent ordinairement dans le creux des rivières « où ils tentent d'attirer les femmes et les enfans par « l'appât d'une bague ou d'un gobelet d'or qu'ils font « nager sur l'eau »... Reste des superstitions gauloises, ce conte se débite encore dans les montagnes de la France méridionale.

En voici un autre dont les traces sont aussi parvenues jusqu'à nous et qui sera notre dernière preuve du respect de nos aïeux pour les eaux.

« Il y avait, suivant Grégoire de Tours , sur une montagne du Gévaudan appelée *Hélanus* , un lac où les habitans des environs se rendaient tous les ans et où ils jetaient toutes sortes d'offrandes. Pendant trois jours on y faisait grande chère; mais, le quatrième , quand on voulait revenir , l'orage, la pluie , la grêle et le tonnerre menaçaient la vie des pèlerins. Un saint évêque ayant fait bâtir une église sur le bord de ce lac , le culte païen fut remplacé par celui de saint Hilaire ; ce qui fit cesser à jamais ces orages épouvantables. Astruc ajoute que dans le pays de Foix , sur une haute montagne appelée *Thabor* , on trouve un lac très-profond , et sur les bords, une église bâtie sous l'invocation de saint Barthélemy. On s'y rend en foule de tous les environs, le 24 d'août. Cette dévotion fut probablement établie, comme sur le mont Hélanus, pour sanctifier un reste de paganisme qu'il n'était pas aisé d'abolir. Ce qui donne du poids à ce parallèle ,

c'est l'opinion vulgaire « que si l'on agite l'eau du lac
» de St-Barthélemy, on excite aussitôt des orages
» très-violens accompagnés d'éclairs et de tonnerres. »
(Astruc, *loc. cit.* p. 515 — 518.)

III.

Il est donc constant que, chez les anciens, les fontaines et les sources étaient sacrées. Certaines avaient
leur divinité propre et *distincte*, qui recevait l'hommage d'un culte particulier ; — je l'admets pour la
fontaine de *Nemausus*, mais il n'en était pas de même
pour toutes. La plupart étaient considérées vaguement
comme le séjour des nymphes, et, dès-lors, on cher-
cherait vainement le nom spécial de leur divinité tutélaire.

La fontaine d'Eure paraît avoir été dans ce cas, et
j'en trouve la preuve précisément dans l'inscription
de Pompeïus Pandus, sur laquelle M. Pelet a composé une dissertation intéressante, publiée dans le
Courrier du Gard du 20 mars dernier, et qui mentionne un *édicule bâti aux nymphes* et non à aucune
en particulier (1).

(1) Mon confrère et ami, M. Auguste Pelet, lut cette dissertation à l'Académie du Gard, le 24 janvier. Je regrettai vivement
de ne l'avoir pas entendue; je l'ai depuis examinée; — elle me
suggéra des observations que j'aurais faites séance tenante, si
j'eusse été présent; — je les communiquai, le 7 mars, à l'Académie : ceci n'en est que le développement.

Sur nos antiquités locales, les opinions de M. Pelet et les
miennes diffèrent quelquefois, le plus souvent elles concordent,

Les sources d'Eure sont multiples, et l'Airan vient
s'y joindre avec plusieurs autres cours d'eau : —
Pandus fit sagement, dira-t-on, d'honorer toutes leurs
nymphes à la fois... Ce serait une erreur de le croire;
il ne pensa qu'aux nymphes d'une seule fontaine ,
de celle qui lui avait conservé la santé jusqu'à la
vieillesse.

S'il se fût adressé à toutes les nymphes qui produi-
sent l'Alzon, il n'eût pas dit *Fonte* , mais *Flumine* :
il n'eût pas dit surtout qu'elles naissaient dans son patrimoine , *solum ab avis*.....

L'inscription de *Pandus* est la première dont je
veux m'occuper ; je l'ai déjà donnée dans mes *Recherches sur les Eaux de Nimes* (ive liv., pag. LXI) , je
vais la répéter tout entière pour en étudier complètement le sens.

SEXTVS. ...... POMPEIVS. COGNOMINE. PANDVS.

QVOIVS. ET. AB. AVIS. CONTIGIT. ESSE. SOLVM.

AEDICVLAM. HANC. NYMPHIS POSVI. QVIA. SAEPIVS. VSSVS

HOC. SVM. FONTE. SENEX. TAM. BENE. QVAM. IVVENIS.

« Moi , Sextus ...... Pompeïus, surnommé *Pan-
» dus ,* à qui cette terre est advenue de mes aïeux ,
» j'ai consacré un édicule aux nymphes, parce qu'ayant
» le plus souvent usé de cette source , je m'en trouve
» dans ma vieillesse aussi bien que dans mes jeunes
» années.... »

Nous le voyons, le nom de la fontaine manque, les

et nous tâchons loyalement de nous rendre plus sûr et plus facile le chemin que nous parcourons ensemble dans les ténèbres
des temps passés.

nymphes en sont vaguement désignées , il n'y a pas
de nom spécial. On ne peut rapporter cette inscription
à la fontaine d'Eure, que parce que la pierre en est
conservée à Uzès ; mais comme cette source est la
plus voisine de la ville, la plus remarquable et la plus
belle de la contrée, j'admets que l'inscription s'y rap-
portait ; elle seule méritait un édicule.

Cette construction n'a pas laissé de traces, mais il
n'en a pas toujours été ainsi ; *Grasserus,* qui écrivait
vers l'an 1600, avait vu les débris de l'édifice dont
parle Pompeïus Pandus ; voici ce que j'ai rencontré
dans son ouvrage :

« *Aquæ colligebantur prope Uticam,* UBI TEMPLI
NYMPHARUM VESTIGIA *et pluria Romanorum monu-
menta* VIDI ; *per diversos canales in magnum illum
Gari aquæductum derivatæ, Nemausum duceban-
tur.* » (Jacobi Grasseri, *de Antiquitatibus nemau-
sensibus.* in-f°. 1606.)

Il est un mot, dans l'inscription citée, que personne
n'a cherché à interpréter et qui me semble important,
c'est le surnom de *Pandus,* que Pompée se donne à
lui-même ; que peut-il signifier ?

Ce mot, employé par Ovide et par Quintilien, veut
dire courbé , incliné, plié, penché. — *Pandus homo,*
d'après Vitruve, c'est un homme voûté.

Je vois tout de suite un vieillard, un homme courbé
par l'âge, c'est *Pompeïus cognomine Pandus :* on
en riait peut-être ; mais celui-ci répond sans se dé-
concerter :

« Savez-vous, mes amis , pourquoi donc l'on m'appelle le *Courbé*, le *Voûté* ! Pourquoi, si vieux, je suis bien vigoureux encore, et le fus toute ma vie ? C'est que, dans mon patrimoine, coule une source salutaire, et que j'ai toujours bu de cette eau. — Aussi, je le déclare, j'ai, pour ce motif, élevé un édicule à ses nymphes.... » N'était-ce pas le meilleur moyen, pour un bossu, que d'en prendre gaîment son parti ? ne mettait-il pas les rieurs de son côté ? *Pandus* lui convenait mieux que *Gibbus*. Le rusé vieillard grava peut-être cette inscription pour faire valoir sa propriété en cas de vente ; les bossus ont toujours eu de l'esprit. Aujourd'hui, on ferait une réclame de journal; — le puff romain se gravait sur la pierre.

Voilà tout ce que je puis tirer de cette inscription ; elle prouve que, comme toutes les fontaines de la Gaule, celle d'Uzès était l'objet d'un culte particulier, sans que sa nymphe, toutefois, eût un nom spécial, fût une divinité distincte de ses compagnes ; — c'était encore une nymphe à baptiser....

Mais, si la nymphe n'avait pas de nom, la source en avait un, sans aucun doute, et ce nom était *Ura*, *la source de la rivière ;*—cette rivière, l'*Alzon*, à côté de laquelle sourd l'*Eure* s'appelait *Algidum* à cause de sa froide température, et l'*Airan*, ruisseau affluent, était nommé *Ærarius* à cause du pont bâti par le fisc sur la route qui faisait communiquer le poste militaire d'Uzès avec le poste plus important d'*Anatilia* (Mornas), qui gardait le passage du Rhône.

Etudions de plus près le nom de la source d'Uzès.

IV.

« Depuis que Ménard a cessé d'écrire, disent les
» auteurs de la *Topographie de Nimes*, on a fait plu-
» sieurs découvertes intéressantes, et entre autres
» celle d'un autel dont la forme a de l'élégance. On y
» voit la figure d'un prêtre avec cette inscription :

AVGVSTI...

LARIBVS

CVLTORES VRÆ

FONTIS

» Les caractères des deux premières lignes sont
beaux, ceux des dernières sont oblongs.
» Cet autel a, sans doute, été consacré par des mi-
» nistres que la religion chargeait du soin de la source
» de la *Fontaine de Nimes : cultores fontis urnæ ;*
» *il a été trouvé dans son voisinage.* On sait que les
» anciens rendaient un culte particulier aux fontaines ;
» — il est tout simple que celle de Nimes ait obtenu
» la vénération des habitans d'une ville, qui probable-
» ment lui doit son origine et qui ne pourrait avoir
» sans elle qu'une bien faible importance... » (Baumes
et Vincens, p. 563.)
Telle est l'explication des auteurs de la *Topographie*,
et, nous n'hésitons pas à le dire, elle est complètement erronée; car du mot VRÆ, il est impossible de
faire VRNAE ; on ne peut ainsi créer et intercaler une
lettre selon son caprice. On a partout accepté cette
leçon des auteurs que nous avons cités, *cultores urnæ*

fontis, et l'on n'a vu sur cette inscription que *les zélateurs de l'urne*, du bassin de notre Fontaine.

On aurait dû remarquer cependant que le mot latin ᴠʀɴᴀᴇ réclame cinq lettres, qu'ici il n'y en a que quatre et qu'il fallait, par conséquent, lire ᴠʀᴀᴇ ou ᴠʀλᴇ, qu'il était impossible d'y trouver autre chose.

Cette considération si péremptoire décida M. Pelet à dire le premier, en 1844, et, selon moi, avec pleine raison : « Cet autel fut consacré aux Lares augustes, » par des ministres de la religion chargés du soin de la » fontaine d'Eure, dont les eaux étaient amenées dans » le temple même où fut offert le sacrifice. » (*Catalogue du Musée de Nîmes*, p. 74.)

Dans mes *Confidences du Dieu Nemausus* (p. 97), je donne la conjecture de MM. Baumes et Vincens en faveur d'ᴠʀɴᴀᴇ; mais je cite aussi l'opinion de mon confrère pour ᴠʀᴀᴇ, et je réclame un nouvel examen du monument que je fus bientôt appelé à faire moi-même.

Le 25 février 1845, j'imprimais dans le *Courrier du Gard* et dans la quatrième livraison de mes *Recherches sur les eaux de Nîmes*, p. ʟxɪ : — « Nymphes de » Nemausus ! au moment de l'arrivée des eaux d'Uzès, » la reconnaissance publique vous célèbre encore ; mais » les hommages sont partagés, *car les prêtres de la* » *fontaine d'Eure* élèvent un autel nouveau sur lequel » ils inscrivent la preuve de leur double respect, **au** » moment où les deux sources vont se confondre :

Nymphis augustis cultores Uræ fontis....

Je disais dans une note :

XXV

» Depuis que j'ai écrit mes *Confidences du Dieu*
» *Nemausus*, j'ai revu cet autel dans le Musée de
» Lyon ; il porte plutôt VRAE FONTIS que VRNAE FON-
» TIS, seulement l'A ressemble au λ des Grecs ; l'ap-
» parence serait pour VRλE FONTIS ; — l'opinion de M.
» Pelet peut donc paraître plus plausible que celle que
» j'avais adoptée sur une simple figure du monument,
» et je trouve naturel que les prêtres de la source
» d'Eure aient posé un autel sur le bord de la Fontaine
» de Nimes, *mais seulement le jour de l'arrivée de*
» *leurs eaux ;* c'est là ce qui m'appartient dans l'ex-
» plication de cette pierre.... »

Me voilà donc fixé ; l'opinion de M. Pelet est la
vraie ; — il n'y a que quatre lettres sur la pierre, il
ne peut y avoir VRNAE ; — il faut abandonner la leçon
des auteurs de la *Topographie ;* — il faut lire VRAE ;
— c'est bien de la fontaine d'*Eure* qu'il s'agit, et son
nom antique est VRA.

Cherchant ce que pouvait signifier ce nom que con-
firment encore les anciens livres et titres où l'on
trouve écrit *fontaine d'Ure* ou *Dure*, je crus que l'é-
tymologie la plus naturelle était *Ura, vache sauvage*
(*Confidences du Dieu Nemausus*, p. 59 et 97), *Urus*
étant un mot celtique qui, d'après César, Virgile et
Pline, signifie Ure ou Aurochs, taureau sauvage.
Uri est, au rapport de Macrobe (lib. VI., ch. 4), un
terme gaulois qui signifie bœuf sauvage. Le Breton a
conservé ce nom dans le verbe *urha*, qui signifie meu-
gler, mugir, former le cri d'un bœuf. — Cet animal a
fourni le nom et les armes du canton d'Uri en Suisse.

La fontaine d'Eure a porté les anciens noms populaires d'*Aure* ou d'*Avre*, qui pourraient fournir le sens de *Fontaine-du-Vent* et surtout du vent du nord (*aoûra*, en patois languedocien), attendu que ce vent s'engouffre avec impétuosité dans cette vallée étroite et profonde.

L'étymologie la plus poétique serait sans doute de dériver le nom d'*Eure* du mot grec εὐρὸς, *le levant*, parce que la source se trouve à cet aspect d'Uzès (1).

Mais il me paraît plus rationnel de prendre l'origine d'un nom de source dans la langue du pays le plus anciennement parlée, et par conséquent dans le celtique, comme on l'a fait pour la source de Nîmes qu'on dérive avec raison de *Nemos*.

Ausone nous prouve lui-même la légitimité de ce principe, lorsque célébrant la belle source de *Divone*, voisine de Bordeaux, sa ville natale, il dit :

« *Divona*, CELTARUM LINGUA, *fons* ADDITE DIVIS...
» Divone, en langue celtique, *source consacrée aux*
» *Dieux*. »

Nom que le savant Astruc restitue dans cet idiôme par les mots suivans : *Du* Dieu, et *Fynnon*, prononcé *Vannon*, fontaine (*Mém. pour l'Histoire du Languedoc*, p. 429).

Cherchant, à l'exemple de Ménard et d'Astruc, si

(1) L'Eurus était un vent impétueux pour les Grecs ; près de l'embouchure du Bosphore, dans la mer, il y avait un temple dédié à Jupiter *Urius*, distributeur des bons vents (Damville, *Géographie ancienne*, p. 97), par antiphrase sans doute, comme le nom de Pont-Euxin.

je pourrais trouver, dans la langue celtique, quelque mot analogue au nom de la fontaine d'Eure, vRA, un mot qui fût plus caractéristique que celui d'aurochs, *uri*, lequel toutefois pût être donné à beaucoup de sources à l'époque celtique, j'ai été conduit à une étymologie qui me semble si spéciale, si bien appropriée que je ne puis hésiter à la considérer comme véritable.

Ur signifie pluie en hébreu ; — *uria*, eau et pluie en langue basque ; — *ura* et *oura*, eau et rivière dans la même langue ; — *our*, *ow*, *or*, ont la même signification en langue gallique, ainsi que *dwr*, *dour* et *dor*, d'où les mots français *orage*, *orée* et le mot patois *dourgue* et *dourque*, cruche (1).

Voilà ce que nous enseigne le *Dictionnaire Celtique*

(1) Les noms de *Doria major* et *minor*, *Doria balthea* et *riparia*, la Doire, n'ont pas d'autre origine ; — non plus que *Duranius*, la Dordogne (Damville, l. c.). — Il y a une rivière d'*Ure* dans le département de l'Orne, — le village d'*Uriage* avec des eaux minérales dans l'Isère, — la rivière d'*Urugne* dans la Lozère, — l'Euran dans le département de l'Ain, — l'*Eure* qui donne son nom à un département, et l'*Aure* qui y coule. On connaît, comme noms de rivières : l'*Ource*, l'*Ourcq*, l'*Ourden*, l'*Ours*, l'*Ourthe*. — La *Dourbie* du Gard se jette dans le Tarn ; — une *Dourbie* de l'Hérault se perd dans la Garelle ; — un ruisseau de l'Aveyron s'appelle *Dourbier* ; — un autre nommé *Dourbiet* va se confondre avec le *Dourdon*.

En France, deux villes portent le nom de Dour ; on y trouve deux Dourbes, — Dourbie, — Dourdan, — Dourdhal, — Dourdit, — Dourges, — Dourlers, — Dourn, — Dournac, — Dournazat, — Dournes, — Dours, — Dourville, — trois Dournon, et Dourgue dans le Tarn, avec une fontaine médicinale intermittente.

de Bullet, et, je ne pouvais le méconnaître, quel qu'ait été le nom latin de la fontaine d'Eure, que ce soit *Dura*, comme le veulent les anciens titres, ou *Ura* comme le porte l'inscription que nous avons citée, il se retrouve toujours dans l'une des racines celtiques ci-dessus.

Les mots *dour* et *our* signifient l'un et l'autre rivière, l'u se prononçant ou chez les latins, la fontaine *Dura* ou la fontaine *Ura*, la fontaine d'Eure ne peut être que la *fontaine, rivière ou la source de la rivière;* ce qui est son signalement topographique le plus vrai, sa désignation la plus caractéristique, soit qu'on veuille considérer cette fontaine comme naissant à côté d'un cours d'eau qui vient de plus loin (*fons ad rivum*), soit qu'à cause du peu d'importance des eaux supérieures, on veuille la considérer comme la source, l'origine même de cette rivière (*fons caput fluminis*).

Nous dirons donc toujours à l'avenir *Fons Uræ,* la *fontaine ou la source de la rivière.*

Le savant Astruc avait pressenti cette vérité avant qu'une inscription l'eût rendue authentique. — « D'a-» près le père Rostrenen, dit-il, *Dour* signifie eau, et » *Deure* veut dire la même chose, d'après M. Chalon ; » de même que *Dur* en gallois, suivant Davies. C'est » de là que vient le *Durum* qui fait la terminaison de » plusieurs anciens noms de lieu dans la Gaule et dans » les pays voisins, et je crois que c'est de là aussi » qu'il faut tirer l'origine du nom de *Deure* que » porte la fontaine abondante voisine d'Uzès. (l. c. » p. 466.) »

V.

Tout me semblait éclairci et terminé, et je croyais qu'il était définitivement prouvé que le nom de la fontaine d'Eure avait été ᴜʀᴀ, chez les Latins ; une malheureuse faute typographique a causé une confusion nouvelle à laquelle il a été urgent de porter remède.

» Dans l'inscription des *Cultores urnæ fontis*, a » dit M. Pelet à l'Académie, l'avant-dernier mot a » été mal lu, parce qu'il est un peu dégradé, on a vu » *urnæ*, et l'on n'a pas cherché à expliquer le sens. » M. Jules Teissier, qui a vu dernièrement cet autel » dans le musée de Lyon, nous dit (*Courrier du* » *Gard*, 25 février 1845) : — La lettre ᴀ du mot » ᴠʀɴᴀᴇ ressemble au λ des Grecs, il y a ᴠʀɴλᴇ » ꜰᴏɴᴛɪꜱ..... »

C'est ici que se trouve la faute qui a, si mal à propos, induit M. Pelet en erreur, lui qui le premier avait si sainement lu et interprété l'inscription sur la simple figure qu'en avaient donnée les auteurs de la *Topographie...*

A ce compte, l'inscription aurait cinq lettres, tandis qu'elle n'en a réellement que quatre ; il n'y a point de ɴ ; — il faut simplement lire ᴠʀλᴇ.

En parcourant le *Courrier du Gard*, je m'aperçus de la faute commise, et je la corrigeai aussitôt dans mes *Recherches sur les Eaux de Nîmes* (4ᵉ livr., p. ʟxɪɪ), où j'écrivis ᴠʀλᴇ, comme je l'ai déjà dit ; Je regrette que M. Pelet n'ait pas puisé là sa citation.

Il continue son mémoire.

« Il est évident, pour les personnes accoutumées à
» lire les inscriptions lapidaires, que le prolongement
» du jambage d'une lettre quelconque, est l'indica-
» tion de la lettre I. Il y a donc réellement sur le cippe
» du Musée de Lyon, *Cultores Urniæ fontis.* »

C'est une erreur ajoutée à une autre. J'ai montré
l'origine de la première. En adoptant ce que veut
maintenant M. Pelet, on aurait : *Cultores* VRAIE *fontis*, ou *Cultores* VRIAE *fontis*, suivant qu'on mettrait
l'I créé avant ou après l'A. Mais on ne serait pas plus
autorisé à lire VRNIAE que VRNAE, parce qu'il n'y a
jamais eu de N dans le mot. Il y a VRAE, et rien de plus.

Nous savons bien que le prolongement de certains
jambages indique souvent un I dans les inscriptions,
mais ce n'est nullement ici le cas. Lorsque cela arrive,
le prolongement est vertical et nullement incliné ;
nous n'avons qu'un A, et rien autre. Sa forme, qui
peut paraître bizarre, est très-fréquente dans les inscriptions, comme je vais le prouver.

« Les A, dit Mabillon *(Traité de Diplomatique,* t. II.
p. 152.), sont sujets à de grandes variations ; ce vers
» de Terentien-Maur, le prouve évidemment : A *latine,*
» *sæpe ut* αλφα *, sæpe* λαμϐδα *, scribitur.*

» Les A, écrits λ, des quatrième, cinquième ou
» sixième siècles, n'eurent point de ligne médiane
» qui leur procurât une figure triangulaire. »

Ecoutons d'autres auteurs : « L'A, formé en λ, se
» rencontre sur les tables de bronze et sur les anciens
» marbres. »

« L'ᴀ capital, qui prend la forme de l'y grec ren-
« versé λ, remonte jusqu'aux temps de la République
« ou du moins de l'Empire romain, quoique, d'ailleurs,
« l'ᴀ sans traverse soit parvenu jusqu'au gothique... »
(Dom de Vaine, *Dict. raisonné de Diplomatique,*
t. 1, p. 5 à 18.—Mongez. *Dict. d'Antiquit. de l'En-
cyclopédie méthod.* t. 1.)

Dans le cas qui nous occupe, *une inscription solen-
nellement posée à Nimes par des prêtres païens ne
peut pas descendre au-dessous de l'an* 400.

Une magnifique inscription du temps de l'empereur
Trajan, gravée sur bronze, fut trouvée à Plaisance
dans le siècle dernier ; Gori et Muratori en ont donné
la description dans un ouvrage spécial auquel ils ont
joint le *fac simile* des caractères (1).

Ayant comparé les lettres de ces planches avec
celles de notre inscription, je les ai trouvées pareilles,
surtout celle qui a causé les erreurs d'interprétation de
notre pierre. Sur les tables de Plaisance, tous les ᴀ
ressemblent au λ grec, et le trait-d'union que nous
mettons entre les deux jambages de l'ᴀ, tantôt existe,
tantôt n'existe pas.

Notre inscription pourrait donc remonter depuis
le temps de Trajan jusqu'à l'abandon du paganisme
comme culte public, c'est-à-dire depuis l'an 100 à
400 à-peu-près, ce qui embrasse le règne d'Antonin
(an 138 à 161) et par conséquent le moment de la

____

(1) *Exemplar tabulæ trajanæ ex œre, magnitudine et ins-
criptione insignis.... ex ipso archetypo Placentiæ adservato.*
—Florence, in-fol. 1749.

première arrivée à Nimes de l'eau de la fontaine d'Eure.

J'ai copié à Nimes même , dans la rue des *Jardins*, derrière la Poste aux chevaux , sur la maison de M. François Laune , certaines inscriptions où l'A est évidemment figuré par le même signe que sur celle qui nous occupe.

ΛTTIΛE EXOCHIS

D. IVLIVS PHILΛDESPOTVS

VXORI PIENTISSIMΛE

Sur la même pierre , dans un cadre à droite de l'inscription précédente , on lit :

D. IVLIVS PHILΛDESPOTVS

V. S. P. (1).

VI.

Si le nom d'VRAE , lu sur l'inscription des *cultores Urœ fontis*, concorde parfaitement avec le nom connu

(1) Ces deux inscriptions, où l'on ne trouve rien qui rappelle le paganisme, où l'on peut remarquer l'absence du DIS MANIBVS, doivent concerner deux époux chrétiens. Cependant, comme cette religion n'est annoncée que d'une manière complètement négative, il faut peut-être rapporter le monument à une époque de persécution ou de défaveur, comme le règne de Dioclétien (284) ou celui de Julien (360). Je pencherais plutôt pour le premier, car une couronne, timidement placée entre deux palmes par le mari sur le tombeau de sa femme, me fait involontairement penser au martyre. —C'est sous Dioclétien et Maximien Hercule , que les chrétiens furent cruellement persécutés dans les Gaules (de l'an 286 à l'an 292) ; c'est à cette époque que Ménard rapporte le martyre de St-Baudile.

depuis trois siècles de la fontaine d'*Eure* ou d'*Ure* ;
d'un autre côté, le nom d'vrniae, que M. Pelet pro-
posait d'adopter, aurait parfaitement concordé avec
une autre inscription trouvée aussi à Nimes, et dont
il nous reste à nous occuper.

Vers 1730, on découvrit dans le jardin d'*Alizon*,
traversé par l'aqueduc d'Uzès, un autel votif, fort
ancien sans doute, puisque déjà à l'époque romaine il
avait été détruit et rétabli.

Trois antiquaires habiles s'en sont occupés : — notre
infatigable historien Ménard, — Bimard de la Bastie,
— et l'illustre Maffei.

Voici l'inscription qu'il porte :

SVLPICIVS COSMVS RESTITVIT

LARIBVS. AVG.

SACRVM. ET.

MINERVAE.

NEMAVSO.

VRNIAE.

AVICANTO.

T. CASSIVS. T. L.

FELICIO. EXS.

VOT.

« Sulpicius Cosmus l'a rétabli.

» Consacré aux Lares Augustes, à Minerve, à Ne-
» mausus, à Urnia, à Avicantus, par Titus Cassius
» Felicion, affranchi de Titus, pour l'accomplissement
» d'un vœu. »

On sait ce que c'est que les Lares et Minerve ; mais

Nemausus , Urnia , Avicantus sont moins faciles à expliquer ; nous allons faire connaître les opinions de nos prédécesseurs :

Maffei parle ainsi de cette pierre : (*Antiq. Galliæ quædam selectæ* , in-4º, 1773, p. 25.)

« Hors des murs de la ville de Nimes , aux environs de la Tourmagne , j'ai trouvé une inscription cachée sous les matériaux de l'enceinte des jardins d'Alizon.

» J'ai rencontré plusieurs fois la mention de ces dieux locaux et inconnus, que Minutius Félix appelle *Municipaux* , et Tertullien *Decurions* , par ironie , parce que leur culte et leur puissance ne s'étendaient pas au-delà de l'enceinte d'une ville ou d'un territoire exigu ; je ne me souviens pas cependant d'avoir jamais vu trois de ces dieux en miniature figurer ailleurs à la fois sur la même pierre.

» S'occupe qui voudra d'Urnia et d'Avicantus.....

» Quant au dieu Nemausus , il est connu par de nombreuses inscriptions. Chacun a ouï dire que Nemausus, fils d'Hercule , fonda Nimes et lui donna son nom. Pour moi , je ne crois point à cette filiation donnée par Étienne de Byzance, et je pense que la ville de Nimes doit le nom qu'elle porte à la fontaine renfermée autrefois dans l'enceinte de ses murailles , qui en est encore tout près , et qui , dès son émergence roule un superbe volume d'eau. Plusieurs villes ont reçu leur nom des rivières ou des sources du voisinage; Ausone nous apprend que l'antique nom de la fontaine qui nous occupe est *Nemausus*.

» La pierre que Felicion avait consacrée périt sans doute par accident, ou ne pouvait facilement se lire ; un sentiment pieux poussa Cosmus à la remplacer par une autre tout pareille. »

Tel est l'intreprétation de Maffei ; voici maintenant l'opinion de Bimard de la Bastie sur cette découverte.

»Les Lares Augustes, Minerve, Nemausus sont des divinités assez connues ; — quant à Urnia et Avicantus, ce sont choses encore inexpliquées ; mais il est certain que ce doit être le nom de divinités particulières aux habitans de la cité.

« Nous savons déjà quelle était la ferveur des Gaulois pour le culte des fontaines ; Nimes s'enorgueillissait d'en posséder deux : — l'une qui naissait dans ses murs, l'autre qu'on y avait conduite à grands frais par des ouvrages admirables.

» La fontaine d'Eure recevait à Uzès même les honneurs divins ; est-il étonnant qu'on lui portât la même vénération à Nimes sous le nom d'*Urnia*, qui se rapproche encore aujourd'hui de la désignation moderne que tant de siècles ont pu modifier ; il ne faut point chercher ailleurs l'application du mot *Urnia* de l'inscription , soit qu'on ait voulu désigner ainsi la nymphe ou bien la source seulement.

»L'autre cours d'eau naît près de Nimes, noble source à qui sa limpidité , pareille à celle du cristal , a valu le nom de *Vistre ;* son importance est telle dès son origine , qu'il donne l'impulsion à plusieurs moulins , qu'il parcourt la ville comme une véritable rivière , et, à douze milles de ses murs, arrive à la mer au travers des étangs.

» Cette source me paraît être l'*Avicantus* que nous cherchons ; car nous devons nous rappeler que le cippe qui porte le vœu à *Urnia* et à *Avicantus* a été trouvé près de l'aqueduc de la fontaine d'Eure, le long du chemin qui conduit à la source du *Vistre* (*la fontaine de Nîmes selon Bimard*). Cette position indique assez que la dédicace appartient à des Dieux aquatiques...

» Ausone, à la vérité, nous affirme que l'une des deux sources de Nîmes s'appelait *Nemausus;* mais je le crois dans l'erreur. Il avait ouï dire que les habitans adoraient *Nemausus* et la source qui naissait dans leurs murs ; et, sans autre information, il crut que c'était le même Dieu. Les anciens pensaient tout autrement, puisque Etienne et Suidas nous affirment que *Nemausus*, fils d'Hercule, avait donné son nom à la cité. Ces auteurs ont sans doute puisé leur opinion dans la tradition généralement répandue que Nîmes avait été fondé par quelqu'un des Héraclides ; ce que paraît confirmer l'existence d'une médaille où l'on voit une tête coiffée du casque antique, qui a été regardée par Tristan et Gaillard Guiran comme celle du héros fondateur de la ville.... »

Ainsi, Maffei croit que le *Nemausus* de l'inscription se rapporte à la fontaine de Nîmes ; — Bimard de la Bastie veut que ce mot représente le génie de la ville, — qu'*Urnia* soit la source d'Eure et *Avicantus* la source de Nîmes sous le nom de *Vistre*.

M. Pelet n'a pas complètement saisi ces opinions respectives.

Ménard, s'éloignant de ses prédéceseurs, affirme que *Nemausus*, *Urnia* et *Avicantus* sont les divinités topiques, les génies tutélaires de Nimes, de Beaucaire et du Vigan.

« Des titres du onzième siècle donnent à cette dernière ville le nom de *Vicanus*, si voisin d'*Avicantus*, et l'on trouve dans son enceinte de nombreux débris de constructions romaines....

» La déesse tutélaire d'*Ugernum* (Beaucaire) devait être *Ugernia*, *Vernia* ou *Urnia*, comme l'inscription le porte, et ce nom pouvait venir, comme celui de la ville, des Vernes ou Aulnes qui sont dans l'île de la *Vergne* près de Beaucaire. On connaît les nymphes *sulèves* et *sylvatiques*, si souvent rappelées par les monumens trouvés dans les Gaules. »

M. de la Bastie avait d'abord partagé cette opinion (Lettre communiquée à Ménard par M. Falconnet), et nous venons de rapporter ce qu'il avait substitué à ces premières idées; nous savons enfin que Maffei, trouvant une valeur égale à des opinions qui ne prenaient leur base que sur des ressemblances de nom, reste incertain et s'écrie : « *De Urnia et Avicanto conjecturam faciet qui volet....* »

VII.

Après Maffei, Ménard, M. de la Bastie et M. Pelet, j'étudiai moi-même cette pierre énigmatique, et voici le résultat de mes premières réflexions.

La ligne qui commence l'inscription porte :

Sulpicius Cosmus restituit.

Et Ménard fait observer « que les caractères de
» l'inscription sont beaux, sauf ceux de cette pre-
» mière phrase qui sont inférieurs au reste et plus pe-
» tits, parce qu'ils furent ajoutés pour marquer que
» c'était un monument dégradé par le temps que
» Cosmus avait rétabli. (*Hist. de Nimes*, t. 1, not.
» p. 19.)

S'il en est ainsi, il est évident que le monument n'a pas été *refait* par Cosmus ; que nous avons
l'autel primitif avec l'inscription originale ; à quoi
donc a pu se borner cette restitution? — A relever cette pierre, ce cippe ou cet autel peu stable renversé par un accident quelconque ou le mauvais vouloir. Nous devons comprendre que Sulpicius Cosmus
a redressé cette pierre et n'a pas fait autre chose.

Si le zèle ardent des chrétiens les poussait à renverser, quand ils le pouvaient, les emblêmes de l'idolâtrie, les païens se faisaient un mérite de les relever
dès qu'ils étaient les plus forts ou seulement dès que
la tolérance leur était accordée. Comme Sulpicius Cosmus, ils gravaient cet acte de ferveur sur la pierre.
Que d'autels abattus sous Constantin, sous Théodose,
sous Honorius, rétablis sous Magnence, Julien, Eu-
gène, Attale !

Ces restitutions étaient fréquentes ; en voici un
exemple cité par Maffei ; l'auteur en avait fait le vœu
pendant un temps de contrainte sans doute, où l'exécution n'était pas en son pouvoir.

MATRIS AVGVSTIS

D. DIMARIVS MESSVLVS

RESTITVIT EX VOTO.

On voit sur la seconde ligne du cippe qui nous occupe :

Laribus aug.

« Mais, me disais-je, les Lares, dieux domestiques d'un affranchi, sont-ils *augustes ?* Nullement : ils seraient bien plutôt humbles, *humiles,* les dieux de son modeste foyer. Ce n'est donc pas de ses lares personnels qu'il peut être question, mais des lares *impériaux....*

» M. Pelet veut que ce soit pour un heureux retour à la santé que Felicion ait érigé cette pierre ; mais, s'il en était ainsi, qu'avaient à faire là les lares de l'empereur. Ce n'est donc pas de sa conservation que Felicion remercie les dieux, mais de son avènement à la liberté, le plus grand bien pour un esclave.

» Tout le prouve sur ce monument :

« Aux lares impériaux, — parce que je suis affranchi par les lois de l'empire : — *Laribus Augustis* ou *Augustalibus,...*

» A Minerve, déesse de la sagesse, — parce que je dois la liberté à la sainte résolution qu'elle a inspirée à mon maître, comme à la régularité de ma conduite : *et Minervæ....*

» A ces divinités tutélaires je dois d'abord dédier un autel : — *sacrum....*

» Au génie protecteur des villes de Nimes, de Beaucaire, du Vigan. (Felicion pouvait être né dans un de ces trois lieux et avoir suivi son maître ou fixé son domicile dans les deux autres.) — *Nemauso, Urniæ, Avicanto.*

» Titus Cassius Félicion vient accomplir son vœu ; — *Titus Cassius Felicio votum exsolvit....*

«Et pourquoi? parce qu'il est affranchi par son maître dont il prend le nom et le prénom , — en conservant le nom de la famille dont il est lui-même issu. *Titi libertus »*. (1)

(1) Les hommes de tous les temps se ressemblent au fond , disais-je à l'Académie : les apparences extérieures changent avec les époques , mais les rapports fondamentaux se retrouvent toujours.

Quelle est la chose qui, dans notre civilisation moderne, se rapproche le plus de l'esclavage antique?(*si parva mala licet componere magnis ?...*) N'est-ce pas le service militaire forcé?

Supposons un jeune soldat que son chef libère au milieu des fatigues et des périls d'une rude campagne ; — accordons-lui un cœur sensible, une âme religieuse. — Transporté de joie et de bonheur, il écrit à sa mère , — car les inscriptions sont passées de mode, l'écriture devenue générale et l'imprimerie les ont presque supprimées ; — il écrit donc :

Vive le Roi !	— *Laribus augustis sacrum;*
Par la bonté de la Providence,	— *Minervæ,*
Par l'intercession de St. Castor ,	— *Nemauso ,*
De Notre-Dame-de-Beaucaire,	— *Urniæ ,*
Et de saint Laurent du Vigan,	— *Avicanto ,*
Moi , Titus Cassius Felicion ,	— *T. Cassius Felicio ,*
J'ai été libéré par mon colonel dont je prends le nom,	— *Titi Libertus ,*
Et je vous écris cette lettre dans ma joie.	— *Votum exsolvo.*

On ne peut ni renverser, ni restaurer une lettre; mais quel-

Telle est ma première interprétation de ce monument, qui ne put longtemps me satisfaire ; elle n'était pas assez rigoureusement en harmonie avec les mœurs de l'époque et du pays ; elle n'exprimait pas d'une manière naturelle le sens réel de tous les mots que porte cette pierre ; enfin, elle ne rendait pas complètement raison des circonstances d'emplacement et de voisinage. Je dus la reprendre, mot par mot, ligne par ligne, et me livrer à une étude plus approfondie.

VIII.

Je ne changerai rien à ce que j'ai dit sur la première phrase : — *Sulpicius Cosmus restituit.* J'ajouterai seulement qu'un païen pouvait très-bien relever un autel et s'en faire gloire, par cela seul qu'un chrétien l'avait renversé. Avertis de cela, nous ne serons pas étonnés si rien, dans les noms, n'indique parenté ou alliance entre Cosmus et Felicion. Voici cependant une réunion remarquable du nom de l'un et de la désignation de l'autre. Sur une table de marbre conservée à Rome, se trouve la liste de ceux qui

quefois elle ne part pas. Celle-ci n'arrive que plus tard au pays avec cette apostille :

Sulpicius Cosmus restituit.	— Votre fils est mort à l'hôpital, et je vous fais passer son dernier écrit, moi Sulpicius Cosmus, son camarade de chambre...

L'Académie daigna accueillir avec bienveillance une plaisanterie, qui exprimait clairement l'idée que je m'étais faite de la destination de cet autel ; elle pensa, sans doute, avec le poëte :

.................*Ridendo dicere verum*
Quis vetat?...

ont fourni des fonds pour agrandir un temple *sous le règne d'Antonin*. A peu près au milieu de cette réunion de plus de deux cents noms figure un P. SVLPICIVS FELICIO (Gruter, t. II, p. 126 et 127.)

Une chose importante pour bien interpréter une inscription, c'est de l'avoir sous les yeux et sur les lieux-mêmes où elle a été primitivement placée. Celle de Felicion n'avait été mise dans aucune de nos collections publiques ni privées ; il fallait la découvrir ailleurs. Les jardins d'Alizon ne portent plus ce nom ; ils ont été vendus, morcelés ; un quartier nouveau s'y bâtit. C'était un grand tènement situé hors des remparts, au-dessus de la porte de la Bouquerie, à peu près au quart de l'élévation du penchant oriental du coteau qui porte la Tourmagne. L'habitation des Alizon a gardé le nom de château (Castelas) ; mais dans l'enclos, qui a été vendu par parcelles, on a bâti des maisons d'ouvriers dans de petits jardins. L'aqueduc romain traverse les portions appartenant à MM. Giran et Boissier, ou du moins il en passe très-près.

Nous savons par M. de la Bastie que l'autel de Felicion avait été trouvé *sur l'aqueduc ou tout à côté*, et c'est là que nous devions le rencontrer, s'il n'avait été ni enlevé ni détruit.

Après bien des recherches, nous l'avons enfin découvert faisant le coin d'une petite maison appartenant à M. Boissier. Il a été mutilé ; la ligne qui portait *Sulpicius Cosmus restituit* est détruite, mais le reste de l'inscription est reconnaissable, bien qu'encroûté de couches nombreuses de badigeon.

Comme la corniche fait le tour de l'autel . ses quatre faces devaient être primitivement apparentes ; il y en avait deux étroites et deux larges. L'inscription est sur l'une de celles-ci. Rien n'a été gravé sur le côté étroit qui est apparent , et il est probable qu'on ne trouverait rien non plus sur le côté étroit engagé dans la bâtisse ; mais le côté large opposé à l'inscription, et qui est aussi pris dans le mur, en contient probablement un autre ; comme il peut y avoir quelque chose de décisif soit pour l'intelligence complète de ce monument , soit pour l'histoire de l'aqueduc lui-même, il serait bien important que cette pierre fût dégagée ; elle a d'ailleurs occupé trop d'hommes éminens pour ne pas mériter une place au Musée.

Les jardins d'Alizon étaient donc voisins de la Fontaine de Nimes , *traversés par l'aqueduc romain ,* et l'autel de Felicion a été trouvé à côté de ce canal. Nous connaissons la vénération profonde des Gaulois pour les sources et les fontaines ; le mot *Nemausus* se trouve sur l'inscription, et Maffei pense qu'il doit désigner plutôt la source que la ville de Nimes ; — l'idée de M. de la Bastie de reconnaître sur cet autel un vœu fait à trois divinités aquatiques, peut donc sembler , par l'ensemble de ces circonstances, plus naturelle que celle de Ménard qui voyait dans les trois mots énigmatiques de l'inscription la désignation du génie protecteur de trois villes arécomiques. Tâchons, par l'étude de chaque mot, de découvrir enfin l'interprétation la meilleure.

FELICION accomplit un vœu.

Ce nom d'homme n'est point illustre ; il ne figure ni dans l'histoire, ni dans les biographies les plus étendues ; cependant les inscriptions nous prouvent qu'il n'était rare ni dans les Gaules, ni même en Italie, bien qu'il paraisse d'origine gauloise.

A Rome, Felicion et sa femme Alypias placent une pierre sur le tombeau de leur enfant.

Un autre Felicion se prépare un tombeau à lui et à sa femme Maximina.

A Pise, le père, la mère, le père nourricier et l'époux d'Umédia Felicion, la déposent dans le tombeau. (1)

« Cornélius à son fils Felicion » (*Muratori*, p. 1555, nᵒ 2). Voyez encore les inscriptions trouvées à Arles et à Rome. (*Gruter*, t. ii, p. 757, nᵒ 5.)

Felicion est un surnom qui paraît ordinairement désigner des esclaves ou des affranchis.

Sur une inscription du musée de Naples, un Felicion figure avec plusieurs autres affranchis comme lui.

A Rome, un Félicion esclave grave une pierre pour son excellente nourrice Quintia ;

Et à Florence, Ostilia Syntiche consacre une inscription funéraire à son petit esclave Felicion, mort à trente-trois mois, et qu'elle allaitait sans doute.

(1) *Voyez* Muratori, t. I. p. 1527, nᵒ 10. — T. III. p. 1542, nᵒ 9. —Gruter, t. II, p. 662.

Il existe à Nimes même une seconde inscription où le nom de Felicion figure.

MEMORIAE AETERNAE

T. VALER. DYONISI

D.   VALERIA CHARIS. VXOR ET   M.

VALERII MARCELLVS ET

FELICIO PATRI PIIss.

On dirait qu'ici on a voulu mettre trois i de suite à *piissimo* (1).

A Ostie, sous le consulat de Sextus Acilius Glabrio et M. Valerius Homulus, l'ordre des greffiers auxiliaires de la corporation des bateliers fit dresser, sur une table de marbre, une liste, en quatre colonnes, d'environ cent vingt membres de la corporation. Un m. cipivs felicio figure au cinquième rang de la quatrième colonne (2).

Près de Vérone et sur les bords du lac de Garde, un Septimius Felicion dresse un autel pour le retour à la santé de Septimius Severianus, son ancien maître. Voici l'inscription de cet autel votif qui, de ce côté, comme pour la forme de la pierre, a les plus grands rapports avec celui de Nimes :

NEPTVN. AVG.

SACRVM

PRO SALVTE

SEPTIMI SEVE

(1) Muratori, t. III. p. 1690, nº 10. — Pag. 1556, nº 7. — Pag. 1552, nº 3.

Gruter, t. II. p. 857, nº 4.

(2) Gruter, t. II. p. 1077. Homulus et Glabrio furent consuls l'an 153 de notre ère *sous le règne d'Antonin.*

nous avons avec les lieux connus dès notre enfance , cette paisible jouissance des biens que nous tenons de nos pères , —toutes ces idées et leurs moindres nuances sont renfermées dans le mot étrusque *Lar* , signifiant, suivant le P. de la Rue et Dupuis, *maître* et *seigneur* , protecteur de la famille.

Cette notion des Lares avait pénétré fort avant dans les croyances religieuses des Romains. (*Voyez* Macrobe , Sat. III , 4. — Denys d'Halicarnasse , *Antiq. Rom.* , lib. I, c. 58. — Beugnot , *Destruct. du Pag.* t. II., p. 206 et 207.)

Selon Servius , le culte des Lares a dû son origine à ce qu'on avait, dans l'antiquité la plus reculée, et surtout en Egypte, la coutume de garder les morts dans les maisons , et le peuple pensa que leurs âmes y demeuraient.

Au dire des Platoniciens, les Lares étaient les mânes des gens de bien qui, après leur mort, gouvernaient paisiblement la famille de leurs descendans et s'attachaient à y maintenir l'ordre ; semblables aux athlètes , d'après Plutarque, qui, forcés par leur âge de quitter l'arène , se plaisent encore à guider , à soutenir leurs élèves par leurs conseils. Apulée affirme que les Lares n'étaient autre chose que les mânes de ceux qui avaient bien vécu et bien rempli leur carrière ; les Lémures, au contraire, étaient les mânes des méchans. Les Romains adoptèrent ces idées des Grecs.

Les Lares étaient donc les Dieux domestiques , les Dieux de chaque maison. On posait ordinairement leurs images , dit M. Dacier (*Remarq. sur Horace* , od. XII, liv. 1er, v. 14), dans le coin du foyer, qui est encore appelé *la Lar* dans quelques lieux du Languedoc. Dans les maisons aisées, on les plaçait derrière la porte, dans le vestibule.

Saint Jérôme nous apprend que les Romains, sous prétexte d'éclairer l'entrée de leurs demeures, mais en effet pour flatter leurs penchans superstitieux, entretenaient pendant la nuit des cierges et des chandelles allumées devant les statues des Dieux tutélaires, à l'entrée de leurs maisons. Prudence dit que, dix ans avant la prise de Rome par les Goths, on rencontrait, par milliers, dans cette ville les images des génies protecteurs, des Lares familiers et de tout ce qu'il appelle, à cause des flambeaux dont nous venons de parler, *fumosa avorum numina*. (Beugnot, t. ii, p. 138.)

Les hommes puissans leur consacraient un oratoire particulier ; quelquefois on poussait la somptuosité jusqu'à avoir deux laraires, le grand et le petit ; dans l'un, on plaçait les Dieux les plus éminens ; dans l'autre, les génies au petit-pied, *Deunculi*.

En effet, les Lares ne furent pas toujours les âmes des ancêtres ; — ce culte s'élargit peu à peu. Les particuliers qui ne crurent pas trouver dans leurs aïeux des âmes, des génies assez puissans pour les favoriser et les défendre, ceux-là se choisirent des patrons parmi les grandes ou les petites divinités. Ainsi s'étendit infiniment le nombre des Dieux lares domestiques.

Ces Lares ne furent bientôt plus, suivant le témoignage de Pline, que des Dieux particuliers qu'on choi-

sissait et qu'on adoptait pour patrons. (Lib. 2. cap. 7).
Marc-Aurèle prit pour ses Lares les hommes illustres
qui avaient été ses maîtres. Alexandre Sévère avait
mis dans son laraire principal, au rapport de Lam-
pride, Apollonius, Orphée, Abraham et Jésus-Christ,
et, dans le laraire inférieur, Virgile, Cicéron, Achile
et plusieurs autres grands hommes.

Les voyageurs religieux portaient leurs Lares dans
leurs courses. Cicéron, craignant de fatiguer *sa Minerve* dans le voyage qu'il fit avant de se rendre en
exil, la déposa par respect au Capitole.

Lorsque les jeunes gens de qualité étaient arrivés à
l'âge de déposer la *bulle* qu'ils portaient sur la poi-
trine, ils allaient la présenter aux Dieux lares et la
suspendre à leur cou ; — *les esclaves y suspendaient
aussi leurs chaînes lorsqu'ils recevaient la liberté....*
(DICT. DES ORIG.)

Bientôt on distingua plusieurs sortes de Lares. Outre ceux des maisons privées qu'on appelait aussi *familiers*, les bâtimens publics eurent les leurs. La cité
n'étant que l'extension de la famille, on eut les Lares
de ville, *urbani* ; ce qui conduisit à ceux des carrefours, *compitales*.

La sépulture dans les maisons avait produit les Lares domestiques ; les grands chemins furent tout naturellement sous la protection des Lares, quand on en-
sevelit sur leurs bords.

Les Lares des chemins s'appelèrent *viales ;* ceux
de la campagne, *rurales ;* les Lares ennemis, *hostiles.*
Avant que d'assiéger une ville, les Romains en évo-

quaient les Dieux tutélaires, et les priaient de passer de leur côté en leur promettant des temples et des sacrifices.

Janus, au rapport de Macrobe, était un Dieu lare, parce qu'il présidait aux chemins. Apollon, Diane, Mercure étaient aussi réputés Lares, parce que leurs statues étaient au coin des rues ou sur les grandes routes.

En général, tous les Dieux qu'on choisissait pour patrons ou tutélaires des lieux et des particuliers, tous ceux dont on éprouvait la protection, en quelque genre que ce fût, étaient réputés Lares (Noël, t. II, p. 136). A l'époque de l'établissement du christianisme, près de trois cents édicules publics étaient dédiés, à Rome, aux Dieux lares. (Beugnot, t. II, p. 137).

Mais Rome avait aussi ses Lares comme cité ; et *Asconius Pedianus*, expliquant le *Diis Magnis* de Virgile, nous apprend que *les Lares de Rome n'étaient rien moins que les douze grands Dieux*....

X.

Le sigle AVG., si fréquent dans un grand nombre d'inscriptions, est souvent d'une explication bien embarrassante.

Faut-il y voir le substantif *Augustus*, désignation louangeuse d'Octavien ?

Faut-il lire, dans un sens plus large, *augustus*, auguste, synonyme d'empereur ?

Doit-on le prendre adjectivement pour *augustus*, saint, majestueux, vénérable ?

Lira-t-on *augustus*, impérial, ou bien *augustalis*, qui a la même signification, d'une manière plus particulière ?

Entre ces divers sens, on est obligé de choisir, et l'on se décide par les indications de temps, de lieux, par les circonstances extérieures ou par les données de l'inscription elle-même ; données bien souvent incertaines, vagues, et qu'il serait nécessaire, au contraire, de rendre plus positives par l'interprétation préalable du sigle.

On conçoit, dès-lors, toutes les hésitations, tous les embarras de l'antiquaire. Ainsi, *aula augusta*, veut dire la cour impériale ; beaucoup de villes ont été appelées *augustæ* à cause d'Octavien ; — on connaît la tribu, la légion, la trirème *augustæ* ;

Il y a le collége augustal, les fêtes augustales, les jeux, les prêtres augustaux *(Augustales)* ;

La compagnie des augustanes *(Augustani)*, chargée d'applaudir Néron au cirque.

Dans l'origine, le mot latin *augustus* était un adjectif religieux qu'on ne donnait qu'aux choses les plus saintes, les plus sacrées. Munatius Plancus, que Sénèque appelle le plus grand flatteur de Rome, proposa, dans le sénat, de décerner cette épithète à Jules-César Octavien.

Cet adjectif ainsi appliqué, c'est-à-dire à l'empereur qui le porta le premier, ne fut qu'un surnom personnel, infiniment plus honorable et plus relevé toutefois, que ceux de *pieux*, d'*heureux*, de *grand*, déjà donnés à Métellus, à Sylla, à Pompée ; l'adulation voulait, pour ainsi dire, élever Octavien au-dessus de l'humanité.

« Les Romains , écrivait Dion , appellent *augustes* » les choses les plus respectables et les plus sacrées. » Octavien désirait passionnément qu'on lui donnât » le surnom de Romulus ; mais il s'en détacha dès » qu'il s'aperçut qu'il devenait par là suspect d'aspirer » à la royauté ; — il accepta celui d'*Auguste*. »

Ce mot, qui avait été pour Octave un surnom personnel, ne fut pris par Tibère que dans quelques occasions solennelles ; il ne le regardait donc point comme une portion du patrimoine que lui conférait l'adoption ; il y voyait quelque chose de plus qu'un titre de famille ; mais assurément il n'y voyait pas non plus un titre de puissance , lui qui ne prenait pas la qualification d'*imperator*. Il était flatté de recevoir le surnom d'*Auguste*, dans le sens personnel dans lequel l'avait porté son prédécesseur.

Caïus (Caligula) aurait pu s'emparer du titre d'Auguste comme fils de Germanicus, s'il l'avait cru héréditaire ; mais , ne l'ayant reçu qu'avec les titres impériaux, il paraît qu'il aima mieux l'accepter comme un hommage personnel que le sénat lui rendait. C'est sans doute sous l'influence de la même idée qu'il fit donner par cette assemblée le nom d'*Augusta* à son aïeule *Antonia* encore vivante ; il désirait la faire déclarer ainsi vénérable et sacrée. Antonia refusa cette désignation ; ce qui prouve que ce n'était qu'une épithète louangeuse.

Claude n'avait aucun droit de famille au nom d'Auguste ni à celui de César; ils lui furent donnés l'un et l'autre par l'arrêt du sénat qui confirma son élection ; mais certainement on n'attachait pas encore l'idée de la puissance suprême à la qualification d'*Auguste*, puisqu'on voulut la donner à Britannicus qui venait de naître. L'empereur refusa, pour son fils et pour sa femme Messaline, un titre qui lui parut trop pompeux ; mais il le laissa prendre plus tard à l'impérieuse Agrippine.

Ainsi, le titre d'Auguste s'était déjà donné trois fois à des empereurs descendans ou alliés, soit naturels, soit par adoption, de la famille d'Octave ; maintenant on l'offrait aux femmes, aux enfans du chef de l'Etat ; c'était un hommage qui tendait à devenir héréditaire.

Néron avait droit, dès-lors, de prendre ce titre, comme fils adoptif de Claude ; mais, à partir de son règne, il est évident que le motif de famille n'y fut plus pour rien et que ce fut une simple qualification ; car les Romains nommèrent, en moins de deux ans, Galba, Othon, Vitellius et Vespasien *Augustes*, quoique ces empereurs fussent entièrement étrangers, soit à la maison d'Octavien, soit à celle de Claude.

Ce titre, comme le plus noble et le plus relevé de tous ceux que portait le chef de l'Etat, finit par servir à le désigner, et devint, en ce sens, une qualification de puissance et de dignité. Ce fut le titre caractéristique de la puissance souveraine, spécial aux empereurs, et tellement incommunicable, que jamais aucun monarque étranger ne l'a porté, ni même les princes qui devaient succéder à l'empire. Il était naturel qu'une épithète louangeuse , toujours portée par les empereurs et seulement par eux, devînt le nom le plus propre à les désigner, nom qui marquait la splendeur de la dignité impériale.

Mais on se souvenait encore de l'origine de ce mot, trois siècles après Octavien ; ce qui le prouve , c'est que Dioclétien et Maximien ayant quitté la pourpre et l'empire, ne laissèrent pas de garder ce titre. Dans des monumens postérieurs à leur abdication , ils sont qualifiés tantôt simplemeut *Augusti* , tantôt *seniores Augusti* , pour les distinguer des empereurs régnans ; mais ils ne sont jamais nommés *imperatores* ni *seniores imperatores*. Pourquoi ? C'est qu'*Augustus* était un titre sans fonctions , un adjectif , et qu'il en était autrement d'*imperator* qui emportait l'idée d'une œuvre à accomplir , d'une charge, d'un office, comme nous disons aujourd'hui. Or , chez les Romains , on portait toute sa vie un titre honorifique , tandis qu'on ne gardait la désignation des places qu'autant qu'on en remplissait les emplois.

De là vient que les mères , les femmes , les sœurs des empereurs purent porter le nom d'*Augustæ*, même quand celui d'*Augustus* marqua dans l'usage la souveraine autorité. Il n'y avait nullement partage de fonctions , de pouvoir , il n'y avait qu'un droit commun au respect et à un hommage presque religieux ; mais les femmes ne portèrent jamais les titres des dignités romaines. Parmi les qualifications les plus fastueuses que la flatterie leur ait donnée , on n'en trouve point qui désigne une charge , un emploi dans l'Etat.

Ainsi, jusqu'à Néron, le mot *auguste* signifiait proprement *vénérable,* et comme on en avait décoré Octavien , un sénat servile l'attribua , par continuité , à ceux qui perpétuaient son autorité et sa famille, soit par hérédité naturelle , soit par adoption.

Après Néron , ce titre donné à tous ceux qu'on revêtit de la pourpre , devint synonyme d'*impérial* , et plus tard , il arriva même à être équivalent d'empereur , parce qu'on l'employait toujours pour qualifier le chef de l'Etat, et qu'une épithète constante devient naturellement un nom. Il faut donc , suivant les époques et les circonstances , interpréter le sigle AVG. par *venerabilis* , par *octaviani,* par *imperialis* , ou par *imperator* (1.)

Pendant sept cents ans, le mot Auguste n'eut qu'une signification morale. Il est l'équivalent de saint , religieux, dans Ennius, —de propice, favorable, dans Virgile et Cicéron , — de majestueux, de vénérable dans la plupart des auteurs latins.

Pendant quarante ans , sous Octavien , ce titre donné à cet empereur veut dire encore vénérable ; mais il devient presque son nom. Jusqu'à l'an 27 avant notre ère , ses médailles portent *Imperator Cæsar divi filius* ; — après cette époque, on y voit *Cæsar Augustus.*

(1) Voyez *Mém. de l'Acad. des Inscript. et Belles Lettres* , t. I. p. 250. — T. VIII. p. 552 — T. X. p. 461 , 487. — T. XV. p. 61. — T. XIX. p. 452.

Les monnaies de ses successeurs immédiats portent bien l'épithète d'*auguste* jointe à leur nom; mais ils ne s'en parent eux-mêmes qu'avec une certaine réserve ; enfin , à partir de Néron jusqu'à la chute de l'empire d'Occident , pendant quatre siècles , il ne s'agit plus d'une simple formule d'adulation ou d'un titre de famille ; *auguste* devient peu à peu synonyme d'*impérial* et même d'*empereur*.

Toutefois , les Dieux continuent à jouir , dans les inscriptions , de cette épithète respectueuse , et l'on trouve, nous l'avons vu, *Neptuno Aug.*— *Nymphis Aug.* — Certes , quelle que soit l'époque des monumens qui portent des inscriptions pareilles , on ne peut être embarrassé pour l'interprétation ; il s'agit bien de nymphes *vénérables* , de Neptune *majestueux ;* car on ne voit nullement pourquoi les nymphes et Neptune seraient *octaviens* ou simplement *impériaux*.

Il en est tout autrement quand on rencontre *Laribus Aug.* — Alors on peut supposer *Laribus augustis* , — *Laribus Augusti*, — ou *Laribus augustalibus* : — aux Lares vénérables , — aux *Lares augustes* (dans le sens d'impérial) , — aux *Lares d'Auguste* (dans le sens d'Octavien), — aux *Lares d'Auguste* (dans le sens d'empereur en général), — enfin, aux *Lares impériaux*.

Les Romains élevèrent , par un décret spécial, Octave-Auguste au rang des dieux Lares, voulant déclarer par cette adulation que chaque citoyen devait le reconnaître pour le défenseur et le conservateur de sa propre famille; cette circonstance augmente encore les embarras.

Montfaucon nous fait connaître une inscription remarquable, ainsi conçue : *Aux Dieux mânes, au génie des Augustes, Lares salutaires, Fortunat affranchi d'Auguste.* Il semble bien que c'est d'Octave que Fortunat est l'affranchi ; comment, cependant, pouvait-il y avoir un génie des *Augustes*, lorsqu'il n'y avait encore eu qu'un Auguste, à moins que Fortunat n'eût élevé son monument sous Tibère ou sous Caligula ; mais alors, de quel *Auguste* était-il l'affranchi parmi les trois ?

Sur une autre inscription romaine on lit : *Caïus Sempronius Pison a posé ce marbre aux Lares des Augustes......* Faut-il admettre que deux empereurs régnaient en même temps, ou qu'il s'agit des Lares impériaux en général, des dieux protecteurs de tous les empereurs ?

« Deux hommes, dit Montfaucon, représentent les Lares, *et une prêtresse voilée vient d'offrir un sacrifice ou une libation sur un autel.* Cette dernière partie de la représentation offre une remarquable analogie avec celle de nos *cultores Urœ fontis.*

Notre autel nimois porte *Laribus Augusti.....* : — peut-être y avait-il *Laribus augustis*, la pierre étant dégradée à l'endroit précisément ou l'*s* se serait trouvée. Dans tous les cas, j'interprète : — *aux Lares impériaux*, s'il y avait *augustis ;* — *aux Lares de l'empereur*, s'il y a *Augusti*, excluant formellement cette idée que le mot auguste signifie ici *Octave ;* car, certainement, les zélateurs de la fontaine d'*Eure* n'ont sacrifié sur le bord de celle de Nimes , que quand les eaux des deux sources ont été réunies , et cela n'est arrivé que du temps d'Antonin. C'est un de ces cas où les circonstances extérieures précisent le sens de l'inscription.

Quant aux *Laribus aug*. de l'inscription de Felicion, on peut leur donner toutes les interprétations qui précèdent ; mais après mûre réflexion, j'adopte celle-ci : *aux mânes augustes* dans le sens de *vénérables* , excluant *impériaux* , *Octave* , etc. (1).

J'ai dit en commençant : — « *Les Lares d'un affranchi sont humbles...* » — Je crois que j'ai eu tort ; car quels étaient les Lares de cet affranchi? ce n'étaient point les siens propres, c'étaient ceux de l'illustre maison des Cassius, *Gentis Cassiæ !*

La plupart des esclaves ne connaissaient point leur famille , et tous n'avaient d'autre foyer que celui de leur maître. Felicion devait trouver saints les Lares sur lesquels il avait déposé les fers de la servitude !... il devait trouver *augustes* les Lares de la noble maison de son maître. Ces Lares d'ailleurs qui probablement avaient été les siens depuis sa naissance , ne devaient-ils pas lui continuer leur protection ? *Les affranchis , en prenant le nom et le*

---

(1) « Je ne lis pas, dit Ménard , *augustalibus*, qui signifierait » les *Lares augustaux* , c'est à dire ceux des empereurs, parce » qu'il n'est pas probable que ce particulier les eût préférés dans « ce monument domestique à ses propres dieux pénates, et je lis » *augustis.* » T. VII. p. 210.

prénom des maîtres qui les mettaient en liberté, s'u-nissaient en quelque sorte à leur famille.

Comme la liberté était la plus grande récompense qu'un maître pût donner à ses esclaves, les affranchis regardaient et révéraient comme des dieux ceux qui les faisaient jouir d'un tel bien. Ils proclamaient dans toutes les occasions leur éternelle reconnaissance ; *car l'affranchi convaincu d'ingratitude était contraint de reprendre ses fers.*

XI.

ET MINERVAE. — Les anciens avaient coutume d'invoquer leurs divinités et de leur faire des promesses lorsqu'ils se trouvaient dans des circonstances extraordinaires. Ils accomplissaient ensuite ces vœux ; ce qu'ils appelaient *exsolvere votum* (1). Ils ornaient leurs temples de certains tableaux où était représenté l'évènement qui y avait donné lieu, appelés *tabellæ votivæ*, qu'on suspendait aux murs et à la voûte (2). Cet usage est passé à l'Eglise catholique On ne se bornait pas là : souvent on plaçait ces tableaux sur des colonnes ornées d'un piédestal sur lequel était gravé le nom de la divinité et celui du particulier qui accomplissait son hommage. Ces colonnes, ces piédestaux

(1) Je lis *exsolvi votum* sur cette pierre, et non, comme le voulait Ménard, *exs voto* pour *ex voto*. L. c.

(2) Tibulle, malade, adresse un vœu à la déesse Isis :

Nunc, Dea, nunc succurre mihi; nam posse mederi
Fixa docet templis multa tabella tuis.

Lib. 1. — Eleg. 3.

étaient de marbre, mais plus ordinairement de pierre, du moins à Nimes.

Il n'est pas surprenant de trouver Minerve parmi les divinités invoquées par Felicion. On lui rendait dans toutes les Gaules un culte particulier, mais plus spécialement encore dans la province Narbonaise. Sidoine Apollinaire en rend un témoignage certain au sujet de Narbone :

> .... *Venerere jure divos,*
> *Lenæum, Cererem, Palem, Minervam.*
>
> Carmen 23. Vers. 45.

Un canton consacré à Minerve, dans le diocèse de Narbonne, s'appelait le *Minervois*, et le château de *Menerbe* dans le diocèse de Carcassonne, n'est autre que *Castrum Minervæ*.

Mais, en quelle qualité Felicion a-t-il invoqué Minerve ? C'est là ce qui doit nous donner tout le nœud de l'énigme.

J'ai dit ce que j'en avais pensé tout d'abord. En y réfléchissant davantage, je ne trouve rien dans les attributs de Minerve qui puisse la faire considérer comme *libératrice*, qui doive lui attirer les vœux que des esclaves accompliraient après leur affranchissement.

Mais les vœux se faisaient aussi fréquemment dans l'état de maladie, et l'opinion de M. Pelet n'est-elle pas plus plausible que la mienne quand il dit : — "Les vœux
" que les anciens exprimaient sur les autels avaient
" pour objet de se rendre propices les Dieux auxquels
" ils s'étaient adressés, ou bien de leur témoigner la

« reconnaissance des bienfaits qu'ils avaient obtenus
» par leur intercession. En raisonnant dans le sens
» de M. de la Bastie, ce serait dans cette dernière
» catégorie qu'il faudrait classer l'inscription qui nous
« occupe ; elle exprimerait la reconnaissance de Feli-
» cion aux dieux protecteurs de la famille, *puis à*
» *Minerve, non en sa qualité de déesse de la Sagesse,*
» *mais à Minerve Hygia ou Medica, en remercî-*
» *ment de la santé qu'il avait recouvrée ; ensuite aux*
» *divinités des eaux (Nemausus, Urnia et Avican-*
» *tus)* dont l'usage avait peut-être provoqué la guéri-
» son de celui qui accomplissait ce vœu. Cette inter-
» prétation me paraît assez naturelle.... »

Telle est la conclusion de M. Pelet ; et, comme je
suis maintenant de son avis , c'est dans ce sens que
je vais fournir mes preuves.

Les anciens adorèrent Minerve comme exerçant la
médecine et rappelant la santé ; ils l'appelaient alors
Minerve Hygie (*Hygiœa* Τγίεια, Σώτειρα). Minerve
salutaire était surtout honorée dans l'Attique ; les habitans du bourg d'Acharna lui rendaient un culte particulier ; — elle avait une statue dans la citadelle d'A-
thènes. Pendant qu'on travaillait à cette construction,
le meilleur de tous les ouvriers s'étant laissé tomber,
il fut à l'agonie et les médecins l'abandonnèrent ; ce
qui affligea Périclès ; mais la déesse lui apparut en
songe et lui indiqua un remède avec lequel le mourant
fut bientôt remis sur pied. En mémoire de ce miracle,
Périclès fit faire la statue dont nous venons de parler ;
elle était en cuivre et fut placée à côté de l'autel qu'on

avait déjà depuis longtemps consacré à Minerve Hygie. Minerve Ὀφθαλμῖτις avait un temple à Lacédémone pour avoir guéri l'œil de Lycurgue blessé dans une émeute, et Diomède lui en bâtit un à Argos, parce qu'elle avait dessillé ses yeux devant Troie, au milieu du combat, et dissipé les ténèbres épaisses dont il était environné. (Plutarq. t. 1, p. 46-160. — Pausanias, p. 41-60-195-128. — D'Orbessan, *Mélanges histor. et critiq.*, p. 136.)

Suivant Diodore, les nymphes de la Sicile firent jaillir de terre des sources d'eau chaude pour être agréables à cette déesse, et Callimaque dit, " qu'elle " prolonge à son gré les jours des mortels... " (Hymne sur les bains de Minerve.)

Sous ses divers attributs, Minerve avait une chapelle au Capitole et huit temples dans autant de quartiers de Rome. Dans la description de cette ville que contient la *Notitia dignitatum Imperii*, écrite sous Honorius, nous trouvons, dans la cinquième région, un temple élevé *Minervæ medicæ*. Sur une médaille de Crispine, femme de Commode, on voit l'impératrice en déesse Hygiée, qui tient une pique entourée d'un serpent et donne la main à un homme qui fléchit le genou devant elle, avec l'inscription : *salus generis humani*.

Mais n'est-il pas étrange d'associer, sur le même autel, Minerve à trois divinités aquatiques ? — Nullement, comme on va le voir.

Si la tradition vulgaire fait sortir Minerve tout armée du cerveau de Jupiter, des opinions très-répandues dans l'antiquité lui donnent une origine bien différente. Cicéron parle d'une Minerve *issue du Nil*, adorée à Saïs en Egypte, ville qui le disputait dans ce culte à toutes les autres du monde. La déesse y avait un temple magnifique. La colonie ninoise était-elle étrangère aux symboles égyptiens ?

Une autre Minerve fut fille de Jupiter et de Coryphée, *fille elle-même de l'Océan.*

Clément d'Alexandrie en connaissait une qui devait le jour à Pallas et à Titanis, *fille aussi de la grande mer.*

Pausanias cite une Minerve, fille de Neptune et de Tritonia, *nymphe* à qui l'on donnait des yeux bleus comme à son père, ou plutôt couleur de l'eau de mer, glauques *(Glaucôpis,* aux yeux pers.)

Ogygès suivant les uns, Neptune d'après les autres, fut le père de Minerve ; la nymphe Tritonia lui donna le jour. Comme une autre Anadyomène, elle apparut au bord du lac Triton ou du lac Copaïs.

Nous n'entreprendrons pas d'expliquer ici des idées qui remontent jusqu'aux mythes les plus anciens de l'Egypte et de l'Inde. Minerve est tour à tour l'espace et l'onde, c'est-à-dire, le ciel supérieur de l'air et des nuées, océan lumineux reposant partout sur l'océan terrestre et s'y confondant, et voilà pourquoi elle est peut-être regardée comme fille de l'Océan ou du feu, comme née de Neptune ou sous le marteau de Vulcain. (*Voy.* Noël, t. II, p. 236. — Parisot, *Biog. univers.*, t. LIV.)

Il nous suffit d'avoir montré que le culte de Minerve

n était nullement en opposition avec celui des nymphes et des sources bienfaisantes , et de plus qu'elle était souvent invoquée comme déesse de la santé ; dès-lors , les trois mots de l'inscription dont il nous reste encore à parler, *Nemausus, Urnia* et *Avicantus*. ne nous offriront plus aucune difficulté : ils désigneront trois sources salutaires.

XII.

Je ne reviendrai pas sur ce que j'ai déjà dit de Nemausus ; au lieu d'y voir, avec Ménard. le nom du génie tutélaire de la ville , je le prends ici. avec Maffei, comme celui de la source elle-même ou de son propre dieu.

VRNIAE. — Ménard veut que ce soit le génie de la ville de Beaucaire, *Ugernum* ; j'avoue que l'opinion de M. de la Bastie me paraît beaucoup plus probable; et, avec celui-ci et M. Pelet , je ne saurais y trouver que le génie de la fontaine d'Eure , VRAE. Non que, comme M. Pelet, je puisse voir le même mot sur les deux inscriptions que j'ai rapportées ; mais s'il n'y a pas identité littérale, il y a assez d'analogie et de rapports pour que la signification puisse être la même.

Ura pouvait être le nom réel . *Urnia* le nom corrompu ;

Ura le nom sacré , *Urnia* le nom vulgaire.

L'un pouvait signifier la source même, l'autre sa nymphe ou son génie. N'ont-ils pas la même racine ! Le mot *urinare* et tous ses dérivés ne viennent-ils pas de l'un des radicaux que nous avons mentionnés pour VRA ; l'idée de l'eau n'en est-elle pas le point de départ ? Il en est de même pour tous les vases destinés à contenir de l'eau et que nous désignons sous le nom générique d'*Urne*. Ne dit-on pas *Urna fluminis* pour la source de la rivière ? Et, d'ailleurs, la tradition le prouve, même dans nos localités ; si *Ur*, si *Dour* ont signifié source, rivière, cours d'eau, d'où l'on a fait *Ura* et *Doria* (d'où nous viennent l'Adour des Pyrénées, la Dourbie dans notre département, et le Dourdon, courant voisin de l'Aveyron), *Ourna* et *Dourna* ont eu évidemment la même signification en celtique.

Presque à nos portes, dans la commune de St-Félix-de-Pallières, il y a deux sources et un ruisseau qu'on appelle indifféremment *Ourne* ou *Dourne* ; l'étymologie celtique n'y peut être douteuse.

Quoique par une voie différente, nous arrivons donc à la conclusion adoptée par M. Pelet, savoir : — que le vœu de Felicion fut aussi réellement adressé à la fontaine d'Eure, que celui des *cultores fontis* ; seulement, l'un désigne cette source sous le nom d'*Urnia*, les autres sous celui d'*Ura*. Il y a trop de ressemblance entre ces mots, trop de rapports étymologiques pour ne pas conclure à l'identité.

Ménard cherchait des rapports entre *Urnia* et *Ugernum* ; ne sont-ils pas moins sensibles que ceux que nous indiquons. Et d'ailleurs (nos lecteurs auront déjà fait cette remarque) en invoquant *Nemausus* et *Urnia*, Felicion se mettait sous la protection de deux

divinités analogues, il invoquait les deux sources les
plus remarquables de la contrée, véritables merveilles
du pays des Arécomiques. Il n'y a point de sources à
Beaucaire.

C'est ainsi que je résous contre Ménard, et avec
MM. Pelet et de la Bastie, la moitié de l'énigme
dont Maffei désespérait. Reste le dernier terme *Aricantus*. Eh! bien, l'explication que je vais en donner
me semble, non-seulement juste en elle-même, mais
propre à confirmer celle que je viens d'adopter pour
les deux autres.

Ici, j'en suis fâché, mais je me refuse absolument
à prendre, avec M. de la Bastie, *Aricantus pour le
Vistre dans le sens de la fontaine* de Nimes, comme
il l'entend; ni avec M. Pelet, pour le *Vistre* provenant des *Canabous*, et je vais dire pourquoi.

Après le vœu fait à la source de Nimes et un autre
à la source d'Uzès, le troisième doit s'adresser à quelque chose de semblable.

Qu'est-ce que la source du Vistre? —Elle est partout, et elle n'est nulle part;

Elle est à Cabrières, à la Bastide, aux évens du
Fouze, à Bezouce; — mais toutes ces nymphes, peu
dignes de marcher de compagnie avec les divinités
des sources de Nimes et d'Uzès, se cachent presque entièrement en été dans leurs grottes désséchées.

Que trouve-t-on dans la contrée de comparable aux
sources d'*Urnia* et de *Nemausus?* Une seule chose,
— la source du Vigan, *Aricantus;* aucune autre ne
peut être mise en parallèle.

La fausse ressemblance, mise en avant par M. de la Bastie, ne doit point nous éblouir, et sur ce mot particulier de l'inscription, l'opinion de Ménard, et de M. de Mandajors (*Histoire de la Gaule Narbonnaise*, p. 574), est assurément plus plausible. *Vincanus*, nom du Vigan dans les anciens titres, est bien plus voisin du mot *Avicantus*, que le mot *Vistre*.

Je l'ai dit ailleurs (*Confidences du Dieu Némausus*), l'étymologie véritable du nom du cours d'eau qui parcourt le territoire de Nimes est *Vitreus*, et il est évident qu'Ausone y fait positivement allusion quand il dit :

> VITREA.... *luce Nemausus*
> *Purior....* (*De claris urbib.*, vers 13).

L'eau qui regorge de temps à autre des Canabous, comme celle de la source de Nimes, est plus bleuâtre qu'aucune autre ; elle est exactement de la couleur de la cassure d'une lame épaisse de verre. M. Arago fut frappé de cette nuance de la *Fontaine*, et il y a plusieurs années que M. Valz m'a communiqué sa remarque.

Si le nom latin de notre source fut *Nemausus*, son surnom dut être *Vitreus*. Le nom resta dominant dans la ville, l'épithète au dehors, et le cours d'eau dont M. de la Bastie regarde notre *Fontaine* comme la véritable origine, ce qui devrait être généralement admis, s'appela *Vitreus*, hors des murs, mot dont on a fait *Vistre* plus tard, comme de *Nemausus* on fit *Nimes*.

Ainsi, plus de doute pour moi.

L'inscription de Félicion mentionne les trois sources les plus belles du pays des Arécomiques placées au voisinage de lieux habités :

Celle de Nimes, *Nemausus* ou *Vitreus* ;

Celle d'Uzès, *Ura*, autrement *Urnia* ;

Celle du Vigan, *Aricantus*, plus tard *Isis*.

La première a un nom celtique et une épithète latine ; — la seconde a deux noms celtiques latinisés, voisins de forme et de même racine. Quant à la troisième, elle reçut des Romains un nom pris en Egypte avec le culte d'Isis ; ce qui n'empêcha pas qu'elle ne fût longtemps et concurremment désignée par son nom primitif, qui était celui de la contrée, du *Pagus-Aricantus*. Nous allons en chercher la signification.

Si le nom du Vigan au moyen-âge, *Vincanus*, rappelle l'*Aricantus* des Romains, le nom d'*Arèze* me semble avoir avec celui-ci des rapports bien plus frappans encore. Si ces mots étaient purement latins, *Aricantus* serait le *chant des oiseaux*, comme *Arèze*, *avium situs*, le lieu des oiseaux. Mais, au lieu de s'arrêter aux étymologies latines, il convient d'examiner si l'on n'en trouvera pas d'aussi naturelles en remontant plus haut.

Suivant Astruc et le P. Rostrenen, *avon* et *avenn* signifient *rivière*, *cours d'eau* en celtique ; aussi remarquent-ils qu'il y a en Basse-Bretagne deux rivières qui n'ont pas d'autre nom propre que ce nom appellatif ; — il y en a aussi une dans le pays de Galles au rapport de Giraldus (Astruc, *Hist. naturel. du Lang.*, p. 424. — *Itinerarium Cambriæ*, lib. 1, c. 8)

Que de noms géographiques n'existe-t-il pas, dérivant à coup sûr de la même racine? Nous avons, dans l'Hérault, la rivière d'*Avenne* qui se jette dans l'étang de Taur ou de Thau; nous avons aussi une *Avenne*, dans notre département, qui se perd dans le Gardon. L'Avedon, près d'Uzès, qui se confond avec l'Alzon. L'*Arezaguet* coule dans les Hautes-Pyrénées: et, quant à l'*Areyron*, ce mot ne signifierait-il pas *la petite rivière*, par comparaison au Tarn auquel il se réunit?

Sans sortir des limites de la France, on trouve au moins trente lieux habités, dont le mot celtique *avenn* a certainement déterminé le nom; tout dictionnaire géographique fournira deux Avenn, Avenon, Avenas, deux Avenne, Avennes, deux Avenelles, trois Avenay, deux Avensac, un Avèze, un Avesé, Avessé, Avèze du Gard, Avèse du Puy-de-Dôme, deux Avezac, Aveissac, Aveson, Aveise, Aveines, Aveizieu, neuf Avesnes, un Averron.

Or, ces mots presque identiques, aussi multipliés, et qui n'ont pas une origine latine, ne pouvant être fournis par un simple hasard, il faut bien remonter jusqu'à notre langue mère.

Si le mot celtique *avenn* veut dire rivière, cours d'eau, ce mot, modifié seulement dans sa terminaison et appliqué à des lieux habités, ne peut que signifier, pays aquatique, villes, villages voisins de rivières, de sources, de cours d'eau. Or, cette désignation convient éminemment au Vigan et à sa banlieue : nul *pagus* ne fut mieux caractérisé.

L'Arre le traverse : la Cleppe vient s'y joindre au pied même d'Avèze ; le Vézénobre, le Coularou, la Sauclierette, le Coudouloux et plusieurs autres torrens ; enfin, la superbe fontaine d'Isis elle-même, contribuent à faire du vallon du Vigan un des pays les plus frais, les plus rians, les mieux arrosés.

« La vallée du Vigan, dit M. de St-Paul [1], est la
» plus belle de l'arrondissement et de la chaîne des
» Cévennes. Elle commence au joli village d'Avèze
» et finit au *Roc de la Mer*.

« *Trois rivières, vingt ruisseaux et quinze fontai-*
» *nes* y arrivent par mille détours, la fécondent et lui
» conservent cette admirable fraîcheur et cette ver-
» dure qu'elle offre pendant les mois d'août, septem-
» bre et octobre, époque où il n'y a plus une seule
» feuille dans les plaines du Midi : on croit, en arri-
» vant au Vigan, changer subitement de saison et
» d'hémisphère.... »

Mais, dira-t-on, si *Aricantus* fut le *Vigan*, il ne pût être *Avèze !* A cela je réponds : les noms des peuplades ont précédé ceux des lieux, dans les âges reculés où elles étaient errantes. Quand elles se fixèrent, ce fut sur des espaces plus ou moins étendus, où la cabane remplaça la tente. Ces lieux, se couvrirent d'abord de maisons isolées, puis de hameaux. Une circonscription naturelle formait le Pagus ; ce n'est que bien plus tard que les habitations se sont réunies, resserrées, pour former des villes comme nous les voyons.

(1) Arman, *Tablettes milit. de l'arrondissement du Vigan*, p. 411.

Les lieux qu'habitèrent les Gaulois lors de leur premier établissement dans le pays, disent tous les auteurs, n'étaient ni clos de murs, ni formés de maisons contiguës les unes aux autres ; c'étaient des métairies ou des hameaux disséminés. Cet usage même était général dans l'enfance des peuples ; qui ne connaît les douze bourgades de l'Attique que Cécrops réunit pour en former la ville de Pallas ?

Avicantus, *Pagus Avicanti* signifiaient donc *la contrée des courans d'eau* ; c'était le vallon du Vigan, depuis cette ville proprement dite jusqu'à Avèze ; au milieu se trouvait la source *Avicantus* pour les Gaulois, que les Romains baptisèrent source d'*Isis*. A l'une des extrêmités de cette heureuse vallée, *Avèze* a conservé le type, la racine, la forme celtique du nom primitif *Avenn* ; — à l'autre extrêmité, le *Vincanus* du moyen-âge, nous rappelle évidemment la forme latine de la désignation locale *Avicantus*, qui devient successivement *Vincanus*, *Vicanus* et *Vigan* ; *Avèze* changea beaucoup moins.

La partie inférieure de la vallée du Vigan est appellée *Ense* dans les anciens actes ; ce mot vient, dit-on, d'*Ensis*, épée ; mais on n'a pas encore expliqué d'une manière satisfaisante l'origine, la cause d'une pareille désignation.

XIII.

Je termine ce long mémoire par l'explication suivante de l'inscription qui nous occupe : explication qui me paraît préférable à toute autre.

« Sulpicius Cosmus a rétabli ce monument; et il s'en
» fait gloire, parce qu'il est païen et que les chrétiens
» l'avaient renversé.

« Consacré aux Lares augustes de l'illustre famille
» Cassia, parce que, sous peine de reprendre les fers
» de l'esclavage, l'affranchi doit regarder son libéra-
» teur comme un Dieu ;

» A Minerve médicatrice ;

» Aux sources de Nemausus, d'Eure et du Vigan,
» dignes, par l'abondance de leurs eaux, du respect le
» plus grand de tous les Arécomiques pour qui d'ailleurs
» toutes les sources sont un objet de vénération et de
» culte religieux. Tous les ans, la partie basse et lit-
» torale du pays est ravagée par des fièvres maréca-
» geuses ; les malades adressent d'abord leurs vœux à
» Minerve-Hygie ; si le mal persiste, ils se rendent à
» Nimes pour boire les eaux salutaires de la source de
» *Nemausus* ; à Uzès, pour se rétablir auprès de la
» fontaine d'Eure ; ou mieux encore au Vigan, sur les
» bords de la source d'Isis, nymphe qui triomphe de
» toutes les affections fébriles (1).

« C'est pourquoi, moi Titus Cassius Felicion, af-
» franchi de Titus, qui fus mis aux portes du tombeau
» par une longue maladie et qui ne pus en être délivré
» que par le secours de ces trois nymphes salutaires,

(1) « L'eau de la fontaine d'Isis, dit encore M. de St-Paul
» (l. c. p. 413), est la meilleure du monde entier ; elle a la pro-
» priété incontestable de guérir les fièvres ; mille expériences
» étayent cette assertion... »

« j'ai élevé ce monument pour l'accomplissement de
« mon vœu. »

Si l'on était tenté de me faire un reproche d'avoir
consacré quatre-vingts pages à l'examen de trois inscriptions que certains de mes lecteurs regarderont
peut-être comme sans importance, je répondrais :

Chaque citoyen devant surtout connaître l'histoire
de son pays, il est indispensable que quelqu'un recueille et s'efforce d'en expliquer les documens épars.

Beaucoup de chroniques du moyen-âge ont péri,
et surtout beaucoup de livres que les Latins et les
Gallo-Romains avaient écrits. Ici, presque rien n'a
échappé au naufrage. La Révolution française a dis-
persé beaucoup de titres et de documens plus modernes ; heureusement que Ménard avait compulsé nos
archives avec soin ; mais, malgré ses efforts, nous
sommes bien pauvres encore pour tout ce qui précède
la découverte de l'imprimerie.

Faut-il toujours repasser dans la même ornière ;
faut-il tourner et retourner sans cesse, comme on le
fait bientôt depuis cent ans, ce qu'on prend dans Ménard et non ailleurs ? Tout le talent du monde ne peut
donner à des faits si souvent répétés le moindre des
attraits qu'ont les choses nouvelles. Il m'a semblé
qu'il convenait de suivre une route différente.

Des inscriptions latines nombreuses sont venues
jusqu'à nous ; — elles couvrent notre territoire ; une
moisson fructueuse est promise à quiconque voudra
s'en occuper avec zèle et persévérance. Je n'ai fait

encore qu'aborder ce sujet , et déjà trois découvertes qui ne sont pas à dédaigner ont récompensé mes premiers efforts.

Par l'étude des milliaires romains des environs de Nimes , — par l'interprétation réelle de l'inscription relative à l'incendie de Narbonne , et de la pierre tumulaire de *Bericianus , j'ai prouvé que Nimes avait remplacé Narbonne pendant quelque temps comme métropole ou chef-lieu de la Narbonnaise première ,* fait historique important, si honorable pour notre cité, et qui explique , avec la prédilection d'Antonin , sa splendeur momentanée et la richesse de ses monumens! fait que j'ai *le premier* établi , démontré , et qui , je l'espère , sera acquis à la science (1).

Aujourd'hui, *je viens de fixer le nom de la fontaine d'Eure sous les Romains,* qui fut positivement *Ura,* et très-probablement aussi *Urnia,* en concurrence.

Enfin , *je crois avoir fortifié l'opinion de Ménard sur l'interprétation du mot Avicantus.* Toutefois , je ne pense pas, avec cet historien, qu'il désignât une ville dans le sens positif et restreint que nous lui donnons aujourd'hui ; mais un lieu moins circonscrit, une petite contrée , un *Pagus,* où se trouvait le Vigan d'aujourd'hui, *Vicanus,* la source qui portait le même nom , que les Romains consacrèrent à Isis , et le village d'*Avèze* lui-même.

Tant que je le pourrai, je poursuivrai l'étude de nos monumens lapidaires ; et qu'on ne pense pas que pour

(1) *Confidences du Dieu Nemausus ,* de la page 126 à la page 157.

chaque inscription, il faille des développemens aussi longs que pour celles qui précèdent. Certaines choses se disent une fois pour toutes, et comme les mêmes mots se présentent souvent, le travail déjà fait abrège les recherches suivantes.

Toutefois, je vais reprendre mon travail sur un objet plus important et dont il est plus urgent que je m'occupe d'une manière incessante, *sur la Question des Eaux*, à laquelle cette introduction ne se rattache que d'une manière trop indirecte peut-être.

Dans la sixième livraison que je vais commencer, je traiterai d'abord des moyens d'obtenir, pour Nimes, une fourniture d'eau plus abondante, en n'employant que l'action hydraulique comme force motrice, mais en élevant une portion de l'eau du Gardon en amont du Pont-du-Gard, au lieu d'établir toutes les pompes à Lafoux (1).

J'examinerai ensuite quelle est la quantité d'eau dont les villes ont en général besoin, afin qu'on puisse se fixer approximativement, et par comparaison, sur celle qu'il convient de conduire à Nimes.

Je traiterai ensuite du volume liquide que le Gardon roule à l'étiage, pour qu'on sache sur quelle force hydraulique on peut compter.

D'honorables amis m'ont demandé les recherches que contient le premier chapitre que j'indique ; deux

______

(1) J'ai déjà donné, dans un supplément spécial au *Courrier du Gard* du 7 de ce mois, le premier chapitre de cette livraison que j'annonce ici ; il m'était demandé, et l'introduction qui devait naturellement le précéder n'était pas encore terminée.

ingénieurs distingués m'ont témoigné le désir de connaître les matériaux que j'avais recueillis sur les deux points suivans ; enfin, je demande toujours aux meilleurs ouvrages et aux hommes les plus compétens, tout ce qui peut contribuer à la meilleure solution du problème de l'importante question des eaux. Diverses lettres dont j'ai été honoré pourront fournir la matière de quelques chapitres utiles.

Comme cette livraison ne sera peut-être pas terminée quand la commission d'examen dressera son rapport, je prends le parti de publier mes articles successivement dans le journal le plus répandu de la localité, comme je l'ai fait pour tout mon premier volume ; à cause de sa rapidité, ce mode de publication me paraît préférable.

Anduze, le 30 avril 1846.

Jules TEISSIER.

DES EAUX DE NIMES

ET

DE L'AQUEDUC ROMAIN DU GARD.

PREMIER CHAPITRE.

—

Augmentation de la Fourniture d'Eau pour Nimes.

A Messieurs les Juges du Concours.

I.

Messieurs,

Depuis que j'ai eu l'honneur de vous adresser la première livraison de ce volume, plusieurs honorables habitans de Nimes à qui j'en ai aussi remis des exemplaires, ont bien voulu me faire des observations importantes sur les trois projets que je vous ai soumis.

Comme ces personnes ont droit à toute ma déférence et que leur opinion peut être d'un grand poids dans la décision à intervenir, j'ai réfléchi sur leurs objections ; je me suis efforcé de satisfaire à leur désir et je joins à mon premier travail la solution qui me parait le mieux répondre à leurs demandes.

21

Le nouveau moyen que je propose étend et complète mon premier projet ; je le recommande sous ce rapport à votre bienveillante attention.

On m'a dit :

» Nous adoptons pleinement l'idée de la restauration de l'antique aqueduc romain, et nous n'approuvons nullement celle de l'établissement d'un aqueduc nouveau ; nous sommes, sur ce premier point, tout à fait de votre avis.

» Nous pensons aussi comme vous, qu'il faut racheter et soigneusement recueillir toutes les eaux du parcours pour avoir autant de liquide qu'on le pourra, arrivant par sa pente naturelle ; et cela, — non seulement à cause de sa valeur propre, mais encore, — pour soulager les machines pendant une partie de l'année : et pour produire de temps à autre de grands effets hydrauliques, aussi agréables à la population qu'utiles pour le lavage de la voie publique, l'arrosement des arbres de nos promenades, et pour le nétoiement salutaire des cloaques.

» Nous voulons que l'aqueduc romain soit rétabli dans son ancienne forme, dans ses dimensions primitives et dans ses moindres détails de construction. Il est de la dignité de la ville et dans l'intérêt de l'entreprise qu'on ne puisse trouver aucune différence entre l'ouvrage antique et le nouveau, et ce n'est pas pour une économie sans importance qu'il faudrait altérer le système de la bâtisse et même la forme des matériaux.

» Nous admettons que tout le terrain qu'occupe l'aqueduc, et, de plus, un franc-bord suffisant de chaque côté doit être racheté par la ville en toute propriété, et nous ne voudrions à aucun prix d'une simple servitude de passage.

» Nous adoptons exclusivement l'emploi du moteur hydraulique pour faire fonctionner les pompes qui élèveront les eaux, et, tant dans l'intérêt du présent que dans celui de l'avenir, nous nous prononcerons aussi énergiquement que possible contre un emploi quelconque de la vapeur.

» C'est vous dire clairement que nous n'approuvons pas le système où vous feriez agir concurremment la force du courant et celle du feu, bien qu'il fût plus rationnel et plus économique que celui qui n'emploierait que la vapeur seule. Ce système ne serait nécessaire que dans le cas où l'on voudrait associer la fourniture d'eau pour Nimes avec l'irrigation de la plaine de Comps ; mais nous ne voyons pas pourquoi la ville se préoccuperait du second objet qui ne la regarde en aucune manière.

» Nous acceptons donc dans vos projets :

1° La restauration de l'aqueduc romain, dans ses formes, dimensions et détails de construction antique ;

2° Le rachat et la reprise des eaux du parcours ;

3° L'élévation d'un volume suffisant de liquide supplémentaire, au moyen de la force hydraulique exclusivement employée.

» Nous voilà d'accord sur trois choses essentielles, sur les points fondamentaux de votre premier projet ; — mais nous désirons plus encore, et nous allons nous expliquer.

» Vous établissez la chute d'eau motrice à Lafoux,
— c'est là que vous placez les pompes, — et vous
n'avez pas l'intention de pousser la restauration de
l'aqueduc romain plus loin, à moins qu'on n'aille
jusqu'à Uzès.

» Certainement nous souhaitons, avec tous les
amis de l'antiquité et avec vous, que la reconstruction soit complète, portée jusqu'à la fontaine d'Eure ;
— mais si la ville, trop timide ou retenue par des
obstacles supérieurs, ne peut aller jusque-là, nous
voulons au moins qu'on dépasse Lafoux, qu'on fran-
chisse le Pont-du-Gard, afin que l'eau puisée sur la
rive gauche de la rivière et non pas sur sa rive droite,
passe encore sur ce monument.

» Nous savons qu'il en coûtera plus cher pour
rendre l'aqueduc à son usage jusqu'au point que
nous indiquons, au lieu de s'arrêter à Lafoux ; mais
réfléchissez aux convenances artistiques, archéologi-
ques de cette restauration qui rendrait l'entreprise si
remarquable, qui lui donnerait dans le monde entier
le retentissement qu'elle doit avoir. Ne vous arrêtez
donc pas à une augmentation de dépense peu importante ; — seulement efforcez-vous d'augmenter en
même temps, s'il est possible, les produits en eau de
l'entreprise...

» Nous arrivons à notre second désir.

» Le conseil municipal a demandé trois cents pouces d'eau ; — c'est trop peu.

» Il a offert deux millions pour cela ; — mais, si

vous pouvez donner une fourniture plus abondante, ne vous effrayez pas des limites pécuniaires.

» Vous puiserez à Lafoux quatre cent cinquante pouces d'eau, au moyen de la chute que vous voulez créer. — C'est déjà une amélioration au programme, mais insuffisante à notre avis. Il faut élever *six cents pouces au moins;* telle est notre limite inférieure...

«Certes, si l'on consent à donner deux millions pour trois cents pouces, on pourrait en donner trois des quatre cent cinquante pouces que vous offrez, et la ville ne ferait pas un mauvais marché.

» Mais celui qui, pour trois millions, porterait la fourniture à six cents pouces, celui-là rendrait un service éminent à la cité. Trois cents pouces livrés au public formeraient le service municipal, et le reste se vendrait aux particliers ; comme on en retirerait au moins un million, la ville recueillerait, sans aucune perte d'argent, les avantages les plus précieux pour l'agrément, la salubrité et l'industrie.

» Tel est notre programme définitif que nous croyons seul convenable et seul suffisant pour les besoins de Nimes. Nous demandons :

» La restauration de l'aqueduc romain jusqu'au-delà du Pont-du-Gard ;

» Et l'élévation de six cents pouces d'eau *au minimum*, par l'emploi exclusif du moteur hydraulique...

» Réfléchissez sur ces conditions, et si vous pouvez y satisfaire, sans dépenser plus de trois millions, vous aurez fait le plus utile de tous les projets, qui obtiendra sans aucun doute l'approbation de tous les

hommes dévoués avec intelligence aux intérêts de
leur pays. »

II.

Mon devoir était de ne point négliger une communication pareille , faite avec bienveillance et conviction ; — je ne la perdis pas de vue.

Je connaissais assez les choses et les lieux pour savoir que le problème n'était pas insoluble , et je vais
indiquer les moyens de satisfaire à des données plus
larges que le programme du conseil municipal.

On sait que , dès le principe , j'avais eu l'idée
d'augmenter la chute motrice à Lafoux en remontant
la prise d'eau au nord de St-Privat , en la portant
au barrage du moulin Carrière ; j'ai renoncé à ce
projet, je l'ai dit :

1° Parce que, pour créer une chute de dix mètres à Lafoux , il faudrait exhausser le barrage de
Carrière d'une façon très-coûteuse , nuisible aux riverains et peut-être peu stable ;

2° Parce que , si l'on se borne à une chute de huit
mètres , le canal d'amenée devient très-coûteux , très-
difficile à creuser et beaucoup trop exposé aux atta-
ques de la rivière.

D'ailleurs, dans cette hypothèse, l'aqueduc romain
ne serait pas restauré jusqu'au Pont-du-Gard.

Une considération qui me paraît d'une grande importance , c'est l'impossibilité de morceler l'entreprise dans ces conditions , et , comme il faudrait dé-

penser plus de deux millions sans avoir aucun produit, la ville pourrait en souffrir.

Je me suis toujours efforcé de scinder la grande
entreprise des eaux en plusieurs opérations qu'on pût
isoler et qui fussent séparément productives ; cette
façon d'agir me paraît avoir d'immenses avantages.
Tous ces motifs réunis m'ont fait renoncer, on le sait,
à la dérivation commençant au moulin Carrière.

On pourait remonter la prise d'eau plus au nord
encore que ce point et établir en même temps les
machines au Pont-du-Gard...

Mais d'abord, dans ce système, on perd la chute
d'eau que procure le barrage de Lafoux et la pente
qui existe depuis ce barrage jusqu'au pont romain en
amont duquel on ne peut créer une chute suffisante
pour élever six cents pouces d'eau.

Il ne serait pas rationnel de porter le barrage au-
delà du confluent de l'Alzon et de la rivière du Gard ;
en effet, si d'une part on augmentait la chute en le
construisant plus en amont, de l'autre on perdrait
une force équivalente par la diminution du volume
de l'eau, et l'on n'arriverait pas, sans des dépenses
exorbitantes, à se procurer au Pont-du-Gard la force
motrice qu'on désire.

D'ailleurs, en amont de Collias, le canal d'amenée
rencontrerait autant d'obstacles sur la rive gauche
que nous en avons trouvé du côté opposé aux appro-
ches du moulin Carrière, et l'objection que nous nous
sommes déjà faite renaîtrait ici, c'est-à-dire qu'on
n'obtiendrait rien avec deux millions et que l'eau

n'arriverait à Nimes que quand toutes les construction seraient terminées, et, par suite, quand on aurait
de beaucoup dépassé cette somme.

Mais, n'y a-t-il aucun moyen de diviser l'entreprise, de concilier les intérêts présens de la ville avec
les besoins futurs, et, tout en pourvoyant à ceux-ci
à mesure qu'ils se manifesteront, de satisfaire au
vœu qu'on nous exprime d'utiliser le Pont-du-Gard,
bien que la restauration de l'aqueduc ne soit pas
poussée jusqu'à Uzès?

Ne désespérons pas, toutes ces choses sont possibles sans excéder les ressources municipales; c'est ce
que je vais prouver.

III.

Je ne change rien à mon premier projet, la ville
l'exécutera comme je l'ai tracé, — l'aqueduc romain
sera restauré jusqu'à Lafoux, les machines hydrauliques seront établies sur ce point, et, comme je l'ai
indiqué au chapitre cinquième de ce volume, au
moyen d'une dérivation qui aura son origine à Saint-
Privat, on se procurera quatre cent cinquante pouces
d'eau avec une dépense de 1,965,000 fr., soit deux
millions en nombre rond. On pourait même, en se
bornant au strict nécessaire, réduire la somme à
débourser à 1,700,000 fr.

Voilà une opération productive, bien que complète, indépendante, scindée; sa réalisation offre
de grands avantages et n'oblige à rien de plus.

Mais, si la ville n'était pas encore satisfaite, si

elle voulait plus d'eau immédiatement, si elle désirait pousser jusqu'au Pont-du Gard la restauration de l'aqueduc, si seulement elle voulait avoir la certitude que le système hydraulique ne resterait pas impuissant au cas où les besoins croîtraient avec l'augmentation de population et de prospérité qu'on est en droit d'espérer, — voici ce qu'on pourait tenter encore, et le projet supplémentaire que nous allons exposer satisferait largement à toutes les exigences, quand même l'on renoncerait à aller jusqu'à Uzès, et toujours avec le seul moteur hydraulique.

A partir de Lafoux, l'aqueduc romain serait remis en état, non-seulement jusqu'au Pont-du-Gard, mais un peu au-delà jusque sur la colline qui domine la rive gauche de la rivière au quartier de *Pont-Rou*. Au point où ce canal se rapproche le plus du Gardon en amont du barrage de St-Privat, on abandonnerait la portion qui se dirige sur Vers et Uzès, et l'on construirait à neuf un embranchement de quatre cents mètres de longueur qui aboutirait à un point convenable de la roche abrupte qui fait face au vallon de St-Privat et qui s'élève presque à pic au quartier de *la Roque*, au couchant du ruisseau de St-Pierre.

C'est là que notre aqueduc nouveau recevrait l'eau de la rivière qui lui serait fournie par une machine hydraulique supplémentaire de celle de Lafoux.

Reste à pourvoir aux moyens de mettre cet artifice en jeu, c'est-à-dire, à créer une retenue plus élevée que le bief supérieur de St-Privat dont nous utilisons la chute et la force à Lafoux dans notre premier projet.

Créer la chute nouvelle qu'il nous faut, ne sera ni très-coûteux, ni très-difficile.

Du pied de la roche de St-Pierre, jusqu'au confluent du Gardon et des rivières d'Uzès, au-dessous de Collias, la distance est de trois mille mètres. La rive gauche du Gardon est sur ce parcours peu accidentée, ferme ; elle n'est pas trop élevée et il serait facile d'y établir un canal adducteur.

Du bief supérieur du moulin de St-Privat au bief supérieur du moulin Carrière, déterminé par les traces de son ancien couronnement, il y a de pente.............. 2 m. 30

De cette crète de l'ancien barrage de Carrière au confluent du Gard et de l'Alzon, la pente est de .... 1 m. 00

Le niveau de l'eau pourrait être facilement relevé par le barrage à construire, de 1 m. 20

Total de la pente......... 4 m. 50

En donnant au canal d'amenée une inclinaison de 0 m. 50 sur sa longueur de 3,000 mètres, on aurait encore une chute franche de 4 mètres avant de rendre les eaux au bief supérieur de St-Privat, et, par conséquent, on ne changerait rien à l'économie des machines qui fonctionneraient déjà à Lafoux conformément à notre premier projet.

Et cependant, cette nouvelle chute de quatre mètres nous donnerait une force supplémentaire qui nous permettrait d'élever dans l'aqueduc romain une nouvelle quantité d'eau de deux cent soixante et quinze pouces, avec un mètre cube et demi de volume chutant par seconde.

Cette masse, jointe aux quatre cent cinquante pouces que nous avions déjà, produirait bien sept cent vingt-cinq pouces ; soit, si l'on veut, sept cents pouces en nombre rond.

Ainsi, que les partisans du système hydraulique se rassurent, — il peut parer à toutes les éventualités ;

Que ceux qui pensent avec nous que Nimes doit croître en étendue, en population, en prospérité, se rassurent, comme ceux qui sont d'avis qu'on ne saurait jamais se procurer trop d'eau dans nos villes méridionales.

Que ceux qui désirent ardemment la restauration de l'aqueduc antique, au moins jusqu'au delà du magnifique Pont-du-Gard se rassurent aussi, — rien n'est si facile que de faire passer une masse d'eau considérable sur cette antique arcature et d'y appeler ainsi de tous les pays du monde une affluence plus nombreuse de voyageurs qui viendront admirer à la fois cette construction gigantesque, chef-d'œuvre des temps passés, et ces machines, savantes merveilles de notre âge, rendant au monument sa primitive utilité.

Quant à ceux qui, moins enthousiastes et plus sévèrement calculateurs, veulent savoir avant que de commencer ce que doivent coûter les choses, nous allons leur faire un compte très-approximatif des dépenses réclamées par ce projet nouveau.

IV.

Nous l'avons vu, pour réaliser notre première proposition, pour restaurer l'aqueduc jusqu'à Lafoux et élever en ce lieu quatre cent cinquante pouces d'eau, la dépense à effectuer s'élèvera tout au plus à deux millions.

A quelque époque que la ville se décide à la réalisation de nos idées actuelles, il faudrait dépenser de plus :

1° Pour la reconstruction de l'aqueduc depuis Lafoux jusqu'au Pont-du-Gard, suivant l'estimation faite par M. Dombre................ 150,000 fr.

2° Réparations convenables à ce monument et prolongement de son arcature jusqu'à la rencontre de la montagne à niveau suffisant............... 50,000

3° Réparation de l'aqueduc sur un parcours de neuf cents mètres au delà du Pont-du-Gard, à 60 fr. le mètre courant............................... 54,000

4° Embranchement d'aqueduc construit à nouveau, se séparant de l'antique et se dirigeant jusqu'au voisinage de la rivière sur une longueur de 4 à 500 mètres, à 100 fr. le mètre, soit, au maximum............................ 50,000

5° Tuyaux d'ascension de l'eau depuis les machines hydrauliques jusqu'à cet

A reporter......... 504,000 fr.

$$Report\ldots\ldots\ldots\ldots\quad 304,000$$

aqueduc nouveau ; — Distance , 200
mètres avec double conduite en fonte
de 200 mètres chaque , ensemble 400
mètres , à 100 fr. 40,000

6° Machines hydrauliques et cons-
tructions accessoires. 200,000

7° Prise d'eau et canal d'amenée. . . . 200,000

Somme à valoir. 56,000

TOTAL GÉNÉRAL du projet . . . 800,000 fr.

Ainsi donc, avec une dépense totale de 2,800,000 f.
qu'on pourrait même , si on le voulait , réduire à
2,500,000 fr. (*Voy.* parag. III) , on pourrait :

1° Restaurer l'aqueduc romain depuis Nimes jusqu'au delà du Pont-du-Gard ;

2° Fournir à cette ville sept cents pouces d'eau au
minimum ;

Et ce projet aurait l'immense avantage de pouvoir
se couper , se scinder en deux entreprises distinctes
et séparées ; — de telle sorte ,

Que pour deux millions , en s'arrêtant à Lafoux ,
on obtiendrait d'abord quatre cent cinquante pouces
d'eau et celle du parcours ;

Et que , plus tard , quand les besoins augmenteraient, quand l'état financier de la cité le permettrait,
on pourrait réaliser la seconde partie de l'opération ,
celle que nous venons d'exposer , c'est-à-dire, établir une dérivation nouvelle depuis le confluent du
Gard et de l'Alzon jusqu'aux rochers qui dominent la

chaussée de St-Privat ; et là , des machines nouvelles
aussi, mues par la chute qu'on aurait créée, élèveraient
un supplément considérable d'eau dans le prolongement de l'aqueduc. Cette eau passerait sur le Pont-
du-Gard et suivrait toutes les sinuosités remarquables
que le canal antique présente de ce monument jusqu'à Lafoux. N'est-ce pas répondre d'une manière
satisfaisante aux vœux de nos honorables amis.

J'ai dit qu'on pourrait élever deux cent soixante
et quinze pouces au moyen de la retenue supérieure ;
mais c'est dans la supposition d'une dérivation d'un
mètre cube et demi par seconde seulement. Rien
n'empêcherait d'augmenter le produit et de le porter,
si on le voulait, à trois ou quatre cents pouces. En
effet , par un relèvement du barrage à construire qui
n'aurait rien d'exorbitant, on pourrait se procurer
une chute franche de quatre mètres et demi au lieu de
quatre mètres ;

De plus , comme entre Collias et St-Privat , il n'y
a ni villages , ni habitations ; — comme le Gardon
parcourt une gorge déserte et presque improductive ,
— rien n'empêcherait dans ce trajet de mettre toute
l'eau de la rivière dans ce bief adducteur. On pourrait
prendre constamment deux mètres cubes par seconde ,
car nous savons que ce n'est qu'à de très-longs intervalles , à des espaces de temps séculaires , que le
débit du Gardon descend à 1 m. 50. Je pense même ,
mais ceci n'est qu'une opinion personnelle, qu'on
n'acceptera peut-être pas de confiance ; je pense
qu'entre Collias et le Pont-du-Gard la rivière roule

plus d'eau visible et utilisable qu'à Lafoux. Je crois qu'il en filtre beaucoup sous les sables et les barrages partout où la rivière a un fond de gravier. Toute l'eau ne disparait-elle pas en aval de Boucoiran , tandis qu'au moulin Labaume , l'abondance est toujours extrême bien que l'Alzon n'ait pas encore fourni son tribut ?

Le prolongement de l'aqueduc romain depuis Lafoux jusqu'à la naissance des arcatures de Vers , l'établissement d'une dérivation nouvelle depuis Collias jusqu'au ruisseau de St-Pierre , des machines indépendantes de celles de Lafoux pourraient fournir jusqu'à quatre cents pouces d'eau et ne coûteraient pas plus de huit cent mille francs ; la ville aurait donc , je le répète , pour 2,800,000 fr. qu'on pourrait même réduire à 2,500,000 fr., un volume d'eau qui s'élèverait à plus de huit cents pouces. — Certes, le système hydraulique ne doit pas être taxé d'impuissance , et d'ailleurs, la faculté de diviser l'entreprise en deux opérations qu'on peut isoler , ne réaliser qu'à de longs intervalles , et qui sont pourtant chacune productives , cette faculté me parait un avantage immense que j'ai toujours recherché pour mes projets, et dont je me suis efforcé de faire sentir l'importance dans tout le cours de mes publications.

V.

Il serait inutile d'en dire davantage.

Le système hydraulique est le plus économique et le plus sûr.

Il offre toutes les garanties et les ressources convenables soit pour le présent , soit pour l'avenir ;

Avec la somme fixée par le Conseil municipal , la
fourniture d'eau peut être de moitié plus considérable qu'il ne l'a demandée ;

On aura de plus les eaux du parcours ;

Et si plus tard on veut doubler encore les produits
déjà obtenus , on le pourra sans peine en ajoutant
seulement huit cent mille francs à la dépense.

L'antique aqueduc sera d'abord restauré jusqu'à
Lafoux , plus tard , jusqu'au pied des arcatures de
Vers, et alors l'eau passera encore sur le triple pont
qui franchit la rivière du Gard.

Mais pourquoi ajournerait-on la fin de cette entreprise ? Ne vaut-il pas mieux avoir de sept à huit
cents pouces pour 2,500,000 francs ou 2,800,000
que de quatre à cinq cents pouces pour 1,700,000
francs ou 2,000,000. Les trois cents pouces d'excédant
ne valent-ils pas un million ? J'écarte toute considération artistique.

La ville , dira-t-on peut-être , ne doit pas ajouter
de cinq à huit cent mille francs au sacrifice de deux
millions auquel elle s'est résolue... Qu'on se rassure,
cet argent qu'on ne saurait mieux placer , ne serait
qu'une simple avance de fonds faite au luxe et à l'industrie qui ne refuseraient pas d'acheter ce qui leur
manque à trois mille francs le pouce à perpétuité , ou
cent cinquante francs par an (1). Trois cents pouces

(1) Les maisons les plus considérables, même les hôteliers,

d'eau à vendre ou à louer rendraient au moins neuf cent mille francs en capital, ou le revenu correspondant.

Toutefois , si l'on hésite à adopter immédiatement la seconde partie de ce projet , si l'on veut laisser à l'avenir le soin de la réaliser, qu'on se hâte au moins d'exécuter la première; elle est facile, elle ne dépasse pas les ressources dont on dispose , elle donnera plus qu'on n'a demandé.

Qu'on se hâte : — La population de Nimes s'accroit incessamment , et la source de *Nemausus* est visiblement insuffisante.

La ville s'étend sur tous les points de son enceinte, et la plupart des quartiers ne peuvent profiter du bénéfice des eaux, soit à cause de leur peu d'abondance, soit à cause du niveau du sol.

Qu'on se hâte : — L'année a été pluvieuse , nous sommes encore loin de l'été , et cependant la source est déjà si réduite que l'industrie en souffre , que les teintures et les ateliers ne reçoivent qu'une fourniture

auraient assez avec un demi pouce d'eau; les baigneurs avec un ou deux pouces ; on a calculé à Lyon qu'un pouce d'eau suffirait en moyenne pour chaque atelier de teinture plus considérables assurément que les nôtres. Quant au prix de l'eau, celle du canal de l'Ourcq se loue annuellement à Paris , mille francs le pouce, celle de la Seine six mille francs, *et nous offririons à Nimes la même quantité pour cent cinquante francs ;* à Toulouse l'eau se loue de deux à quatre mille francs le pouce annuellement, suivant la quantité que le consommateur en réclame.

incomplète qui arrête d'une manière désastreuse le développement industriel.

Une voix plus auguste encore que celle du commerce et des intérêts matériels , la voix de l'humanité doit se faire entendre à chaque réunion des magistrats et des édiles. La salubrité , la santé publique sont compromises ; nos lavoirs sont infects , leur aspect est repoussant, et l'on ne sait si dans leurs bassins le linge se souille ou se nétoie.

Le riche cherche au loin des eaux pures , mais la femme du peuple ne peut faire plusieurs lieues de chemin pour laver ses hardes en lambeaux , elle les plonge dans ces cloaques , les sèche tant bien que mal, et la famille s'en revêt aussitôt ; privé des ressources du temps et de l'argent , que le pauvre ne compromette pas au moins par notre incurie le seul bien , le seul capital qu'il possède, la santé.....

Combien de riches habitans sont trompés par leurs blanchisseuses et reçoivent leur linge trempé dans les lavoirs communs , quand ils le croient lavé dans l'eau pure du Gardon...

Aux étiages ordinaires, la *Fontaine* ne donne que cent pouces d'eau. Il en faut cinquante au moins pour les fontaines jaillissantes , — l'industrie et les lavoirs se disputent le reste : Supposons le partage égal , les lavoirs recevraient vingt-cinq pouces , soit cinq cent mille litres par jour. C'est dix litres par individu pour une population de cinquante mille âmes.

En comptant que chacun salisse par semaine deux chemises, deux paires de bas, deux mouchoirs ou cravates, c'est une pièce qu'on donne par jour à laver comme linge de corps seulement. Il faut y joindre les vêtemens proprement dits, le linge de ménage, de literie, de pansement, celui que réclament beaucoup d'industries. Onpeut donc porter à cent mille pièces le nombre des objets grands ou petits qu'on essaie de nettoyer tous les jours dans cinq cent mille litres d'eau.

Mais une partie du liquide échappe aux lavoirs, sans souillures, par suite de pertes, d'infiltrations ou de divers vices de forme et de disposition souvent inévitables, et chacun peut voir que, dans les bassins, la partie où les laveuses sont placées est toujours beaucoup plus sale que les parties centrales et celles où le courant a plus d'activité. Il résulte de là que chaque pièce n'est réellement lavée que dans deux ou trois litres d'eau. Or, qui d'entre mes lecteurs voudrait, sous un apport aussi faible, voir tremper son linge dans un baquet avec celui du premier venu, jeune ou vieux, propre ou sale, sain ou malade.

C'est pourtant ce qui arrive chaque jour pour toute la population qui s'en plaint, mais point assez parce qu'elle ne réfléchit pas sérieusement sur les faits qu'elle a pourtant constamment sous les yeux.

On réclamait de l'eau quand la ville n'avait que vingt mille habitans ;

A quarante mille, les besoins étaient bien plus réels et les doléances mieux fondées ;

Eh bien, dans les vingt dernières années la population s'est accrue de quinze mille têtes ;

Le mal n'est-il pas intolérable ?

L'état actuel ne peut subsister, toute affaire cessante, il faut s'occuper du remède.

En 1719, en 1822, en 1836, le produit de la *Fontaine* s'est réduit à bien moins de cent pouces (*Voyez* t. 1, page 851) ; de pareilles calamités nous menacent toujours. *Avec l'accroissement du nombre des habitans, la masse des impuretés a doublé dans un demi-siècle, et les moyens d'assainissement et de propreté sont restés les mêmes....*

Un objet aussi grave méritait les recherches les plus approfondies, la commission spéciale jugera du mérite de celles auxquelles j'ai consacré cinq années consécutives.

Que le corps municipal prenne enfin une décision salutaire ;

Qu'une administration ferme, éclairée et bienfaisante l'exécute sans retard.

Nimes aura bientôt l'eau qui lui manque ; — personne n'en doute plus maintenant, — la population ne se contente pas d'espérer, elle y compte, — et la reconnaissance publique ne fera pas défaut à ceux qui réaliseront une œuvre aussi nécessaire, aussi belle.

Anduze, le 30 mars 1846.

CHAPITRE II.

—

De la quantité d'eau nécessaire aux villes.

Dans la question générale des eaux, il est un point d'une grande importance, sur lequel j'ai fait connaître quelques fois, en passant, les opinions très-divergentes de plusieurs auteurs, mais que je n'ai pas encore approfondi d'une manière suffisante ; ce point, c'est la quantité nécessaire pour qu'une ville soit convenablement, abondamment fournie, de telle sorte que, non-seulement tous les besoins urgens, mais encore tous les désirs raisonnables soient satisfaits. On se plaint à juste titre, que cette évaluation n'ait pas encore été faite d'une manière un peu précise.

Un litre d'eau peut suffire pendant quelque temps à chaque individu pour soutenir son existence ; une ville assiégée ne se rendrait pas immédiatement pour cause de pénurie de boisson, tant que cette ration serait disponible, cependant la santé de la garnison serait bientôt complètement détériorée

Dans la marine, où le pain a été pétri à l'avance, et où la prévoyance impose une grande économie du liquide, on distribue journellement, pour chaque individu, trois litres d'eau dont un tiers s'applique en général à la boisson, un tiers à la soupe ou à la cuisine, et le reste à la propreté corporelle. On profite des relâches pour nettoyer le navire à fond, et pour laver dans l'eau douce le linge et les hardes des matelots, sans toucher à la provision du bord.

On a reconnu, dit-on, qu'à Paris, une famille composée de dix individus consommait chaque jour, valeur moyenne, trois voies ou environ soixante-dix litres d'eau, ce qui donne sept litres par tête, et une dépense totale de quatre mille neuf cents mètres cubes par jour, dans l'hypothèse d'une population de sept cent mille âmes. (Prony. — *Mém. de l'Inst. acad. des sciences*, 1817, t. 2, p. 421 à 423.)

L'inspecteur général des ponts et chaussées, M. Bruyère ingénieur du plus haut mérite, avait aussi évalué la consommation de l'eau à sept litres par tête, dans un rapport qu'il fit en 1802, *sur les moyens de fournir l'eau nécessaire à Paris*; mais nous devons faire observer d'abord, qu'on n'use de l'eau qu'avec une parcimonie des plus déplorables partout où elle se vend et à un prix fort élevé; de plus, que, dans la supputation actuelle, on ne tient pas compte de l'eau prise aux fontaines banales, de la consommation des animaux attachés au service de l'homme, de ce que l'industrie absorbe, des lavages opérés dans les rivières voisines ; aussi, depuis près d'un siècle, tous ceux qui s'étaient occupés d'économie domestique, avaient porté la consommation moyenne beaucoup plus haut que sept litres.

Deparcieux l'évaluait à un pouce par mille habitans,

ce qui fait environ vingt litres par tête (1). « Cette
» quantité, dit M. Prony, nous paraît excéder de
» beaucoup *les besoins individuels* dans un climat
» salubre comme celui de Paris, et nous pensons
» que dix litres suffiraient ; mais il est d'autres villes,
» telles par exemple que Rochefort, où une beau-
» coup plus grande quantité d'eau *potable* devient
» nécessaire ; et l'on peut prendre la règle de Depar-
» cieux comme une limite qui fixe le maximum de
» distribution applicable aux besoins privés.

» Toutefois, *c'est en sus de cette quantité* qu'on
» doit porter celle dont il faut faire l'émission en
» grandes masses pour les objets d'utilité et de dé-
» corations publiques, pour les arts, manufactures,
» etc. (De Prony, *loc. cit.*) »

Nous ne disconvenons pas que certaines conditions
d'insalubrité ne puissent réclamer pour les villes une
plus grande abondance *d'eau potable*, mais il est, ce
me semble, des circonstances qui exigent, d'une manière plus générale et plus impérieuse encore, une

______

(1) « Toute ville, disait-il, dans son premier *Mémoire sur les
Eaux de l'Yvette*, toute ville doit avoir au moins un pouce d'eau
pour chaque mille habitans. Cette quantité suffit pour les besoins
intérieurs des maisons bourgeoises et au-dessous ; c'en est assez,
peut-être un peu plus qu'il ne faut ; mais pas assez pour les grandes maisons. Il serait de plus très-utile d'en avoir une quantité
qui coulât sans cesse dans les rues pour les entretenir propres et
toujours prêtes à fournir en cas d'incendie.... » (*Mém. de l'Académie des Sciences*, 1762, p. 343.)

augmentation notable dans la distribution : c'est la chaleur et la sécheresse du climat ou des lieux.

Seize ans avant que M. Bruyère s'occupât de cette question (en 1786), M. Defer de la Nouerre avait posé en principe, dans un mémoire sur le canal de l'Yvette, qu'il faudrait huit cents pouces d'eau à Paris *pour l'intérieur de ses maisons*, et comme la population pouvait être alors de cinq cent mille âmes, M. Defer accordait trente litres par tête

« Ce savant nous faisait avancer vers un large em-
» ploi de l'eau, dit M. Mallet, (*Notice sur une*
» *distribution générale d'eau dans Paris, in-4° p.* 81);
» au lieu de nous faire reculer, il suivait la tendance
» qu'il avait sans doute déjà remarquée chez nous à
» cet égard. — Aujourd'hui (1830), c'est-à-dire,
» quarante-quatre ans après l'évaluation faite par M.
» Defer, on ne sera pas étonné que cette tendance
» ait fait de nouveaux progrès. En effet, nos habi-
» tudes ont encore bien changé ; les fortunes se sont
» divisées, l'aisance est devenue plus générale ;
» des rapports plus intimes avec les Anglais ont
» établi dans nos intérieurs, ont multiplié de plus
» en plus les usages ablutoires ; leur exemple a excité
» chez nous ce goût pour la perfection, ce soin de
» ne rien négliger de ce qui peut contribuer au bien-
» être domestique qui les distingue si bien ; ils nous
» ont appris à rendre salubres, par un large emploi
» de l'eau, ces lieux qui tendent à entretenir dans
» nos intérieurs un germe continuel d'infection ; en-

» fiu , le nombre des bains , soit particuliers soit
» publics , s'est prodigieusement augmenté. »

Des idées pareilles n'avaient pas encore pénétré,
même dans les esprits les plus éclairés en 1812 , car,
dans son projet de distribution générale des eaux
de l'Ourcq , M. Girard avait fixé la quantité à vingt
litres par individu, et encore la regardait-il comme
exagérée. — « Quatre mille pouces, disait-il (*Recher-*
» *ches sur les eaux de Paris*, p. 147) , satisferaient
» aux besoins de plus de quatre millions d'habitans,
» en supposant que chaque individu consommerait
» vingt litres par jour , *évaluation exagérée à-peu*
» *près de moitié*….. » En reprenant le travail de M.
Girard , M. Mallet crut devoir régler la consommation individuelle à cinquante-huit litres environ

En Angleterre, où l'approvisionnement de beaucoup de villes se fait au moyen de machines à vapeur, on s'est occupé spécialement de la recherche
à laquelle nous nous livrons , *pour satisfaire à tous*
les besoins sans les dépasser, car on comprend que
la connaissance exacte du chiffre convenable est
d'une importance capitale pour les compagnies, qui
perdent quand elles donnent trop ou trop peu d'extension à leurs établissemens.

Le professeur Leslie pensait que, pour être complet, l'approvisionnement devait être de trente-six
litres par jour. « Cinquante-sept litres sont une allocation modérée, » dit de son côté l'habile ingénieur
Robert Thom ; (Grimaux de Caux , *des eaux publi-*
ques , p. 90.)

« Suivant Tredgold (*Traité des machines à vapeur*, p. 479), l'approvisionnement d'eau pour une ville doit être de deux cent quatre--vingts litres par jour pour chaque maison, et cette quantité, pour une maison de grandeur moyenne, ne dépasse pas ce qu'exige le bien-être et la propreté des habitans ; *elle revient à cinquante-six litres par personne en Angleterre. On ne comprend pas dans cette évaluation ce qui est nécessaire pour le lavage des rues, pour les brasseries, les usines et autres emplois divers. Tous ces objets exigent environ cinquante-six litres de plus, par jour, pour chaque personne pendant l'été, de sorte que le maximum d'eau à fournir est de cent-douze litres par tête et par jour.* Dans les villes petites et ouvertes il ne faut qu'une moindre quantité d'eau ; mais, même dans ce cas, on doit compter sur cinquante litres ».

« En acceptant, dit M. Genyeis, (*Art d'élever et de distribuer les eaux*, p. 151), en acceptant pour la consommation des habitans d'une ville, la supputation de Leslie, de trente-six litres par tête, dont l'expérience a confirmé l'exactitude, il faudrait pour les sept-cent quarante mille habitans de Paris, environ quatorze cents pouces fontainiers, fournis par la Seine ; mais, ajoute-t-il, les quatre mille pouces, d'eau de l'Ourcq seraient consacrés au service public. *Cette quantité ne paraîtra pas pas trop forte,* si l'on considère le nombre des fontaines qu'on veut élever et l'effet de décoration qu'on en attend.

« Considérée comme objet de première nécessité,

l'eau est employée dans les maisons , à la boisson , à la cuisson des alimens , et aux usages domestiques les plus indispensables ; cette partie de la consommation est fixe et peu considérable ; elle doit se calculer dans une ville à raison du nombre des habitans.

« Considérée comme un objet de luxe , l'eau est destinée au lavage des appartemens, des voitures, des lieux d'aisance, des cours, des boutiques et des trottoirs, au service des bains particuliers et publics, à l'arrosement des jardins , des rues et des places, à une foule d'opérations industrielles, dans les blanchisseries , les papeteries, les teintureries, les brasseries , etc.

« *Cette partie de la consommation est plus grande* et ne peut se calculer que d'après le nombre des maisons ; *elle dépend essentiellement de la nature du climat, et de l'état plus ou moins avancé de l'industrie et de la civilisation.*

« A Paris , la consommation d'eau de Seine et de l'Ourcq , vendue aux particuliers, n'est que de deux cents pouces environ (en 1830), et à Londres , la quantité d'eau fournie par les compagnies est de sept mille pouces.

« Si l'on compare cette dépense d'eau à la population , on trouve qu'à Paris elle est de cinq litres, par jour et par personne , et à Londres de quatre-vingts litres.

» Ce seul rapprochement suffit pour montrer que l'eau vendue à Paris par les porteurs d'eau ne représente que la consommation de *première nécessité.*

» Tout le monde sait, en effet, qu'il y a des puits dans la plupart des maisons et que c'est de là qu'on tire les eaux destinées aux usages qui en exigent une grande quantité. A Londres, au contraire, les compagnies fournissent *toute l'eau consommée*, et, s'il y a quelques puits dans des maisons ou sur des places, on n'y prend que l'eau destinée à la boisson.

» On peut conclure de là, que la consommation générale de Paris pour une eau de bonne qualité *et donnée à bon marché*, ne s'élèverait pas à plus de huit cents pouces, environ un pouce par mille habitans.

» La compagnie de distribution ne pourra exiger plus de cinq mille francs par pouce, tandis que les porteurs d'eau le font payer actuellement plus de trente mille francs ; *on ne s'étonnera pas si la consommation quadruple immédiatement.*

» Les quatre mille pouces que la ville s'est réservé le droit de prendre dans toutes les saisons au bassin de la Villette, sont destinés aux fontaines monumentales et à l'arrosement des rues.

» Les ingénieurs écossais ne regardent l'approvisionnement comme complet pour une ville, que lorsqu'on peut fournir environ quarante-un litres et demi pour chaque individu. Si l'on compare la distribution d'eau à Londres avec la population, on trouvera que l'approvisionnement est de près de cent litres ; mais il faut observer qu'il n'y a pas de fontaines publiques dans cette capitale et que les habitans ne reçoivent pas d'autre eau que celle qui leur est fournie par les compagnies. »

Par cette longue citation de l'ouvrage spécial de M. Genyeis, *sur l'art d'élever, de conduire et de distribuer les eaux*, écrit en 1830, on peut voir combien, même sous la plume d'un ingénieur d'un grand mérite, la solution du problème de la quantité d'eau nécessaire aux villes restait vague et incertaine.

Au reste, comme à Paris l'eau n'a jamais été donnée à bon marché, la portion achetée, *soit filtrée, soit portée à domicile*, ne s'élevait en 1843, qu'à 2,684 mètres cubes (154 pouces), environ trois litres par individu, tandis que tous les jours, cent millions de litres environ (cinq mille pouces), cent litres par individu, étaient employés au service général de la ville, c'est-à-dire pour les classes pauvres, pour les fontaines publiques, les établissemens d'intérêt général, les rues, les égouts, en un mot pour tout ce qui n'était pas concessionnaire (*Rapport administratif, de juillet* 1843, cité au tom. i de ces *Etudes*, 2ᶜ livraison page 6). L'approvisionnement complet était de 103,296,000 litres, *plus de cent trois litres par habitant*.

A Lyon, la question de l'approvisionnement d'eau pour la ville est contradictoirement débattue avec persévérance et talent depuis une douzaine d'années, et voici ce que je trouve dans le rapport de M. Bonardet (*sur la dérivation d'eaux de source à Lyon*, p. 32 à 34) : — « La consommation d'eau pour les villes est, en Angleterre, d'environ soixante-deux litres par habitant ; en France, de quarante à quarante-cinq litres.

» Il est indispensable, au surplus, si l'on veut arriver à quelque chose de plus précis à ce sujet, de distinguer les eaux nécessaires à la consommation domestique des eaux consacrées, soit à l'industrie, soit à l'arrosage et au lavage de la voie publique.

» La consommation pour les usages domestiques doit s'évaluer à vingt ou vingt-cinq litres par jour et par individu, c'est la partie fixe du service qui peut seule se calculer à raison de la population ;

» Quant à l'industrie, il est évident que ses besoins ne peuvent se mesurer sur cette échelle, mais uniquement sur la nature, l'étendue et l'importance des établissemens de chaque cité. *A Lyon, ils vont probablement à mille ou quinze cents mètres cubes par jour (75 pouces), car il ne faut pas oublier que plusieurs industriels continueront, sans doute, à employer les eaux de l'une ou l'autre des deux rivières, propres à certains usages, ainsi que les eaux des sources dont ils sont actuellement en possession.*

» Pour ce qui est des eaux de propreté et de salubrité publique, elles ne sauraient non plus se calculer sur la population, mais sur le périmètre plus ou moins étendu d'une ville, sur sa forme, sa situation, son climat, la largeur de ses rues et leur pente ou déclivité. Une quantité de deux à trois mille mètres cubes destinés à cet usage, a paru nécessaire pour donner à Lyon ce dont il a si grand besoin...

» La commission, dont je suis l'organe, pense donc

qu'une fourniture de neuf mille mètres par jour
(450 pouces) , peut faire face à tout... »

Certes , s'il est une ville à laquelle il ne faille qu'une
quantité d'eau minime, eu égard à sa population, c'est
sans contredit, la cité de *Plancus* , traversée par deux
rivières. Toutefois , au point de vue de la salubrité ,
et pour le lavage des rues et des cloaques , quatre
cent cinquante pouces étaient évidemment insuffisans ; mais, alors , on avait en vue la dérivation de
sources où , sans opposition , on ne pouvait trouver
qu'une fourniture restreinte ; aussi la commission
semble-t-elle atténuer les besoins et s'appliquer, par
des supputations trop faibles, à ne réclamer que le
moins de liquide possible.

Les partisans de la fourniture par les eaux du
Rhône n'éprouvaient pas la même pénurie de ressources ; ils tiennent, en conséquence, un autre
langage.

« Ils accordent que le volume d'eau nécessaire à
une grande agglomération d'individus est différent
suivant le climat , les besoins , les habitudes des populations, les occupations journalières ; — il faut
cependant reconnaître, ajoutent-ils , que ce volume
doit être , toutes choses égales d'ailleurs , plus considérable pour les grandes cités industrielles que pour
toutes les autres ;—que les populations ouvrières doivent surtout trouver , dans une large distribution
d'eau, des compensations à des travaux pénibles et de
salutaires conditions d'hygiène. Il faut donc alors ,
non-seulement une très-ample distribution , mais en-

core et surtout, une distribution gratuite pour la masse de la population, pour les classes pauvres et ouvrières. Est-il, en effet, un besoin plus impérieux et plus légitime que celui de l'eau, et n'est-ce pas un acte de haute et sage administration que celui de la dispenser gratuitement?

» D'après ces considérations, ils pensent qu'il ne faudrait, à Lyon, pas moins de quatre-vingts litres par tête et par vingt-quatre heures, pour satisfaire à tous les besoins de consommation domestique générale et particulière, de fontaines publiques, de lavage, d'arrosage, etc...

» Il faudrait environ 824 pouces...

» Sur ces quatre-vingts litres, quarante, d'eau potable, suffiraient par habitant; les autres quarante, réservés pour tous les usages de propreté et d'agrément, n'auraient nul besoin d'être filtrés. (Dumont, *Projet d'approvisionnement de Lyon par les eaux du Rhône*, pag. 9 à 12). »

A mon avis, l'évaluation de M. Dumont est préférable à celle de M. Bonardet; mais je vais plus loin encore et je pense, qu'outre la ressource qu'offrent les puits et les fontaines auxquels on a déjà recours, outre le Rhône et la Saône qui coulent au pied des murs de Lyon, on ne doit pas se contenter d'amener, ou d'élever huit cents pouces d'eau jaillissante pour les répartir dans tous les quartiers.

Dans cette ville même, à mesure que cette question a été mieux étudiée, on a vu augmenter de plus en plus, sur les programmes municipaux, la quantité

d'eau demandée. Ainsi, l'administration locale qui,
en 1824, réclamait par l'organe de M. Rambaud,
maire de Lyon, cent cinquante pouces d'eau, en désirait deux cents quelques années après, sous la mairie de M. de Lacroix-Laval.

En 1836, M. Chinard faisait adopter par le conseil
municipal les conclusions de son rapport, dans lequel
toute compagnie qui se présenterait devait s'engager
à fournir à la ville cent cinquante pouces pour les
fontaines publiques et autant pour les concessions
privées, en tout trois cents pouces. Nous venons de
voir que la compagnie des sources de Roye et de Neu-
ville pensait, en 1842, qu'une bonne fourniture devait être de quatre cent cinquante pouces ; — tandis
que la compagnie du Rhône soutenait, en 1843, .
qu'elle ne serait suffisante qu'à huit cent vingt-quatre
pouces. — Enfin, dans sa séance du onze de ce mois,
la dernière commission nommée par le conseil municipal porte cette fourniture à neuf cents pouces pour
la ville de Lyon proprement dite, c'est-à-dire, pour
une population de cent cinquante mille habitans, et à
quinze cents pour toute l'aggrégation lyonnaise.

Voici le texte de la délibération :

« Les appareils nécessaires à la clarification, a
l'élévation et à la distribution des eaux seront contruits
dans la prévision d'une fourniture journalière de dix-
huit millions de litres, *indépendamment de la quantité que les villes suburbaines jugeraient nécessaire à
leur propre consommation.* » Dans son rapport, M.
Prunelle, ex-maire de Lyon, ex-député, et profes-

seur d'hygiène publique à la Faculté de médecine de Montpellier, estime qu'il faut journellement trente millions de litres ou quinze cents pouces d'eau à la ville, prise dans toute son étendue, c'est-à-dire, aux communes de Lyon, la Croix-Rousse, la Guillotière et Vaise, dont la population totale est de deux cent six mille habitans, pour constituer un approvisionnement convenable, qui viendrait s'ajouter aux sources, aux puits existans et à l'eau des deux rivières. Ce supplément d'eau fourni à la ville serait donc de cent quarante-cinq litres par jour et par habitant. On voit combien des études persévérantes, approfondies, qui amènent petit-à-petit une connaissance plus réelle des besoins d'une cité, ont augmenté les prétentions relatives à sa fourniture d'eau, puisque de 1824 à 1846, les demandes municipales ont varié de 150 à 900 et même à 1,500 pouces.

L'auteur d'un article inséré dans le *Courrier de Marseille* le 18 avril dernier veut que la part à faire pour les besoins de cette ville, dans la supposition d'une population future de deux cent mille habitans, soit d'un mètre cube par seconde. « Sur cette quantité, est-il dit, un demi-mètre sera réservé pour les usages domestiques, un huitième pour l'industrie, et les trois huitièmes restans pour le nettoiement des rues et les fontaines d'ornement. »

A deux cent mille habitans, le mètre cube par seconde donnerait à chacun quatre cent trente-deux litres par jour; sur lesquels deux cent seize litres seraient réservés aux usages domestiques, cinquante-

quatre litres à l'industrie et cent soixante-deux pour
le nettoiement des rues ou les fontaines d'ornement.

En d'autres termes, tous les citoyens réunis disposeraient par jour :

Pour les usages domestiques, de 43,200,000 litres.
    L'industrie, de 10,800,000
    L'édilité, de 32,400,000

        Total . . . . 86,400,000 litres.

Ou 4,320 pouces qui sont l'équivalant du mètre
cube par seconde. En supputant par pouce, les usages privés disposeraient de . . . . 2,160 pouces.
    L'édilité, de 1,620
    Et l'industrie, de 540

        Total . . . . 4,320 pouces.

Cette quantité paraîtra forte, sans doute, mais l'on
devra réfléchir que le climat de Marseille est tout-
à-fait méridional, c'est-à-dire sec et brûlant, *et, de
plus, qu'aucune rivière ne baigne les murs de la ville.*

Craignant peut-être que ces évaluations ne paraissent exagérées, l'auteur dit :

» Nous trouvons dans ce qui se passe chez nous
des points de comparaison suffisans.

» Il est reconnu par une expérience journalière
qu'une concession d'un quart de denier d'eau suffit aux
usages d'une maison de dix personnes. Le denier équivaut, par vingt-quatre heures, à neuf mille et quelques
cents litres, nous dirons dix mille pour faciliter le

calcul. C'est donc pour le quart 2,500 litres , et
pour chaque individu 250 litres par jour. Les concessions de la ville ne donnent jamais la quantité con-
venue ; le mince volume d'eau que fournit l'aque-
duc et qui varie entre 1|20ᵉ et 1|30ᵉ de mètre cube
par seconde , ne lui permet pas de tenir ses engage-
mens; on peut donc , sans crainte d'erreur , réduire
la part de chaque concessionnaire à deux cents litres.... »

Partant de ces considérations , le journaliste mar-
seillais veut qu'on donne, par jour, pour tous les emplois, quatre cent trente-deux litres à chaque individu,
ce qui certainement ne laisserait rien à désirer....

M. Joseph Kœchlin a publié dans le *Bulletin de la
société industrielle de Mulhouse* de 1845 , un mémoire sur un projet de dérivation, dans toutes les maisons de cette ville, des eaux de la source de Bruns-
tadt qui fournit trois mille litres par minute (215
pouces). La dépense était évaluée à 351,000 fr.
pour quatre mille quatre cents mètres de conduite
principale et pour six mille mètres de tuyaux répar-
titeurs. J'ignore si ce projet a été mis à exécution ,
mais , dans tous les cas , pour les dix-sept mille habitans de Mulhouse , sous son climat , sur les bords de
l'Ill et du canal du Rhône au Rhin , un approvisionnement de deux cent cinquante-quatre litres par jour
et par habitant , était une idée large et généreuse.

Quelques auteurs élèvent à quatre milliards de litres par jour (200,000 pouces), ou quarante-six mètres cubes et un tiers par seconde , la quantité d'eau

fournie à Rome par ses aqueducs, ce qui parait in-
croyable. D'autres la réduisent à sept cent quatre-
vingts trois millions de litres (59,150 pouces), environ neuf mètres cubes par seconde. M. Fulchiron,
dans son *Voyage en Italie*, la porte à un milliard
trois cent millions de litres (65,000 pouces), douze
mètres cubes et trois quarts; cette quantité, dit
M. Bonardet (l. c. p. 22), est plus forte que celle
que la Loire débite en été de Roanne à Digoin.
M. Tredgold ne porte son estimation qu'à trois cents
millions de litres par jour (15,000 pouces), environ trois mètres cubes et trois quarts par seconde;
mais il se place certainement beaucoup au-dessous de
la vérité.

Entre des opinions aussi divergentes, j'aime mieux
adopter celle de M. de Prony, le plus habile des ingénieurs hydrauliciens français, qui avait fait sur les
lieux des observations directes consignées dans les
mémoires de l'Institut (*Académie des Sciences* 1847,
t. II. p. 421).

» Rome, dit-il, pendant les quatre premiers siècles qui ont suivi sa fondation, n'avait qu'un petit
nombre de fontaines auxquelles on avait lié des idées
religieuses, vraisemblablement pour assurer davantage leur conservation et leur entretien, et des puits
d'eau saumâtre; il est vrai que, dans ces premiers
temps, une grande partie des habitans occupait les
quartiers bas de la ville et avait les eaux du Tibre à
sa disposition; mais, comme ces eaux sont toujours
extrêmement troubles, même à l'époque d'étiage, elles

devaient être peu estimées d'une population ignorante, qui jugeait de la bonté des eaux par leur limpidité.

» Les quatorze mille dix-huit quinaires d'eau fournis à cette capitale par les neuf aqueducs qui existaient du temps de Trajan, au rapport de Frontin, non compris les pertes naturelles et celles occasionnées par les dilapidations, ces 14,018 quinaires donneraient en vingt-quatre heures un produit de 785,000 mètres cubes, équivalant à 40,900 pouces fontainiers, quantité d'eau plus que triple de celle que doit fournir le canal de l'Ourcq, valeur moyenne.

» A cet immense produit se réunit plus tard celui des cinq aqueducs construits après Frontin. Jamais ville ne fut aussi abondamment pourvue, et l'augmentation progressive des eaux fut plus rapide que celle de la population. Mais il faut considérer qu'indépendamment de l'excès du luxe qui était la suite d'une richesse démesurée, l'usage général des bains suffisait déjà pour rendre les besoins individuels des citoyens beaucoup plus grands qu'ils ne sont à présent. On sait d'ailleurs avec quelle immense prodigalité l'eau était dépensée pour les habitations des empereurs, les naumachies, et, en général, les objets de magnificence publique. »

Le calcul positif que fait M. de Prony des neuf aqueducs du temps de Nerva, donne beaucoup de vraisemblance à l'évaluation de M. Fulchiron, qui s'applique à l'ensemble de ceux que Rome a jamais possédés.

M. de Prony reprend :

» La Rome moderne , avec les trois aqueducs qui lui restent et quelques autres ressources , a encore un produit d'environ cent cinquante mille mètres cubes d'eau par jour (7,500 pouces). »

Voici , du reste , la liste la plus complète que j'aie pu former , en compulsant plusieurs auteurs et notamment les ouvrages de M. Terme (*Des eaux potables*), Dupasquier (*Des sources et des rivières*) , et Tredgold (livre déjà cité) , sur la quantité d'eau que reçoivent certaines villes ; aux renseignemens pris dans ces auteurs , j'ai ajouté la dernière colonne , parce qu'il m'a paru important de noter si les cités qu'ils mentionnaient avaient, ou non, dans leur voisinage d'autres eaux que celles dont ils donnaient la mesure ; cette circonstance est capitale , et ils l'avaient complétement omise.

Suit le Tableau.

NOMS DES VILLES.	Population.	Pouces d'Eau.	Nombre de litres PAR JOUR et par habitant	RIVIÈRES OU COURS D'E. DU VOISINAGE.
			environ	
Rome ancienne......	1,200,000	65,000	1084	Le Tibre traverse la ville.
Rome moderne.....	156,000	7,500	1105	*Idem.*
Londres	1,225,694	5,520	90	La Tamise, la *Rivière-Neuve*.
Glasgow	160,000	800	100	Sur la Clyde et trois canaux de na
Edimbourg	65,000	200	62	Sur le Forth, le canal de l'Union (Forth et Clyde.
Manchester	180,000	760	84	Entre deux canaux et sur les bords et de la Meldok.
Plymouth	21,570	47	44	Canaux et pays marécageux.
Greenock	25,000	70	57	Embouchure de la Clyde.
Liverpool.........	150,000	225	50	Sur le Mersey.
Philadelphie	200.000	2,250	225	Entre le Schuylkill et la Delaware
Vienne en Autriche..	350,000	655	55	Sur le Danube et avec un puits da maison.
Munich	90,000	550	80	Sur l'Isar, canaux traversant la vill
Gênes	90,000	500	110	Entre le Bisagno, la Bochetta et la
Paris	800,000	5,500	138	La Seine et le canal de l'Ourcq.
Dijon	25,496	250	180	Près de la rivière d'Ouche et du Suzon.
Carcassonne	15,500	300	400	L'Aude et le canal du Languedoc
Narbonne	10,500	100	85	Le canal.
Vienne	12,200	40	65	Le Rhône et la Gère.
Grenoble..........	20,654	80	65	L'Isère et le Drac.
Voiron	7,000	18	60	Sur un affluent de l'Isère.
Montpellier........	34,000	100	60	Le Lez et un canal.
Toulouse..........	52,000	200	80	La Garonne et le canal.
St–Chamond........	9,000	20	45	Le Gier.
Clermont	28,000	75	50	L'Arrier et le Bédat.
Lons-le–Saulnier	8,000	20	50	La Vallière.
Gray	7,000	20	50	La Saône.
Le Hâvre	25.000	75	60	La Seine.
Angoulême........	15,000	30	40	La Charente.
Chaumont.........	6,500	12	55	La Marne et la Suize.
Metz	43,000	45	25	La Moselle et la Seille.
St-Etienne	43,000	40	20	Le Furens.
Dôle...........	12,000	12	20	Le Doubs.
Béziers..........	16,000	12	15	L'Orb et le canal.
St–Germain–en–Laye.	11,000	88	160	Sur la Seine.
Lyon...........	206,000	1,500	145	En projet ; le Rhône et la Saône.
Marseille	200,000	4,520	432	En projet ; point de cours d'eau vo
Nîmes	50,000	100	40	Point de cours d'eau voisin.
Venise	100,000	75	15	Eau de citerne ; mais on en apporte de la terre ferme.
Richemond.... ...	20,000	180	180	Sur la rivière James.
Cette....	18,000	100	106	En projet ; pas d'eau voisine.
Genève	50,000	200	74	Sur le Léman et traversé par le Rh
Vitry–le–Français ...	7,000	16	45	Sur la Marne.
Pontoise	5,408	11	40	Sur l'Oise.
Niort...........	18,000	18	20	Sur la Sèvre.
Constantinople (1)...	500,000	450	18	Sur le Cydaris et le Barbyzès.

(1) J'ai fait précéder du mot *environ* la colonne du nombre de litres revenant par jou habitant, parce que toute fourniture d'eau est toujours plus ou moins variable ; aussi ne pas astreint à une exactitude rigoureuse en réduisant les pouces en litres, les rapports ind

Prenant au hasard sur ces indications les nombres qui convenaient au système qu'ils voulaient faire prévaloir, les auteurs s'en sont servis comme de points d'appui ou de preuves. Mais les exemples ne sont concluans, qu'autant qu'il y a complète analogie entre les objets comparés, ou qu'on tient un compte raisonnable des différences, et c'est ce dont on ne s'est nullement mis en peine ; ainsi, l'on trouve dans presque tous les livres qu'on étudie, qu'une fourniture d'un pouce par mille individus, c'est-à-dire de vingt litres par habitant suffit dans les villes et qu'on pourvoit ainsi à tous les besoins, *tandis que ce nombre ne convient qu'aux usages domestiques* ; de plus, on ne fait pas compte de cette observation importante de M. Prony : « que la quantité d'eau à distribuer » dans une ville, par tête d'habitant, est relative au » degré de salubrité, d'humidité ou de sécheresse d'un » pays et à d'autres circonstances qui tiennent aux » mœurs, aux habitudes, aux temps et aux lieux.. »

On lit partout : que l'Angleterre est le pays où les distributions d'eau sont *la plus abondantes*, où la population en use *le plus largement, comme si dans les villes qu'on cite, l'eau ne se vendait pas, même fort cher, et comme si le pauvre, qui fait la masse de la population, pouvait user avec profusion de ce qu'il achète !...*

Ceux qui font des projets d'approvisionnement pour les villes citent, en général, comme preuve de la quantité d'eau qu'il faut conduire, quelques-uns des exemples du tableau précédent, et je suis moi-

même tombé dans cette faute au commencement de
ces Études. On ne fait pas attention que ces eaux amenées de loin ou élevées par des machines, ne représentent que la quantité d'eau *potable*, *d'usage
personnel ou domestique*; en un mot, l'eau de
choix pour la cité et non tout ce qui est nécessaire à ses besoins, puisque toutes les villes mention-
nées, Nimes, *Marseille*, *Cette et Venise exceptés*,
ont autour de leur enceinte quelque rivière, canal
ou cours d'eau auxquels ont peut recourir pour tous
les usages qui réclament la plus grande quantité de
liquide.

On ne fait pas attention que quand l'eau est élevée par la vapeur *elle se vend*, et que, dès-lors, le
riche la ménage et le pauvre se borne au strict nécessaire, de sorte que les nombres énoncés sur notre
tableau ne représentent pas même, pour la plupart,
ce que devrait être une distribution municipale, gratuite et libérale, c'est-à-dire hygiénique, agréable et
suffisante.

On n'a pas tenu compte non plus de la diversité des
climats ; ainsi, il faut certainement plus d'eau dans
nos localités sèches et brûlantes du Midi, à Marseille, à Gênes, à Nimes, par exemple, qu'en Ecosse,
qu'en Angleterre, sous le ciel froid et humide du
Nord.

On ne doit donc user qu'avec précaution des renseignemens qu'on trouve dans les auteurs, et, pour être
de quelque utilité, le tableau qui précède doit subir
l'examen d'une sage critique ; je tâche d'arriver, par

ce travail, à des résultats plus précis que ceux qu'on a donnés jusqu'à présent.

Dans cette énumération, une ville est hors de ligne, Rome, soit ancienne, soit moderne. Traversées l'une et l'autre par le Tibre, l'ancienne a reçu, la moderne reçoit encore *plus de mille litres par jour et par habitant*. Il n'en résulte aucun inconvénient, sans doute, mais il y a luxe, il y a profusion. Où trouve-t-on ailleurs une fontaine qui, comme la fontaine Pauline, débite dix-huit cents pouces d'eau ? Assurément, une telle richesse n'est pas nécessaire.

S'il ne s'agissait que de former des vœux, de pareilles merveilles seraient ardemment souhaitées par toutes les villes du Midi ; mais, pour avoir droit à les réaliser, il faut avoir fait la conquête du monde.

Après Rome vient Carcassonne, remarquable aussi par une belle fontaine. Certes, placée entre l'Aude et le canal des deux mers, cette ville n'avait pas besoin de trois à quatre cents litres d'eau par jour et par habitant. — « Carcassonne, dit Deparcieux (*Mémoires de l'Acad. des sciences*, 1762, p. 583) Carcassonne qui ne contenait que huit à dix mille habitans, a trouvé dans ses ressources et la bonne administration de ses revenus, le moyen de se procurer de trois à quatre cents pouces d'eau, par un petit aqueduc de trois pieds de haut sur dix-huit pouces de large et de quatre mille toises de long, porté sur des arceaux en plusieurs endroits. C'est une partie de la rivière de l'Aude qu'on a dérivée pour le service des habitans et pour tenir les rues propres. » Sans doute, il y a du luxe dans cette fourniture, mais n'est-ce pas le plus désirable de tous dans notre climat méridional ? n'était-il pas légitimé par la facilité qu'on avait de détourner un grand volume d'eau du fleuve ; et cette abondance n'a-t-elle pas contribué au développement industriel que la ville a pris? (1)

Sous le rapport de la quantité d'eau, placerons-nous Philadelphie au-dessus ou au-dessous de Carcassonne ; Philadelphie, ville singulière qui comptait hier cinquante mille habitans, qui en a deux cent mille aujeurd'hui, qui en aura demain deux cent cinquante mille ; aussi fait-elle élever 2,250 pouces d'eau par sa machine hydraulique et, pour arroser toute son enceinte, force-t-elle son aqueduc à franchir un bras de mer, quoiqu'elle soit assise entre deux rivières et sous un climat froid et humide. Dans de pareilles conditions, deux cent vingt-cinq litres d'eau, par jour et par habitant, seraient une fourniture excessive sans doute, *si l'on pouvait jamais en avoir trop.* Cette eau se vend en partie aux particuliers, mais, plus libérale que l'Angleterre, la jeune cité américaine a fait construire des fontaines banales sur les places et le long des rues ; ici les jouissances du riche ne mettent point obstacle à la satisfaction gratuite des besoins sacrés de l'indigence.

C'est par erreur que j'ai dit (t. II. p. 255), que les pompes de Fairmount étaient à 24,000 mètres de Phi-

______

(1) Commencé en 1720, ce canal ne fut terminé que trente ans après.

ladelphie , elles n'en sont qu'à 2,400 mètres (environ
1 mille 1|2). La population de la ville étant aussi
beaucoup plus forte que je ne l'avais indiqué , je ré-
duis la quantité d'eau proportionnellement ; malgré
cela , cette quantité est encore de 225 litres. Si divers
auteurs indiquent une quantité moindre , c'est qu'ils
n'ont compté que l'eau vendue aux particuliers , né-
gligeant celle qui est versée gratuitement sur la voie
publique.

L'approvisionnement d'eau pour la ville de Richemond en Virginie , est fourni par la rivière James , de
la même manière qu'à Philadelphie. Elle est portée
à cent soixante pieds d'élévation au moyen de deux
roues hydrauliques qui ont dix-huit pieds de diamètre et dix de large ; la chute motrice est de dix pieds.
Les corps des deux pompes refoulantes ont neuf pouces de diamètre et six pieds de long pour le jeu des
pistons ; elles élèvent ensemble environ cent quatre-
vingts pouces d'eau. Sous ce climat et près d'une rivière , cent quatre-vingts litres par jour et par habitant, me paraissent suffisans ; Richemond renferme
vingt mille ames.

Dijon se présente au même rang que la ville américaine ; Dijon, fier, à bon droit, de la conquête de la
source du Rozoir que j'ai décrite ailleurs , et qui doit
servir de modèle et d'encouragement pour toutes les
entreprises du même genre (t. i. p. 986). Le chef-
lieu de la Côte-d'Or a aussi 180 litres d'eau par jour
pour chaque habitant, et l'expérience prouve que cet
approvisionnement est convenable , suffisant pour

tous les besoins et pour tous les projets raisonnables d'embellissement et d'utilité publique que peut former une ville de cet ordre.

Les bornes-fontaines sont moyennement à cent mètres de distance l'une de l'autre, de sorte qu'on n'a pas plus de cinquante mètres à parcourir pour en trouver une ; l'eau coule dans les deux ruisseaux de chaque rue, il y a des fontaines monumentales ; les promenades, le jardin public sont largement arrosés ; des lavoirs, des abreuvoirs ont été construits ; enfin, on est en mesure de pourvoir à des concessions privées à un prix modéré : plusieurs même ont déjà été faites.

De l'étude détaillée à laquelle nous nous sommes déjà livrés sur ce bel établissement, il est résulté pour nous cette conviction : *que cent quatre-vingts litres d'eau, par jour et par tête, suffisent amplement dans les villes de la France centrale ou septentrionale, lorsque d'ailleurs des cours d'eau voisins peuvent venir en aide aux grandes industries.*

Veut-on un exemple confirmatif ? à St-Germain-en-Laye, où, depuis plusieurs siècles, des aqueducs amènent des côteaux voisins cent litres d'eau par jour et par tête, cette quantité a été trouvée insuffisante, et, sur les instances de la population, la ville, il y a peu d'années, s'est décidée à faire placer une machine à vapeur qui en élève de la Seine ; aujourd'hui, la quantité d'eau distribuée est de *cent soixante litres par habitant.* On fera peut-être observer que cent soixante litres sont un nombre inférieur à celui de

Dijon , mais je puis répondre, comme Tredgold l'a très-bien remarqué : que les petites villes réclament moins d'eau que les grandes ; — que la Seine baigne les murs de St-Germain ; et enfin , que toutes les fois qu'on élève l'eau par la vapeur, il y a dépense incessante , et, par suite, trop peu d'emploi de ce liquide.

A Gênes , à l'étiage , le minimum d'eau dérivé par le canal est de cinq cents pouces , de 100 à 120 litres par jour pour chaque habitant, si l'eau était également répartie ; mais le mode de division remontant à l'époque où l'aristocratie gênoise gouvernait la république , le partage de l'eau a été établi de manière à servir l'intérêt et les convenances des familles riches et puissantes. Sur quatre-vingt-dix mille habitans , le tiers seulement jouit de l'eau dérivée , ce qui donne environ quatre cents litres par jour et par individu.

Pour le reste de la population , les fontaines publiques sont bien insuffisantes ; elles le sont surtout pour l'agrément et la salubrité de la ville. On a recours pour les usages qui demandent le plus d'eau , aux torrens du voisinage qui descendent de l'Apennin , comme le *Bisagno* , la *Bochetta* , la *Polcevera* qui inondent souvent les jardins.

Le haut prix auquel ceux qui ont des concessions sur le canal les vendent , prouve que la quantité de fluide introduite dans la ville est trop minime ; il y a pénurie d'eau lorsqu'on n'en trouve qu'à six mille francs le pouce ; et deux cents litres , répartis réellement sur chaque tête pour toute la population , seraient, tout au moins, la limite à atteindre sous un ciel aussi brûlant.

A Paris, chaque individu a cent trente-huit litres ; — de plus, la Seine, la Bièvre, le canal de l'Ourcq traversent divers quartiers de la ville. Cette quantité d'eau est-elle suffisante ? — On le croirait, si l'on se bornait superficiellement à considérer ce fait, que *mille pouces dérivés de l'Ourcq restent invendus faute d'acheteurs....*

Mais, si l'on réfléchit que l'eau ne peut arriver aux quartiers élevés ; — que les concessions sont à un prix énorme, puisqu'un pouce d'eau de l'Ourcq se loue annuellement deux mille francs et celle de la Seine trois mille, ce qui représente en capital quarante et soixante mille francs ; — si l'on fait attention que toutes les fontaines ne sont pas banales, qu'il en est plusieurs où l'on ne peut puiser gratis qu'à l'écuelle ; — que les bornes-fontaines ne coulent que quelques heures dans la journée et que, par conséquent, il faut aller chercher l'eau très-loin ou l'acheter horriblement cher des porteurs d'eau, *sur le pied de trente mille francs le pouce annuellement*, on conclûra de toutes ces circonstances fâcheuses, que la consommation en est fortement influencée, que tous les besoins sont loin d'être satisfaits, et qu'avec un système de distribution plus complet et plus généreux l'emploi irait *au moins* à deux cents litres. Les beaux projets actuellement à l'étude témoignent hautement du besoin de nouvelles eaux ; j'ai donné dans mes livraisons précédentes l'histoire des établissemens hydrauliques de Rome, de Dijon, de Gênes et de Paris. Dans cette dernière ville, deux cents litres, par jour et par habitant, me semblent nécessaires à cause de sa grande étendue, et surtout en été, car, pour éviter les gâchis sur la voie publique, il faut avoir la précaution de restreindre les écoulemens en temps de pluie et de gelée.

Lyon, ses faubourgs compris, a deux cent six mille habitans. Le conseil municipal, agissant dans la prévision d'un accroissement qui porterait la population à deux cent cinquante mille âmes, vient de décider qu'il convenait d'élever par jour trente millions de litres d'eau du Rhône; c'est cent vingt litres par tête. Mais on connaît l'humidité constante du climat de cette ville et l'importance des deux cours d'eau qui la traversent; des sources et des puits nombreux se trouvent dans son enceinte, toutes circonstances qui tendent à diminuer le chiffre du supplément d'eau nécessaire. Ce chiffre ne peut servir de règle pour des villes qui se trouvent dans des conditions tout opposées; d'ailleurs, comme dans ce moment la population n'est que de deux cent six mille habitans, chacun pourra disposer en réalité de plus de cent quarante-cinq litres.

Si nous fixons de cent soixante à deux cents litres, par habitant, la quantité journalière convenable en été dans les villes où il ne pleut pas aussi fréquemment qu'à Lyon, et où l'eau n'est pas déjà naturellement en aussi grande abondance; — si la quantité de cent quatre-vingts litres est dans un juste rapport avec le climat du centre ou du nord de la France pour les villes qui ont une rivière dans leur voisinage ; — nous devons rationnellement augmenter la mesure *lorsqu'il s'agit de villes exposées à des étés longs, secs et brûlans, et plus encore, lorsqu'aucun cours d'eau pérenne ne vient baigner leurs murs.*

Je crois que, dans tout le Midi, il faudrait deux cent cinquante litres d'eau par jour et par habitant pour un approvisionnement complet. Mais lorsqu'aux effets de la *latitude* ou de l'*exposition*, viendra se joindre la circonstance fâcheuse de l'absence de toute rivière dans le voisinage, alors, l'approvisionnement ne me paraîtra réellement large et suffisant qu'avec trois cents litres.

Heureusement que peu de villes se trouvent dans une position aussi désavantageuse que Nimes, c'est-à-dire, sur un point très-sec et très-chaud en été, et à trois ou quatre lieues de tout cours d'eau permanent de quelque importance ; mais c'est précisément par suite de ces dispositions exceptionnelles que nous avons besoin d'une plus grande masse d'eau supplémentaire. Notre *Fontaine* est magnifique sans doute, et son produit, de cent pouces à l'étiage, est un précieux à-compte sur l'approvisionnement nécessaire ; mais cent pouces pour cinquante mille habitans ne donnent que quarante litres par jour et par tête ; il faudrait donc, à mon compte, un supplément de deux cent soixante litres, à la charge des projets à réaliser.

Vingt litres par habitant font cinquante pouces ;

trois cents litres sont une quantité quinze fois plus forte qui demande sept cent cinquante pouces.

La *Fontaine* en donne cent à l'étiage, il resterait donc six cent cinquante pouces à fournir par les moyens nouveaux dont on s'occupe.

Je justifie cette quantité de trois cents litres par jour et par habitant, en disant :

Sous le climat humide et froid de l'Angleterre, avec des cours d'eau dans le voisinage *et alors que l'eau se vend*, Tredgold soutient que chaque habitant a besoin de cent douze litres ;

A Paris, où chacun en a cent trente-huit avec rivières et canaux, cet approvisionnement est reconnu insuffisant ;

A Saint-Germain, ville sans fabriques, on a cent soixante litres, et la Seine baigne les murs ;

A Lyon, on veut cent quarante-cinq litres quand on a déjà le Rhône, la Saône, des sources et des puits nombreux, à Lyon où il pleut sans cesse ;

A Dijon, *où l'approvisionnement est complet*, aux bord de l'Ouche et de Suzon, on a cent quatre-vingts litres sous le climat de la France septentrionale ;

A Marseille, *dans les conditions où Nimes se trouve*, c'est-à-dire sous un ciel sec, brûlant et loin de tout cours d'eau de quelque importance, on propose de prendre spécialement pour la ville, sur le produit du grand canal de dérivation, quatre cent trente-deux litres par jour et par tête.

Si, malgré ces exemples, quelqu'un prétendait que la quantité de trois cents litres par habitant est

trop forte pour notre ville, je le prierais de considérer :

Que Nimes est une ville commerçante et manufac-
turière, où des lavoirs spéciaux doivent être affectés
aux fabriques et aux teintures ;

Que cinquante mille âmes sont un nombre que la
population fixe déborde déjà, et qui est dépassé de
beaucoup si l'on compte la garnison et la population
flottante ;

Que dès lors, avec sept cent cinquante pouces,
chaque habitant n'a déjà plus trois cents litres par
jour ;

Et que, comme les prévisions de l'avenir doivent
entrer dans notre calcul là où tout nous promet sous
peu un accroissement de population notable, trois
cents litres supputés aujourd'hui sur cinquante mille
âmes, peuvent dans quelques années ne nous en
donner pas plus de deux cents, c'est-à-dire, vingt
seulement de plus qu'à Dijon, ce qui est indispensable
par suite de notre situation climatérique, industrielle et topographique.

En faisant les calculs pour Lyon et Marseille, on n'a
pas manqué d'y faire entrer l'élément très-probable
de l'accroissement d'un quart pour la première de ces
villes, et d'un tiers pour la seconde.

D'ailleurs, les machines faiblissent toujours un
peu par un travail long et continu ; et nous savons
très-bien que le produit de notre Fontaine s'est réduit à soixante-douze pouces en 1822 ; la part des
fraudes ne doit pas non plus être oubliée.

Par toutes ces considérations , je conclus : que le programme municipal est insuffisant , et qu'au lieu de se borner *à trois cents pouces*, tout bon projet devra en offrir *au moins* SIX CENTS à la ville.

Malgré le voisinage des deux rivières, M. Terme comptait qu'il faudrait à Lyon cent dix pouces d'eau pour les cent dix ateliers de teinture qui y existent. Les teintureries nimoises ne sont certes ni aussi importantes ni aussi nombreuses ; mais nous sommes privés de cours d'eau et nous avons des lavages de laine, des corroyeurs , des apprêteurs d'étoffes , des hôteliers , des baigneurs , des brasseurs , des imprimeurs sur tissus , des blanchisseurs d'étoffes et de coton , qui seraient tous plus nombreux encore si la disette d'un élément indispensable à leurs industries ne les chassait.

La production des cocons s'accroît aux environs de Nimes, elle devient de jour en jour plus importante ; des filatures nombreuses existeraient sans contredit dans les faubourgs, au grand avantage de la population ouvrière et des propriétaires du voisinage , si l'eau ne manquait pour cet emploi.

Quand on a proposé , sur le produit de la grande dérivation de Marseille , de réserver un mètre cube d'eau pour l'usage spécial de la ville , c'est-à-dire 86,400,000 litres par jour, on a fait ainsi la part de chaque habitant de quatre cent trente-deux litres , en supposant que la population allait se porter à deux cent mille âmes ; toutefois comme elle n'est encore que de cent cinquante mille , c'est réellement cinq cent

quarante litres qu'aurait chaque habitant de prime
abord ; c'est trop sans doute, mais les trois cents litres
que nous proposons pour Nimes paraîtraient probablement insuffisans à l'auteur du projet , surtout s'il
savait que la population réelle étant d'au moins cin-
quante-cinq mille habitans *dès aujourd'hui , le compte
de chacun ne serait déjà plus que de deux cent sep-
tante litres.*

Parlerai-je ici des villes d'Angleterre qui , comme
Glasgow, Londres , Manchester, Edimbourg, Greenock , Plimouth , Liverpool , n'ont que cent, quatre-
vingt-dix , quatre-vingts , soixante , quarante, et même trente litres d'eau par jour et par individu ? Cette
comparaison ne détruit nullement l'argumentation qui
précède , non plus que l'exemple de Vienne en Autriche et de Munich.

Toutes ces villes ont des canaux ou des cours d'eau
puissans à leur portée , qui donnent abondamment
le liquide nécessaire au lavage du linge de corps et de
maison , aux usages manufacturiers ou industriels.

Qui empêche d'y prendre l'eau nécessaire à la propreté des maisons , à celle des rues , à la boisson
des animaux, et souvent des hommes. Une mesure
générale de police n'ordonne-t-elle pas d'avoir à
Vienne, dans chaque maison, un puits et une pompe
en cas d'incendie ? A Manchester, où l'on a fait des
travaux considérables pour amener dans la ville qua-
tre-vingt-quatre litres d'eau par tête, M. Mallet a vu
cependant que certains particuliers ramassaient celle
de la pluie dans de vastes réservoirs pour le blanchis-

sage et que d'autres s'abonnaient, *moyennant une redevance*, à de l'eau de puits pour la table et la cuisine. On, en fait autant à Londres, et il est probable que partout où l'eau se vend chacun cherche à échapper du mieux qu'il peut aux exigences des compagnies ; de sorte que, si les nombres portés sur le tableau indiquent bien ce que celles-ci vendent, ils n'indiquent nullement la quantité d'eau qui se consomme en réalité et qui est beaucoup plus forte. « A Londres, dit M. Terme (*des eaux potables*, *p.* 223), les personnes qui boivent de l'eau à leurs repas s'en procurent de source ou de puits pour cet usage spécial, ainsi que cela a lieu dans plusieurs autres villes d'Angleterre. »

Dans ce pays, l'eau de la pluie se conserve longtemps dans des bassins découverts, même en été; dans nos contrées elle se corrompt dans quelques jours et la *matière verte* l'envahit presqu'aussitôt.

Le climat des villes que je viens de citer est donc bien différent de celui de la France et surtout de la France méridionale; on a toujours assez d'eau quand il pleut fréquemment et que le soleil évapore très-peu. La poussière et la chaleur incommodent si faiblement que les ruisseaux dans les rues ne sont nullement désirés, et comme les compagnies se gardent bien d'établir des fontaines publiques, il en résulte, on le sent, une grande économie de liquide.

Le bien-être et la salubrité sont moindres sans doute dans les lieux où toute l'eau se vend ; mais on conçoit que la consommation en soit infiniment réduite. Si les états officiels de l'emploi dans les villes anglaises étaient exacts, toutes ces circonstances nous aideraient à comprendre la petite quantité d'eau distribuée ; toutefois le bon sens s'opposera toujours à ce que nous admettions que des villes policées se contentent du dixième de ce que nous demandons pour la nôtre. Un chiffre si réduit n'est d'ailleurs qu'une rare exception, et, en général, ces documens portent le tiers ou le quart. Une distinction est donc indispensable, le tableau constatant *non la quantité d'eau consommée, mais seulement la quantité vendue, ce qui est bien différent.* En Angleterre, comme partout, on cherche à se soustraire aux impôts ; il y pleut, il y a des puits, des sources, des canaux, des rivières, on en profite; le climat permet de conserver l'eau et d'en moins dépenser ; — donc les relevés des compagnies sont trompeurs ; au point de vue de la consommation totale ils ne portent qu'un chiffre illusoire, qui, dans tous les cas, serait aussi insuffisant chez nous que la suppression des fontaines et la vente de l'eau deviendraient des actes odieux.

J'admets après cela, qu'en Angleterre la distribution et l'aménagement de l'eau sont parfaits dans la maison du riche, ou même de l'homme dans l'aisance ; les conduites à domicile sont admirables, on peut s'en convaincre en lisant l'ouvrage de M. Mallet; mais le pauvre, celui qui ne peut pas payer la rétribution mensuelle, pense-t-on que les compagnies financières s'en préoccupent ?

« A Liverpool, dit cet auteur, on dispose de plus

» de six cents pouces d'eau potable , *on n'en a placé*
» *que cent soixante-dix* ; on conçoit que l'eau puisée
» (par la vapeur) de quarante-cinq mètres de pro-
» fondeur , ne peut être distribuée avec la profusion
» que comporteraient les autres moyens de se la pro-
» curer (p. 46). »

Pourquoi cela ? Parce qu'elle coûte et se vend trop
cher ; — tel est le principal motif du débit parcimo-
nieux qui s'en fait dans certaines villes (1).

Depuis la publication de M. Mallet (1830) , sous
l'influence ascendante de la civilisation et avec les
ressources de la paix , la fourniture faite avec la vapeur aux villes d'Angleterre doit avoir considérablement augmenté , car celle de Londres n'était que de
7500 pouces alors , tandis que, d'après l'enquête de
1841 , la consommation *des eaux fournies par toutes
les compagnies* était de 8450 pouces pour la ville
entière, à cette dernière époque.

« Si la *Nouvelle rivière*, qui n'abreuve qu'une partie
de Londres et qu'on y a pourtant amenée par un
canal de plus de vingt lieues de long, avait pu arriver à une hauteur suffisante , il n'y aurait jamais eu
de machine à feu pour élever de l'eau de la Tamise ,

____

(1) A Liverpool , dit M. Nadault de Buffon , 90,000 habitans
seulement participent à la distribution des eaux sur 150,000. —
*La redevance des propriétaires de maison est de 5 à 5 1/2 pour
cent du loyer, un cheval paie cinq schellings, une vache trois...*
(*Des Irrigations*, t. iii, p. 189.)

et la ville, tout en consommant *sans compter*, serait soustraite à l'impôt le plus onéreux.

« L'eau de ce canal dont les habitans de Londres jouissent outre celle de leur fleuve, est due aux soins, à l'habileté et à la générosité du chevalier Hugues Middleton. Il commença cet ouvrage de ses propres deniers en 1608 et le finit au bout de cinq ans, en y employant chaque jour des centaines d'ouvriers. La rivière *Léa*, qui fournit cette eau prend sa source dans la province de Hert-Ford, fait soixante milles de chemin avant d'arriver à Londres et passe sous huit cents ponts. *Mém. de l'Acad. des sciences*, 1766, p. 149. »

Mais en France, dira-t-on, il existe aussi sur le tableau certaines villes portées pour cent, quatre-vingt, soixante, quarante, vingt litres et même moins....?

A cela, je réponds : bon nombre de ces villes sont dans des localités moins brûlantes que la nôtre ; toutes, Marseille excepté, ont des cours d'eau supplémentaires à proximité ; plusieurs ont construit récemment les machines ou les canaux qui les alimentent, et une jouissance nouvelle, considérée déjà comme un grand bienfait, ne permet pas d'en ressentir tout d'abord l'insuffisance. L'état financier offre trop peu de ressources chez la plupart et, en attendant qu'on puisse mieux faire, on se contente de creuser des puits ou de charrier péniblement le produit des cours d'eau du voisinage. Il est des villes au contraire, et Nimes est de ce nombre, où la prospérité et un

accroissement inattendu ont mis en désaccord la population et les ressources d'eau accoutumées ; enfin ,
beaucoup pensent sérieusement à sortir de la gêne
dans laquelle elles se trouvent.

Ainsi , Grenoble , Vienne , Narbonne , Toulouse ,
Gray , Angoulême , ne jouissent que depuis quelques
années de l'avantage d'eaux jaillissant dans leur intérieur ; c'est un premier bienfait dont on ne tardera
pas à demander le complément.

La population de St-Etienne a quadruplé dans cinquante ans ; — et je sais que cette ville , aujourd'hui
si importante , que St-Chamond , que Gray, que Metz ,
que Besançon , que Béziers , que Toulouse même ,
s'occupent d'augmenter prochainement le volume de
leurs eaux dont l'insuffisance est généralement sentie.
Metz , Besançon et Béziers , peuvent rétablir d'anciens
aqueducs romains.

Montpellier, ville voisine de la nôtre et placée en
apparence dans les mêmes conditions , ne reçoit dans
son enceinte qu'une quantité d'eau bien minime ,
toutefois pour le lavage et l'industrie , le Lez lui offre
à une très-petite distance, des ressources dont Nimes
manque.

Une vérification faite en 1819 donna cent dix pouces d'eau à la source de *St-Clément* ; il n'en arrivait
que quatre-vingt-dix au réservoir des arcades du
Peyrou. D'après les expériences de MM. Gergonne et
Jovis, du 13 juillet 1822, le produit de l'aqueduc du
Peyrou était de cinquante ou cinquante-un pouces
fontainiers, ce qui, pour une population de trente-

cinq mille habitans, fait environ trente litres par jour; mais il ne faut pas oublier que, cette année-là, la *Fontaine* de Nimes descendit à soixante-et-douze pouces.

Il existe à Montpellier vingt-six fontaines qui débitent environ cinquante-deux pouces d'eau; leur nombre est insuffisant, elles sont trop peu fournies, les preneurs ont trop de chemin à faire pour y arriver et sont souvent obligés d'attendre fort longtems. Il est des rues et des places importantes qui en sont complétement privées; les boulevarts sont brûlans, la végétation impossible faute d'eau; celle qu'on voit dans les bassins de l'Esplanade se corrompt en été parce qu'elle n'est pas renouvelée; enfin, sur cette place qui serait superbe avec un arrosage convenable, les arbres brûlés par le soleil se dépouillent de leurs feuilles dès la fin de juin. Diverses concessions diminuent encore la part du public qui heureusement peut se passer de lavoirs par le voisinage de la rivière. Sous ce rapport, les besoins sont moins pressans à satisfaire qu'à Nimes, la pénurie moins grande, et cependant on pense à augmenter les ressources.

A Narbonne, deux machines hydrauliques établies en 1839 et mues par une chute prise sur le canal, portent cent pouces d'eau à vingt mètres d'élévation; ce sont deux roues à la Poncelet qui mettent des pompes en jeu. L'établissement fait par M. Cordier, a coûté cent quatre-vingt mille francs, et les dépenses annuelles ne s'élèvent pas à plus de trois mille.

A Voiron, on jouit d'une eau de source excellente;

des conduits en fer viennent d'être substitués aux anciens tubes de bois.

A Clermont-Ferrand , le service des eaux remonte à une haute antiquité ; en l'an 250 , sous l'empire de Dèce , il existait un aqueduc souterrain et maçonné qui fut détruit en 534 par Thierry premier roi d'Austrasie. Depuis lors des conduits en bois , en pierres perforées ou en fonte l'ont remplacé , mais d'une manière si insuffisante qu'une portion de l'eau ne peut y passer et que celle qui arrive enfin à la ville *se vend jusqu'à trente-six mille francs le pouce !* Je ne saurais donner une preuve plus frappante que l'eau manque à Clermont. Il en est de même à Amiens ; bien que la Somme baigne les murs de la ville, l'eau que la machine hydraulique élève se vend *annuellement* deux mille francs le pouce. —(Nadault de Buffon , *des Irrigations* , t. III. p. 187).

Lons-le-Saulnier, qui de temps immémorial jouissait de douze à quinze pouces d'eau, produit d'une source peu éloignée, a prolongé la conduite, il y a une douzaine d'années , pour augmenter son approvisionnement de six à sept pouces.

A Gray, malgré les dépenses considérables faites par le service actuel qui fonctionne à la vapeur, un savant géologue vient de se livrer , par mission officielle de l'autorité , à des explorations suivies de fouilles , pour procurer d'autres eaux à la ville.

Le Havre reçoit depuis plus d'un siècle le produit des deux sources de *Ste-Adresse* et de *Triganville* , dérivées de trois kilomètres dans des tuyaux de poterie., fournissant ensemble quarante-cinq pouces d'eau et qui sont la propriété de la cité. La population a loué, il y a six ou sept ans, *à raison de cinq cents francs le pouce fontainier*, ce qui représente un capital de dix mille francs par pouce, les trente que débite la source de *Graville* qui est une propriété particulière. On voit, par ce prix seul, que l'eau manque ; mais il est des localités où il est bien difficile de s'en procurer de grandes masses.

Angoulême ne reçoit que depuis six ans de l'eau provenant de la Charente, distribuée dans la ville par des tuyaux de fonte. La machine hydraulique composée de deux corps de pompe qui a été construite pour ce service, élève environ trente pouces d'eau à un niveau de trente-cinq mètres. Il n'est pas douteux que les habitans qui étaient obligés d'aller prendre au bas de la colline toute l'eau nécessaire à leur consommation, ne trouvent très-doux maintenant d'en avoir, chacun tous les jours quarante litres tout portés ; mais il est sûr que dans quelques années ils réclameront une augmentation.

A Chaumont, c'est une machine à vapeur de huit chevaux qui élève dix à douze pouces à quatre-vingts mètres. Les frais d'établissement ont été de cent soixante mille francs ; l'entretien annuel est de six mille.

Metz a joui pendant la période romaine de plus de deux mille pouces d'eau amenés par des aqueducs en maçonnerie ayant un développement de vingt kilomètres au moins ; actuellement sa population reçoit le produit de deux sources venant dans des tuyaux de fonte, l'une de deux, l'autre de six kilomètres. Au produit de ces sources débitant environ quinze pouces on en a joint trente provenant de nouvelles acquisitions, ce qui n'empêche pas la population éclairée de cette ville de chercher de nouveaux supplémens, malgré le voisinage de deux rivières.

Saint-Etienne manque d'eau pour les usages civils et pour l'industrie. Tous les ingénieurs qui s'y sont succédé ont proposé la construction de vastes réservoirs, à l'imitation des eaux de Greenock ; MM. Lacordaire, Burdin, Michal, Blandat, Barreau, ingénieurs des ponts-et-chaussées ou des mines, ont posé les élémens d'une solution définitive et bien vivement désirée.

Dans les lettres écrites de l'Orient, M. le comte de Jaubert dit que l'approvisionnement des fontaines de Constantinople est assuré par un ensemble remarquable de réservoirs et d'aqueducs établis dans la forêt de Belgrade assise sur les derniers rameaux des Balkans. Les sultans ont augmenté ces constructions commencées par les empereurs d'Orient. (Peyret-Lallier, *des moyens de fournir de l'eau à Lyon et à St-Etienne*).

Est-il possible qu'avec la fontaine de Top-Kanna, l'aqueduc de Valens, celui de Justinien, la citerne des *Mille-Colonnes*, la reine du Bosphore n'ait que dix huit litres d'eau par tête? Ce fait, si nous pouvions le croire exact, nous montrerait une des causes du développement annuel de la peste dans cette capitale.

Mais je crois que Constantinople a beaucoup plus d'eau qu'on ne le dit ; voici mes preuves : — Outre la citerne des *Mille-Colonnes* qui , si elle était convenablement déblayée , pourrait contenir 45,000 mètres cubes d'eau, il en existe encore une autre nommée le *Palais Souterrain* , sous les voûtes sombres de laquelle les Musulmans osent à peine se hasarder en bateau à cause de leur étendue ;

On trouve à Constantinople 150 bains publics ; le prix modéré qu'on exige permet aux pauvres d'en jouir comme les riches , souvent même les propriétaires ne demandent rien à ceux dont l'extérieur annonce le dénûment ; c'est sans doute une preuve que l'eau n'est pas très-rare ; enfin, ce qui vaut mieux que les citernes antiques : — au fond du port de Constantinople débouchent deux rivières qui portent le nom d'*Eaux-douces* et que les anciens appelaient le *Cydaris* et le *Barbyzès*. (Malte-Brun , *Géog. Univ.* t. vi. p. 157. — Jouanin et Van-Gaver, *Description de la Turquie* , p. 455 à 459).

Dôle reçoit depuis quelques années seulement l'eau tirée du Doubs au moyen d'une machine hydraulique placée à douze cents mètres de la ville ; les tuyaux adducteurs sont en fonte.

A Béziers , où l'on obtient dix pouces d'eau par la machine à vapeur et deux ou trois par d'anciens conduits , il a été proposé d'augmenter ce produit de trente-trois pouces ; la dépense seule arrête encore , mais on voit que la ville supporte avec peine sa mince fourniture actuelle , quoique la rivière d'Orb ne soit qu'à quelques cents mètres de distance.

Un ancien aqueduc romain conduisait dans cette ville l'eau des sources de *Gabian* qui débitent aujourd'hui cent trente pouces , et certainement il recueillait d'autres produits en route , car son développement est d'au moins trente mille mètres. Son établissement et ses dimensions étaient conformes à ceux de l'aqueduc du Gard ; il est pareillement incrusté d'un dépôt pierreux qui va jusqu'à vingt-sept centimètres d'épaisseur et qu'on a exploité comme pierre de taille. Malheureusement il en coûterait deux millions pour restaurer cet aqueduc. (*Mémoires de la Société Archéologique de Béziers*, novembre 1840 , pages 35 et suivantes).

Besançon n'a que quelques rares fontaines dans la partie la plus élevée de la ville , mais on est au moment d'y exécuter un beau projet, déjà formé par M. Falletons en 1685 , et reproduit en dernier lieu par M. Baudsot ingénieur, à la demande du corps municipal. Il consiste à ramener dans la ville les eaux de la magnifique source d'*Acier* distante de dix kilomètres environ , que les Romains y avaient fait venir par un aqueduc. Cette source fournira cent quarante pouces à un niveau de vingt mètres plus élevé que celui du Doubs : — «Alors , dit M. de Penhoët, la ville sera » salubre parce que personne ne sera plus réduit à » boire de mauvaises eaux de puits. » — Chaque habitant recevrait environ cent pouces d'eau de plus que ce dont il peut disposer actuellement.

Genève est sur le Léman et le Rhône le traverse ; Vitry-le-Français, Pontoise, Niort, sont baignés par la Marne, l'Oise ou la Sèvre. Cette, qui n'a que de l'eau de citerne ou celle qu'on apporte dans des tonneaux, sourit à l'espoir d'être gratifiée de cent pouces d'eau de l'Hérault ou de l'Isanka ; plus tard elle reconnaitra l'insuffisance de cette fourniture.

Il y a des localités tellement disposées qu'on en est réduit à demander à la pluie la quantité d'eau nécessaire à l'existence.

A Venise, par exemple, l'eau de citerne doit suffire quand la guerre interrompt les communications avec la terre ferme. En circonstances ordinaires on a toujours charrié l'eau des sources des rivages opposés, en traversant les lagunes, — « bien qu'il fût prouvé, dit M. Paléocoppa, directeur-général des constructions civiles, qu'en recueillant avec soin toutes les eaux de pluie l'approvisionnement pourrait strictement suffire à une population huit fois plus grande. »

Venise a une surface de cinq millions deux cents mille mètres carrés, abstraction faite des canaux de la *Giudecca* ; c'est la surface occupée par les rues pavées et par les toits. Supposez la huitième partie de cette étendue, c'est-à-dire six cent cinquante mille mètres carrés seulement employés à recueillir l'eau ; comme il tombe, année commune, quatre-vingt-deux centimètres de pluie, il se trouve qu'on aurait quatorze litres d'eau par jour et par tête, pour une population de cent mille âmes que l'on compte dans cette ville, les iles en dehors. (Grimaud de Caux, l. c, pag. 9).

Outre les réservoirs particuliers d'eau de pluie, dit Malte-Brun, cent dix citernes publiques fournissent de l'eau aux cent dix mille habitans de Venise. (T. III, p. 612.) Dans la cour intérieure du Palais-de-Justice on en a creusé deux très-vastes dont les margelles sont en bronze ; elles sont à l'usage du public ; l'intérieur qui a vingt pieds de profondeur, est en granit. Mais toutes ces ressources ne peuvent suffire et l'usage habituel est de transporter de l'eau douce de Mestre et autres endroits de terre-ferme sur des bateaux remplis de tonnes fort grandes. On entend pendant le jour sur tous les canaux les marchands qui crient : *aqua ! aqua !*....

Quand les Espagnols s'emparèrent de la ville de Mexico, bâtie au milieu d'un lac d'eau saumâtre, ils trouvèrent un superbe aqueduc à double rang de galeries, qui transportait les eaux douces des montagnes voisines aux nombreuses fontaines de la ville. Venise, qui n'est qu'à deux lieues et demi de la terre ferme, a été dévancée sur un point d'une aussi grande importance par un peuple bien moins civilisé. (Dupré. *Voyage en Italie*, t. I., p. 400.)

Toutefois, ses habitans ne se sont pas souciés d'en rester à leurs anciennes habitudes ; ils se sont lassés de l'eau malsaine de leurs citernes, et même de celle qu'on apportait du rivage sur des bateaux. L'empereur d'Autriche a décidé qu'un chemin de fer join-

drait Milan à la ville maritime; que ce chemin franchi-
rait les lagunes sur une immense arcature qui porterait les rails modernes, et en même temps un aqueduc pareil à ceux que construisaient les Romains.
Ainsi, la ville verra son commerce s'accroître par
cette voie inespérée, et, ce qui ne sera pas un moindre bienfait, elle recevra avec profusion des eaux
vives dérivées de la *Brenta*.

Sous la république vénitienne, on construisit ces
murs, cette digue fameuse connue sous le nom de
Murazzi; par sa grandeur et son utilité, l'*Aquœviœ-
dux*, digne de figurer à côté de ce monument, pourrait porter comme lui cette inscription orgueilleuse,
mais vraie :

Ausu Romano, œre Veneto.

L'eau jaillissante est une chose entièrement indispensable dans les villes du Midi. A chaque deux cents
mètres au moins, il faut une borne d'écoulement
dans toutes les rues; il faut des fontaines agréables à
l'œil, si on n'en peut construire de monumentales
sur toutes les places. En hiver, si on le reconnaît
utile, on peut fermer une portion des tuyaux; mais, en
été, l'eau doit être versée abondamment, gratuitement
partout; j'ai depuis longtemps plaidé cette cause.
(*Voy.* t. i, p. 636 à 639 — 642 — 685 à 688.)

Je ne pouvais concevoir qu'un auteur du mérite de
M. Terme, en proposant à Lyon les distributions à
domicile, voulût proscrire les écoulemens gratuits
sur la voie publique. C'est avec une vive satisfaction
que j'ai vu la commission nommée par le conseil mu-

nicipal de cette ville, se prononcer, par la bouche
de M. Prunelle, mon ancien maître, pour un système
plus libéral et plus juste.

« Que chaque palais de Gênes, a-t-il dit récemment,
que chaque maison de Londres et même de Marseille, quand cette ville aura les eaux de la Durance,
en reçoivent un filet dans les cuisines, dans les salles
à manger, etc.; que le même avantage soit ambitionné
par les hôtels du faubourg Saint-Germain, je ne vois
rien là que de très-naturel; ces hôtels, ces maisons
ne sont habités que par une même famille ainsi
que l'étaient les maisons patriciennes à Rome, qui
avaient chacune un bassin d'eau vive dans leur
enceinte. Mais, cette satisfaction donnée aux familles
opulentes, n'arrête la distribution publique des eaux
nulle part, à l'exception toutefois des villes d'Angleterre où tout est sacrifié aux intérêts de quelques
compagnies puissantes.

« A Philadelphie où l'eau du Schuilkill est portée
à tous les étages de chaque maison, il y a des fontaines publiques sur toutes les places. La ville de Vienne,
en élévant l'eau du Danube, a établi quatre cents fontaines publiques. Au Caire, chaque maison un peu
considérable a sa citerne, dans laquelle l'eau du Nil,
après l'inondation, est portée à dos de chameau; ce
qui n'empêche pas de voir, dans cette ville, de nombreuses citernes publiques à l'usage des animaux
comme à celui des hommes, et dans la construction
desquelles l'architecture arabe a déployé toute sa magnificence.

» Ces *sybils*, ou citernes, sont entretenus d'eau à grands frais par les fondations pieuses des Musulmans, qui ont voulu que le pauvre pût y trouver à toute heure et gratuitement, l'eau nécessaire aux besoins de la vie ainsi qu'aux pratiques religieuses de l'Islamisme (1). A Londres, où chaque maison a aussi une citerne qui emmagasine la provision de deux ou trois jours, *il n'y a point d'eaux publiques ;* quiconque, ayant besoin de se désaltérer, ne pourrait payer l'eau, mourrait de soif dans les rues de cette capitale.

» Faut-il donner la préférence au système *musulman* qui pourvoit largement aux besoins du pauvre, ou bien au système *anglais* qui compte le pauvre pour rien?

» L'eau qui, comme l'air, s'offre naturellement

---

(1) On compte au Caire trois cents fontaines alimentées par des citernes que remplit l'inondation annuelle. Ce n'est que lorsque les réservoirs viennent à s'épuiser qu'on transporte dans les bassins l'eau du Nil à dos de chameau. Ces édifices sont tous des fondations charitables. Au-dessus de l'eau fraîche et pure si bienfaisante au pauvre altéré, s'élève presque toujours un étage où se trouve une école gratuite.....

L'architecture de la fontaine *Seby-el-Bedawych* est remarquable par sa richesse et sa solidité.... Les colonnes sont en marbre sculpté ; les ornemens compris sous les grands arceaux qu'elles soutiennent sont peints et dorés ; les grilles des fenêtres garnies de balustres sont en bronze ; un auvent qui s'avance couvre d'ombre le bassin et protége contre l'ardeur du soleil ceux qui viennent y puiser l'eau, en se servant des écuelles en bronze suspendues, suivant l'usage, à des chaînons scellés. (*Magas. Pittor.* 1845, p. 137.)

aux besoins de l'homme ne doit pas se vendre plus que l'air lui-même... Après s'être occupée d'aérer complètement les rues, l'administration municipale doit les pourvoir de la quantité d'eau nécessaire aux besoins des habitans...

» Adoptant le système des fontaines publiques, rejetons le système contraire. Lorsqu'un propriétaire pensera qu'une fourniture d'eau à domicile peut faire valoir sa maison, qu'il l'obtienne à des conditions raisonnables ; mais que chacun reste maître *de payer l'eau pour l'avoir chez lui, ou de la prendre gratuitement sur la voie publique.* » (*Rapport sur les projets divers de distribution d'eau à Lyon*, mai 1846.)

En résumé :

L'homme ne peut vivre que très-peu de temps avec un litre d'eau par jour.

Avec trois litres sa santé se conserve, moyennant que, de temps à autre, il use d'un supplément pour se baigner et pour nétoyer son linge, ses effets, sa demeure.

On ne se restreint pourtant à de pareilles quantités que par force ou pour des époques très-limitées.

Ce serait une erreur de croire que, dans l'état ordinaire, on fût satisfait nulle part, pour *tous les emplois de la vie civile*, de trente litres d'eau par jour et par individu, comme on le dit de Liverpool par exemple. *Ce chiffre est celui de l'eau vendue par les compagnies, nullement celui de toute l'eau consommée* et, quand l'eau se vend, le peuple en tire une quantité bien plus considérable des puits, des sources, des canaux, des rivières, même de la pluie, et, de plus, il s'impose des privations très-préjudiciables.

S'il en était autrement, pourquoi la consommation de Greenock serait-elle double, celle de Londres triple de celle de Liverpool, et celle de Glasgow plus considérable encore? Dans toutes ces villes l'eau se vend, et, dans ce cas le peuple se réduit au minimum, qui partout serait nécessairement le même, si l'approvisionnement en dehors des compagnies pouvait être prohibé; car la nature humaine est identique en tous lieux.

La vérité est donc tout autre qu'on ne l'énonce; elle est ce qui suit :

A Liverpool, le peuple, pouvant se procurer assez d'eau sans trop de peine, n'achète, pris en masse, aux compagnies qu'un total qui revient à trente litres par jour et par tête; à Manchester, à Londres, à Glasgow, il est plus difficile de se procurer de l'eau *pour rien*; force est donc d'en acheter quatre-vingts, quatre-vingt-dix ou cent litres; mais on est loin de se borner à ces quantités évidemment supplémentaires, puisqu'elles sont si variables.

Il est absurde de chercher, comme on l'a fait d'une manière absolue, le bilan de la consommation dans les registres des compagnies; car, quand leur eau est mauvaise comme à Londres et très-chère comme partout où on la vend, il n'est pas de ville dont les habitans ne cherchent à s'exonérer de cet impôt en usant de toutes les ressources.

Le chiffre le plus élevé au compte de toutes les compagnies anglaises ou autres, celui de Glasgow par exemple, *qui porte cent litres*, n'est donc qu'un chiffre relatif *très-inférieur à la consommation réelle*, et c'est tomber dans une grande erreur que de vouloir assimiler deux choses si différentes.

Mais si l'eau employée est toujours en quantité plus grande que l'eau vendue; si, par conséquent, la consommation individuelle s'élève en moyenne à plus de cent litres, la vente de l'eau n'en est pas moins un grand malheur quand elle entraîne la suppression des fontaines publiques. Acheter l'eau, c'est reconnaître qu'on ne peut pas se procurer gratuitement un liquide irréprochable, et que les compagnies en sont seules détemptrices ; or, quand l'eau se vend sous ce monopole, le peuple n'en use qu'avec parcimonie, ce qui nuit essentiellement à la santé et au bien-être.

L'eau doit être comme l'air, abondamment et gratuitement accessible à tout le monde; ce n'est qu'alors qu'on en fait véritablement l'emploi que le *comfort*, la propreté et l'hygiène publique réclament. Alors, le pauvre se lave la figure et les mains chaque fois qu'il quitte ses pénibles travaux, sans regretter ce qu'il lui en coûte; alors, la consommation générale s'élève à plus de cent cinquante litres, même sous le climat de l'Angleterre, puisqu'à Glasgow on en paie cent litres aux compagnies, bien qu'assurément on s'en procure ailleurs qu'à leurs bureaux, quand ce ne serait, comme nous l'avons vu, qu'en ramassant l'eau du ciel dans des bassins et des citernes.

Admettons le chiffre de cent cinquante litres comme

celui de la consommation réelle dans l'état actuel ; mais à Glasgow, pas plus que dans les autres villes de l'Angleterre desservies par les compagnies, il n'y a ni fontaines, ni écoulemens continus sur les places et le long des rues. Or, sous notre ciel méridional, et avec un système généreux de distribution, les fontaines ou les bornes jaillissantes ne doivent pas être espacées entre elles de plus de cent mètres, c'est-à-dire se trouver à plus de cinquante mètres de chaque habitation, ce qui en suppose au moins deux cents dans une ville de cinquante mille âmes.

Vingt-six fontaires ou bornes débitent à Montpellier cinquante-deux pouces d'eau ; quarante-six bornes à Nimes n'en débitent que cinquante pouces ; mais, si au lieu de *versans* à un seul tuyau, nous avions des fontaines convenables, nous dépenserions au moins cent pouces par ces quarante-six points, soit quatre cents pouces pour deux cents fontaines ou bornes.

M. Prunelle veut établir quatre cents bornes-fontaines à Lyon, en les espaçant de cent mètres dans les quartiers populeux ; des fontaines monumentales surgiront aux points convenables.— A Toulouse, il y a quatre-vingt-dix fontaines ou bornes, et ce nombre est loin d'être suffisant ; elles dépensent ensemble cent quatre-vingt-cinq pouces. A Dijon, les bornes ne sont qu'à cent mètres l'une de l'autre ; il y en a cent quarante-six, indépendamment des gerbes d'eau et des fontaines ornées.

A Nimes, le produit de deux cents tuyaux ne serait pas excessif en été pour rafraichir les rues, pour arroser, embellir les promenades , pour en conserver la verdure et l'agrément , pour nettoyer et désinfecter les cloaques. Quatre cents pouces d'eau seraient une fourniture modérée pour ces deux cents tuyaux où tous les citoyens viendraient s'approvisionner ; car il ne faut pas douter que chacun ne délaisse son puits quand il trouvera de l'eau jaillissante à sa porte.

Il est généralement reconnu que , par suite des infiltrations qui proviennent des cloaques et des fosses d'aisance, l'eau des puits finit par devenir impotable ou nuisible dans toutes les grandes villes.

Une fois qu'on aura pourvu aux besoins d'intérieur et de comfort , ce n'est pas faire une demande exagérée que de réclamer deux cent cinquante pouces d'eau de plus pour les lavoirs, les teintureries, les filatures, les grosses industries, en un mot, pour remplacer les rivières et les cours d'eau voisins dont Nimes se trouve privé et dont jouissent toutes les villes portées au tableau, Marseille et Cette exceptées.

Nimes a donc un besoin réel de cinq à six cents pouces venus du dehors , indépendamment du produit de sa *Fontaine*.

Certainement , si l'on se bornait à des distributions à domicile , si l'on supprimait les fontaines banales, les écoulemens sur la voie publique, si l'eau se vendait , alors la consommation privée se réduirait *au minimum* : c'est incontestable.

Pourrions-nous toutefois , descendre *au-dessous de cent litres* ? nous faudrait-il sous notre climat, et dans notre position topographique, *moins d'eau qu'on n'en vend à Glascow?* Eh bien! en nous réduisant à ce taux, par individu, la consommation à domicile serait pourtant de deux cent cinquante pouces.

Maintenant, si pour les lavoirs et la fabrique nous n'exigions que deux cents pouces destinés à suppléer à l'absence des rivières et canaux dont jouit la cité anglaise, nous arrivons à cette conclusion rigoureuse qu'il nous faudrait *quatre cent cinquante pouces d'eau* pour que Nimes ne fût pas mieux partagé qu'une ville *où les fontaines publiques sont supprimées et où l'eau se vend.....*

Certes, sous notre climat, dans notre position topographique exceptionnelle, avec nos mœurs plus sympathiques et plus libérales, il faut procurer au moins six cents pouces d'eau à la cité pour qu'elle soit convenablement approvisionnée avec sa population présente ou celle que lui donnera, sans aucun doute, un avenir très-prochain.

Anduze, le 31 mai 1846.

CHAPITRE III.

AMÉLIORATIONS DIVERSES A NOS PROJETS.

*Prise d'eau au confluent du Gardon et de l'Alzon ;
Machines élévatoires à l'est du Pont-du-Gard.*

> *Adhuc errabatur circà verum.*
> SÉNÈQUE.

Le mieux toujours fut l'ennemi du bien, vieil axiome de paresse qui ne doit pas nous arrêter.

Comme tout projet d'amener de l'eau à Nimes , la dérivation du Gardon , depuis Lafoux jusqu'au Mas-Duleau (*projet Surell*) , serait bonne ;

Celle qui se terminerait à Lafoux, ayant son origine à Saint-Privat (*notre premier projet*) , vaudrait mieux.

Ne serait-il pas préférable encore de pousser la prise d'eau plus au nord ?

Dans le premier chapitre de cette livraison , j'ai déjà résolu cette question par l'affirmative ; je vais l'examiner à fond.

J'ai dit (t. II, p. 112 à 142) , que, pour les communes riveraines , le détournement du Gardon *depuis Lafoux jusqu'au Mas-Duleau* avait des inconvéniens énormes , et que la dérivation *de St-Privat à*

Lafoux, bien que préférable sous ce point de vue en présentait encore quelques-uns dont l'administration désirerait peut-être de s'affranchir.

Elle peut vouloir conserver le moulin de Lafoux à son usage actuel, dans l'intérêt apparent ou réel des communes voisines ;

Elle peut désirer qu'un service d'irrigation soit lié à celui de l'ascension des eaux dans l'aqueduc romain, pourvu *toutefois, que l'un de ces projets ne nuise pas à l'autre.*

Aujourd'hui, je crois fermement qu'après des réflexions nouvelles la ville demandera plus d'eau que n'en donnerait une chute de six mètres *à Lafoux*, ou une chute de huit mètres au *Mas-Duleau*, qui, l'une ou l'autre en temps ordinaire, peuvent fournir quatre cent cinquante pouces d'eau environ ; *mais qui n'en donneraient que trois cents aux étiages extrêmes*, c'est-à-dire quand les besoins sont le plus grands.

Enfin, *s'il n'en coûte pas davantage*, Nimes peut vouloir restaurer une plus longue portion de l'aqueduc romain, en établissant par exemple ses machines au-delà du Pont-du-Gard, afin qu'il reste moins à faire le jour où l'on sera décidé à pousser les travaux jusqu'à Uzès....

Tout cela serait incontestablement d'un grand avantage ; — mais peut-on le réaliser ?

On le peut, je vais le prouver ; et, dès-lors, mon avis ne saurait être douteux ; — ON DOIT LE FAIRE.

Que faut-il pour y parvenir ? — *Remonter la prise*

d'eau, sur le Gardon, jusqu'au point où cette rivière reçoit les eaux de celle qui vient d'Uzès.

Ce moyen sera rationnel ;

Il sera facile ;

Les dommages seront sans importance ;

Les travaux peu coûteux ;

Et l'on pourra créer au Pont-du-Gard une chute franche de huit mètres, sans toucher au moulin de Lafoux qu'on laisserait à son usage actuel.

Si on ne craint pas au contraire de supprimer cette usine, on pourra diriger vers Comps pour l'arrosage de la plaine, les eaux que le barrage élève et réunit ; ou bien l'on pourra démolir ce barrage au grand avantage de Remoulins et des propriétés riveraines.

Dans le premier chapitre de cette livraison, je m'étais posé le problème :

De restaurer l'aqueduc romain jusqu'au-delà du Pont-du-Gard et d'élever six cents pouces d'eau au minimum par l'emploi exclusif du moteur hydraulique, sans que la dépense atteignît trois millions.

La solution que j'ai donnée me paraît le moyen le meilleur, le plus efficace parmi ceux qui ont été mis en avant jusqu'ici pour donner à la ville une quantité d'eau suffisante ; cependant, j'y trouve encore trois grands inconvéniens que j'ai dû chercher à éviter, et je crois y être parvenu par le projet que je trace aujourd'hui.

Ces inconvéniens sont :

1° De priver sur un trop long espace les propriétaires de la rive gauche du Gardon des eaux de cette rivière, par suite du prolongement du canal de dérivation en aval du Pont-du-Gard et jusqu'à Lafoux ;

2° De construire deux appareils distincts et séparés pour élever les eaux : un à Lafoux, un en amont de St-Privat, défaut qu'à juste titre j'ai reproché moi-même au système de M. Bouchet ;

3° De dépasser la somme votée par le conseil municipal.

Il m'importait de remédier à ces imperfections.

En effet, il serait possible que sur les réclamations des communes riveraines, et par respect pour les droits des propriétaires, l'administration ne voulût pas permetre le détournement des eaux de la rivière *en aval du Pont-du-Gard* ; qu'elle ne voulût pas qu'à partir de ce point il fût apporté aucun changement à leur volume et à leur régime.....

Il se pourrait que la ville redoutât les inconvéniens et la dépense *de deux établissemens distincts* ; ou qu'elle tînt rigoureusement à ne pas dépasser la somme offerte.

Dans la prévision de ces trois circonstances, j'ai dû me créer les moyens *de ne pas faire descendre mon bief d'amenée au-delà du Pont-du-Gard* ;

D'établir tous les artifices à côté de ce monument ;

Et de restreindre la dépense dans les limites imposées.

Eh ! bien, si l'on construit un barrage au-dessous de Collias, au confluent de l'Alzon et du Gardon, si l'on place toutes les pompes sur un même point à l'est de l'arcature antique, si l'on creuse un bief de quatre mille trois cents mètres de longueur seulement, on peut créer une chute effective de huit mètres, par laquelle on élèvera six cent trente pouces d'eau dans l'aqueduc romain (1).

A l'exception de ces six cent trente pouces qui marcheront vers Nimes, toute l'eau qu'on aura momentanément détournée du Gardon reviendra dans son lit en échappant de l'appareil hydraulique. En aval du Pont-du-Gard rien ne sera donc changé pour les riverains, et notre établissement n'amènera pas plus de perturbation dans les positions acquises que celui d'une machine à vapeur ; mais, à égalité de produit, quelle différence sous le rapport des frais annuels !

Le détournement de la rivière n'ayant lieu que sur une longueur de quatre mille trois cents mètres, un seul propriétaire pourrait s'en plaindre, celui du château de St-Privat ; quant au sol occupé par le bief lui-même, les indemnités seraient bien peu de chose, car les terrains à traverser n'ont presque aucune valeur.

Comme par le fait de l'établissement de toutes les pompes en amont de Lafoux, l'appareil hydraulique se serait rapproché d'Uzès, et comme la restauration

---

(1) On sait que nous trouverons aux environs de Bezouce de l'eau dans l'aqueduc lui-même ou dans son voisinage immédiat, laquelle sera *en plus* de l'approvisionnement que nous demandons ici à la rivière de Gardon.

de l'aqueduc aurait été prolongée de cinq mille mètres, il n'en resterait plus que seize mille à réparer
pour arriver à la fontaine d'Eure. Avec une fourniture de six à sept cents pouces, Nimes pourrait attendre patiemment la restauration du complément de
l'œuvre romaine ; tandis que, les pompes étant placées au-delà de la magnifique arcature qui traverse
la rivière, ce monument serait rendu à sa destination
primitive.

1.

*La dérivation commençant au confluent de l'Alzon
et du Gard est rationnelle.*

Les rivières ont en général une pente plus forte
sur les parties de leur cours le plus rapprochées de la
source, et cette pente s'affaiblit quand elles s'approchent de la mer ; quand elles coulent aux travers des
montagnes, la déclivité est plus grande que quand
elles serpentent dans la plaine. On n'avait aucune raison de penser que le Gardon dérogeât à cette loi
commune ; il était, au contraire, naturel de croire
à priori, que plus on établirait la prise d'eau en
amont *et plus grande serait la chute proportionnellement à la longueur du bief.*

De Lafoux à Montfrin, sur une longueur de 9,200
mètres, la compagnie Mourier ayant trouvé que la
rivière avait une pente de 9 m. 90 c. *y compris le
relèvement opéré par le barrage de Lafoux*, elle s'est
cru dans une localité favorisée, qu'elle a adoptée

par ce motif en disant : « En amont de Lafoux on
» n'aurait que peu de chute....» Mais elle est tombée
dans l'erreur. En amont du point de départ de la
compagnie, la déclivité de la rivière est plus forte,
comme cela devait être ; et si nous remontons de
9,200 mètres à partir de Lafoux, dis*tance en amont*
égale à celle que la compagnie prend *en aval*, nous
trouvons une pente de 11 m. 27 ; c'est un avantage
de la plus grande importance et qu'il faut bien se
garder de négliger.

Cette pente est calculée dans la supposition que nous
n'établirions sur notre limite qu'un barrage de 1 m.
82 de hauteur, c'est-à-dire pareil à celui de Lafoux ;
mais comme ici le barrage ne peut être surhaussé à
cause du bourg de Remoulins, tandis qu'il peut l'être
sans inconvénient au point que nous choisissons,
rien n'empêche que nous ne le construisions de deux
à trois mètres de haut.

Nous pourrions donc avoir :

Bief supérieur du barrage à bâtir......	0 m.	00
Bief inférieur dudit...................	2	56
Bief supérieur de St-Privat...........	5	86
Bief inférieur de St-Privat...........	8	01
Gardon à 150 mètres en aval du Pont-du-Gard	8	86
Bief supérieur de Lafoux.............	10	19
Bief inférieur de Lafoux........	12	01

Telle est la pente qu'il nous est facile d'obtenir.
Si pourtant, dans la comparaison, on veut s'en tenir à la déclivité naturelle de la rivière, en écartant

les changemens qu'y apportent les barrages construits ou à construire, nous aurons à rabattre du dernier des nombres ci-dessus 2 m. 56 pour le barrage
que nous projetons au confluent ; et, de son côté,
la compagnie devra soustraire 1 m. 82 de son chiffre
pour le barrage de Lafoux. Tous ces ouvrages supprimés, il en résultera toujours : que la pente *naturelle* de la rivière est de 9 m. 75 sur un trajet de
9,200 mètres en remontant son cours à partir de
Lafoux ; tandis qu'elle n'est que de 8 m. 08 sur la
même longueur en partant du même point, mais en
se dirigeant vers l'aval. Nous pouvons donc obtenir en amont de Lafoux, en opérant sur une moindre
longueur, la même puissance hydraulique qu'on ne
peut créer en aval que sur un plus long parcours. Nous
aurons même, ainsi que nous l'expliquerons tout à
l'heure, *entre deux points donnés*, la faculté de rendre notre bief d'amenée beaucoup plus court que la
partie correspondante de la rivière, de sorte que
nous obtiendrons ainsi toute la force avec un bien
moindre développement dans les travaux.

Il est une autre considération aussi capitale que
celle de la pente par rapport à la longueur du bief,
considération dont l'importance tombe sous les sens
et qui doit nous décider à établir notre barrage de
déviation *autant en amont que possible* ; la voici :

A Boucoiran, l'eau du Gardon se trouve à une
élévation suffisante pour qu'on puisse la conduire à
Nimes par une simple rigole à pente et sans employer

de machines; les montagnes interposées empêchent
seules d'adopter ce projet;

Au Pont-du-Gard, il faut que l'eau de la rivière
soit élevée de quarante-huit mètres pour qu'elle puisse
marcher vers Nimes.

N'est-il pas clair que le niveau de la ville étant
fixe, tandis que celui du Gardon baisse à mesure
qu'il chemine vers le Rhône, plus on dérivera l'eau
de la rivière à proximité du fleuve, plus il faudra
l'élever.

Rationnellement, le barrage doit donc être construit *sur le point le plus en amont possible*, pourvu
que le bief d'amenée l'atteigne sans des obstacles
extrêmes et que les pompes ne soient pas trop éloi-
gnées de l'aqueduc romain.

Toutes choses égales d'ailleurs, un barrage au
Pont-du-Gard vaudrait donc mieux qu'à Lafoux ;

A St-Privat mieux encore ;

Et beaucoup plus au confluent du Gardon et de
l'Alzon.

Le coût ou les difficultés de l'établissement du canal d'amenée seraient la seule objection possible au
choix de cette dernière position ; mais nous prouve-
rons tout-à-l'heure qu'il n'y a rien à craindre sous
ces deux rapports.

S'il est d'une utilité évidente de porter soit le barrage, soit l'usine dans laquelle les pompes doivent
fonctionner autant en amont que possible, on en
conclura forcément qu'il vaut mieux établir les pompes *pour Nimes*, au Pont-du-Gard qu'au Mas-Du-

leau ; car , en supposant que les deux chutes soient égales, *il faudra sur ce dernier emplacement, élever l'eau destinée à la ville, de la même quantité en plus que celle dont le Gardon aura baissé dans la distance qui sépare les deux prises d'eau.* Telle est la cause principale de la nécessité où la compagnie se trouve de faire monter le liquide à cinquante-quatre mètres au Mas-Duleau , tandis qu'il nous suffit de le pousser à quarante-six mètres à Lafoux et à quarante au Pont-du-Gard (1).

En résumé , il est rationnel que la dérivation du Gardon , destinée à créer la chute ou la force hydraulique qui doit mouvoir les pompes , ait son origine plutôt à St-Privat qu'à Lafoux ; plutôt au confluent sous Collias , qu'à St-Privat :

1° Parce qu'à égalité de parcours, la pente de la rivière est plus forte en amont de Lafoux qu'en aval ;

2° Parce que, plus la prise d'eau sera construite en amont, plus le bief sera court, et moins il faudra élever par les machines l'eau destinée à Nimes , *pour lui faire atteindre le niveau de l'antique aqueduc.*

(1) On a avancé récemment (*Gazette du Bas-Languedoc* , du 24 mai 1846) : « que la compagnie pouvait n'élever ses eaux qu'à 49 et même 48 mètres , » —*au lieu de 54 qu'il lui fallait d'abord , suivant la* Note *publiée* , par elle-même , le 15 août 1845 , page 9e ; mais, dans ce cas, la compagnie a *changé* , *modifié* , *cherché à améliorer son projet*; pourquoi l'auteur de l'article s'étonne-t-il que j'en fasse autant de mon côté ?

II.

La dérivation, commençant au confluent des deux rivières et finissant au voisinage du Pont-du-Gard, sera facile à établir.

Dans notre projet actuel il ne serait point construit de machines à Lafoux, on ne s'y arrêterait pas, on pousserait *tout d'un temps* la restauration de l'aqueduc romain, non-seulement depuis Nîmes jusqu'au Pont-du-Gard, mais un peu au-delà, jusque sur la colline qui domine la rive gauche de la rivière. Le point d'arrêt serait celui où le sol change de nature, où la roche devient *tertiaire* de *néocomienne* qu'elle était, transition qu'on observe au levant du Pont-du-Gard à cent cinquante mètres environ de la dernière des petites arches.

C'est là, dans les flancs même de cette colline *de pierre tendre*, que je propose d'établir les machines.

C'est là que l'aqueduc romain devra recevoir l'eau puisée dans le bief d'amenée par un nombre suffisant de pompes placées dans une excavation de la roche qu'on préparerait à cette fin.

Dans mon premier chapitre, au sujet de la création de la chute d'eau supplémentaire que je voulais alors me procurer, je disais : — « Que, depuis le con-
» fluent du Gardon et des rivières d'Uzès jusqu'au
» pied des rochers de St-Pierre, il fallait creuser un
» canal d'amenée, ce qui serait facile, attendu que
» la distance n'était que de trois mille mètres ; que
» la rive du Gardon était ferme, peu accidentée sur

» ce parcours, et qu'elle n'était pas trop élevée. »
(Tom. 11. p. 330.)

J'avais déjà imprimé (t. 1ᵉʳ, p. 394) : — « Si,
» à partir de Montpézat, on établissait le canal
» d'amenée sur la rive gauche, on aurait bien moins
» de difficulté, parce qu'en aval de ce village elle
» est moins accidentée et plus ouverte que l'autre,
» mais on ne pourrait aller rejoindre Lafoux ; il fau-
» drait alors deux châteaux d'eau et deux machines,
» savoir : — Une machine et ses dépendances en
» amont du Pont-du-Gard sur la rive gauche même,
» poussant les eaux dans l'aqueduc et leur faisant
» traverser l'antique arcature, — et une seconde
» machine à Lafoux, à l'effet de profiter de la pente
» de la rivière depuis le Pont-du-Gard jusqu'à ce
» moulin ; — ce partage des forces aurait trop d'in-
» convéniens... »

On voit que, dès le mois de juin 1843 j'avais
examiné le projet que j'ai donné plus en détails le
30 mars dernier ; on voit que j'en avais senti le défaut
le plus grave, celui d'exiger deux usines, deux établissemens hydrauliques séparés.

Aujourd'hui, je reviens au même parcours, rap-
pelé par ses grands avantages, mais je n'y reviens
qu'*aprés avoir trouvé le moyen d'éviter le vice qui
m'avait plusieurs fois arrêté.*

Je propose donc, en premier lieu, *la construction
d'un barrage en travers du Gardon, au confluent de
l'Alzon et de cette rivière.* Si c'est là qu'il est rationnel, comme je l'ai déjà soutenu, d'établir la prise

d'eau, c'est là aussi qu'on rencontre les dispositions les plus favorables pour la bâtir ; appui de rocher sur les deux rives, base continue de rochers au fond; rien ne sera donc plus facile, et moins coûteux que de construire le bâtardeau qui devra arrêter, rehausser et porter sur le côté gauche telle portion qu'on voudra de l'eau de la rivière; *on pourrait même en ce lieu la prendre toute sans inconvénient.*

Une fois ce barrage construit, *on s'occupera de creuser le bief que j'ai proposé dans mon article du 30 mars dernier.* Ce bief sera ouvert parallèlement à la rive gauche du Gardon, à une hauteur déterminée par celle de la prise d'eau, et sur une longueur de trois mille mètres, c'est-à-dire jusqu'à la chapelle de St-Pierre.

Là, commence une colline abrupte, qui s'avance comme un cap et qui détourne la rivière vers le sud-ouest. La déviation qu'elle lui imprime est si considérable que, de St-Pierre au Pont-du Gard en traversant la colline en ligne droite, la distance ne serait que de treize cents mètres, tandis qu'on en trouve deux mille cinq cents quand on suit le pied du rocher sur le bord de la rivière.

Ce rocher malencontreux m'avait toujours arrêté tout court dans mes projets de prise d'eau à Collias et de canal d'amenée pour des machines à établir au Pont-du-Gard.

Fallait-il le percer ? — Je n'osais pas proposer une telle entreprise dans la roche néocomienne.

Fallait-il le tourner ? — Sa base est trop escarpée,

et, vu la longueur de son développement, une tranchée à ciel ouvert y eût été aussi coûteuse que la
galerie directe, en pleine masse.

Je suis resté trois ans à regretter les avantages de
l'emplacement du barrage au *confluent*, et les avantages du canal d'amenée depuis le confluent jusqu'à
St-Pierre, toujours tenté d'adopter cette direction,
mais toujours arrêté par la roche qui barre le chemin.

J'avais bien aperçu l'*event* qui s'ouvre au sommet
de cette colline ; j'avais vu plusieurs indices de grandes cavités intérieures, d'anfractuosités. Ces cavernes
profondes, me disais-je, faciliteraient peut-être l'établissement d'une galerie souterraine?

Mais, sur de simples présomptions, pouvais-je
espérer de faire goûter ce projet par la ville de
Nimes?...

Je ne me suis pas rebuté ; j'ai étudié de plus près
ce facheux côteau de l'*Event*, et ma persévérance
n'a pas été sans résultat, puisque j'ai trouvé un
moyen *peu coûteux* de résoudre le problème.

Pour le percement d'une galerie, je redoutais la
roche *néocomienne* si rebelle, si difficile à exploiter ;
au lieu de cela, j'ai découvert à côté une masse
tertiaire, le *calcaire coquillier grossier*, bien mieux
traitable. Il ne s'agira plus de percer une roche
vive, résistant à l'attaque, ne cédant qu'à la poudre
et par petits fragmens ; mais, au contraire, une roche
franche et tendre comme celle de Beaucaire, de
Vers et de Sernhac ; c'est la carrière même d'où les
Romains tirèrent les blocs énormes dont ils bâtirent le

Pont-du-Gard ; de telle sorte qu'on taillera cette roche avec aussi peu d'efforts que de dépense, et que la galerie fournira tous les matériaux nécessaires à la restauration d'une portion de l'aqueduc, au prolongement de l'arcature, à la construction du canal d'amenée.

« Vous rejetez, s'écriera-t-on peut-être, sans ré-
» flexion, vous rejetez la rigole à pente de Boucoiran,
» *à cause des percés qu'elle exige*, et vous venez
» maintenant proposer vous-même un percé... *Quelle inconséquence !...* » — Censeurs trop prompts, veuillez bien réfléchir à ceci : — Autre chose est de travailler dans une roche tendre, — autre chose de lutter, même avec le secours de la poudre, contre une roche très-dure ; on ne peut nullement comparer d'ailleurs des percés de douze à treize mille mètres de longueur avec une galerie de treize cents seulement ; enfin, si j'ai hésité pendant trois ans à proposer l'attaque d'un monticule *néocomien* que je pouvais supposer caverneux, on remarquera que je ne me suis décidé qu'après avoir reconnu que les travaux pouvaient être entièrement faits dans le terrain *tertiaire* qui lui est adossé, dans le *calcaire coquillier grossier*, recouvert de sables marins.

Le vieux chemin qui conduit de la *Bégude de Poulhon* au Pont-du-Gard, suit et marque à-peu-près la limite entre la formation *tertiaire* au nord-est et la *néocomienne* au sud-est ; la galerie serait ouverte dans la plus tendre des deux.

Continuation du canal d'amenée dont nous avons

déjà parlé et partant du sud de la chapelle St-Pierre, les travaux souterrains iraient à très-peu-près en ligne droite déboucher à cent cinquante mètres environ en aval du Pont-du-Gard, où l'eau motrice, après avoir produit son effet, se confondrait dans le Gardon.

Cette galerie, qui n'aurait pas plus de treize cents mètres de longueur, passerait à peu de distance au levant du monument. C'est au point le plus rapproché de l'arcature que finirait le canal d'amenée et que commencerait le canal de fuite; c'est en ce lieu qu'on placerait les machines, dans une excavation souterraine moins coûteuse que les bâtimens nécessaires partout ailleurs.

Au reste, qu'on ne se fasse pas une idée exagérée de ces travaux de sape et de mine; au point de rencontre de l'aqueduc de Nîmes et du canal d'amenée, la colline n'a qu'une quarantaine de mètres d'élévation au-dessus de la rivière; elle n'en aura que trente-deux au-dessus du radier de notre bief.

Nous allons donner le tableau de la dépense.

III.

Les dommages seront de peu d'importance.

Plusieurs communes peuvent être intéressées à empêcher la dérivation de la rivière entre Lafoux et le *Mas-Duleau*, *et la gravité de leurs plaintes est facile à comprendre;*

Quelques particuliers réclameraient peut-être, si

l'on déviait les eaux sur l'espace qui s'étend entre le Pont-du-Gard et Lafoux ;

Mais, depuis l'embouchure de l'Alzon jusqu'au Pont-du-Gard, un seul propriétaire, M. de Fournès, a quelque intérêt de s'enquérir de ce qu'on aurait l'intention d'entreprendre sur les eaux de la rivière.

Entre Montpézat et le monument romain, si l'on excepte le domaine de St-Privat, on ne trouve sur la rive droite du Gardon que des rochers et des bois ; on peut donc amoindrir, on pourrait même supprimer tout le courant, sans que les riverains eussent à exciper d'aucune perte réelle.

La moitié de la rive gauche est occupée aussi par des rochers sans valeur, la gorge ne s'ouvre que quand on approche de la chapelle St-Pierre ; mais comme l'eau qu'on détournera du lit du Gardon coulera dans le canal d'amenée qui sera ouvert sur cette rive, les propriétaires, une fois qu'ils seront payés du sol que le bief occupera, trouvront plus de profit que de désavantage au changement opéré. Aujourd'hui, le Gardon coule encaissé à trois ou quatre mètres en contrebas de leurs terres et vignes, le canal qui en longerait le bord serait plus agréable et plus utile, l'eau se trouvant au niveau du sol.

Ainsi donc, au lieu de bouleverser le régime de la rivière dans la partie la plus belle, la plus ouverte, la plus fertile du département et sur une longueur de 9,200 mètres, notre projet ne le modifie que sur un parcours de cinq mille mètres seulement, presque toujours dans des gorges désertes des rochers et des bois.

Sur notre ligne, point de village, point d'habitations, point de pertes pour les riverains, car si l'on s'entend avec le propriétaire du château de Saint-Privat, qui en possède aussi les moulins, on pourra faire tout ce qu'on voudra; personne n'élèvera la moindre plainte, rien ne troublera le silence qui règne dans ces lieux reculés et déserts.

Or, quand un intérêt public, grave et puissant, se trouve en présence d'un seul intérêt privé, tout est facile, car tout se résume en la question d'indemnité.

Voici, selon moi, ce que coûterait, dans son ensemble, l'exécution du projet d'après lequel on dériverait les eaux au confluent des deux rivières, pour créer au Pont-du-Gard une chute franche de huit mètres, au moyen de laquelle on élèverait dans l'aqueduc romain six cent trente pouces d'eau qu'on dirigerait vers Nîmes et qui s'augmenteraient en route de tout ce qu'on pourrait réunir depuis St-Bonnet jusqu'au-delà des Canabous.

Première Section.

Barrage et Canal d'amenée.

Construction d'un barrage pour relever les eaux de 2^m 56, vannage d'arrêt en tête du canal et vannage de dégorgement.................................... 50,000 f.

Sol du canal d'amenée depuis le confluent des deux rivières jusqu'au Pont-

A reporter............ .... 50,000 f.

Report............ 50,000 f.

du-Gard (ce canal n'occupera , francs-
bords compris, que dix mètres de largeur de mauvaise terre , landes et
rochers, sur une longueur de 4,500 mètres) 21,500

Indemnité à M. de Fournès pour pri-
vation d'eau au moulin et domaine de
St-Privat 200,000

Déblaiement de la portion à découvert
du canal d'amenée , et revêtemens en
bâtisse , sur une longueur de 5,000 m.,
à 50 fr. le mètre courant........... 150,000

Percé de la galerie dans le rocher, à
120 fr. le mètre courant............ 156,000

Revêtement en maçonnerie de la cunette souterraine , à 30 fr. le mètre courant.............................. 59,000

Dispositions dans la roche pour le pla-
cement des machines................ 50,000   646,500

Deuxième Section.

Établissement hydraulique.

Turbines et pompes pour élever six
cent trente pouces d'eau à quarante mètres, y compris les tuyaux d'ascension,
suivant la demande de M. Abadie...... 250,000   230,000

Troisième Section.

Restauration de l'aqueduc romain et rachat des eaux du parcours,

Restauration de l'aqueduc, depuis Nimes
jusqu'au Pont-du-Gard , suivant l'éva-

A reporter .... 876,500 f.

Report................... 876,000 f.

luation de M. Dombre............... 800,000

Additions que j'ai faites pour le franc-bord, les eaux du parcours et diverses améliorations...................... 200,000

Cunette métallique sur la longueur du Pont-du-Gard, réparation à ce monument et prolongement par de petites arcades jusqu'à l'aplomb du canal d'amenée............................ 75,000   1,075,000

Dépense..... 1,951,500 f.

Somme à valoir..... 48,500

Total général.... 2,000,000 f.

Nous ne dépassons nullement la somme indiquée par le conseil municipal, et cependant nous donnons à la ville six cent trente pouces d'eau élevés par un seul établissement hydraulique, au lieu de trois cents pouces qu'elle demande; nous lui donnons de plus les eaux du parcours....

Trois cent trente pouces d'eau, rendus dans la ville, ne se vendraient-il pas un million? C'est à-peu-près trois mille francs le pouce pour une aliénation définitive, et nous avons vu, dans le chapitre précédent, qu'on payait aussi cher dans quelques localités *pour la simple location annuelle.*

S'il en est ainsi, le déboursé réel *ne serait plus que d'un million,* pour lequel trois cents pouces et les eaux du parcours seraient mis à la disposition de l'administration locale, et trois cent trente pouces de plus seraient vendus ou loués aux particuliers.

De sorte qu'en résultat : — si la ville garde toute l'eau pour les usages publics, elle aura la quantité que nous lui souhaitions dans le chapitre précédent, c'est-à-dire, *au moins six cent cinquante pouces, pour deux millions ;* — et si au contraire elle vend la moitié de cette fourniture à trois mille francs le pouce, ou la met en location sur le pied de cent cinquante francs le pouce par an, — elle aura de fait encore plus que la quantité d'eau qu'elle a fixée, *en ne dépensant que la moitié de la somme qu'elle entend consacrer à l'entreprise.*

Quant à la solidité, à la sûreté des ouvrages :

Le canal de la compagnie Mourier n'est à son point de départ qu'à 1 m. 82 au-dessus de la rivière, hauteur du barrage de Lafoux ; celui que nous proposons sera surélevé de prime abord de plus de deux mètres et demi, hauteur que rien n'empêche de prendre, au confluent, au-dessus des eaux actuelles.

Notre bief serait donc complètement à l'abri de tout engravement par le côté ; car, dans les crues, les pierres et graviers ne montent jamais aussi haut. La vase seule est tenue en suspension dans toute la masse de la rivière qui déborde, seule elle se dépose partout où l'eau atteint ; mais, dans un canal maçonné sur toute son étendue, on s'en débarrasse facilement au moyen des vannes de décharge.

Un vannage de tête empêchera quand il le faudra les pierres, gravier et sable d'entrer par la naissance du bief.

Notre canal sera inébranlable, étant taillé dans le rocher dès son origine, et comme la rivière s'abaisse petit-à-petit, elle le menacera de moins en moins. Au reste, il sera toujours placé de manière à résister à toutes les atteintes, car s'il n'est pas taillé dans le rocher d'un bout à l'autre de son parcours, il sera constamment assis dessus, et ses fondations seront à l'abri des affouillemens, seule cause de ruine des ouvrages de ce genre.

Si l'on voulait mettre les parties voisines de l'entrée en souterrain, les seules qui seront creusées dans la terre, plus complètement encore à l'abri des atteintes du Gardon, on n'aurait qu'à démolir le barrage de St-Privat ; la rivière baisserait beaucoup et le radier du canal serait à cinq ou six mètres au-dessus de la ligne de flottaison ordinaire du Gardon et, par conséquent, hors de l'atteinte des plus hautes eaux.

En allouant les dommages que j'ai portés pour le domaine et les moulins de Saint-Privat, j'ai posé une somme qui permet d'amoindrir la force de ceux-ci autant qu'on le voudra ; *on pourra même les supprimer tout-à-fait*, si on le juge convenable. La contrée ne risquera pas de souffrir quelle que soit la prise d'eau nécessaire à notre appareil hydraulique.

Les moulins sont trop nombreux, puisque déjà on a laissé dépérir celui de Carrière, celui de Collias et que celui de Labaume n'emploie qu'une partie de son temps et de sa force ; aujourd'hui le commerce des farines diminue bien l'importance locale de ces usines et réduit leur travail de plus de moitié.

Lafoux ne prospère qu'à cause de sa position sur la grande route, et, le moulin de St-Privat supprimé, l'industrie privée relèverait aussitôt, *si c'était utile*, celui de Collias qui le remplacerait avec avantage pour toute la contrée, attendu qu'il serait placé sur une route neuve et très-viable, aboutissant à Nimes et à Uzès.

Aucune opposition fondée ne peut donc s'élever contre mon projet.

IV.

Détail des Travaux.

Si ma santé me l'eût permis, j'aurais livré à la commission, avec ce mémoire, les plans, profils, coupes et nivellemens convenables. Ce travail complémentaire sera fait aussitôt que je le pourrai, surtout si, comme je l'espère, l'avant-projet actuel fixe l'attention de mes juges.

Retenu momentanément loin des lieux où il faudrait opérer, j'ai pourtant sous la main assez de documens ramassés à l'avance, pour donner une idée précise de l'entreprise et une évaluation très-approximative de la dépense.

Qu'on veuille bien faire attention, que, sur les trois sections de travaux dont mon avant projet se compose, la somme de 250,000 fr. portée en bloc à la seconde, *résulte d'un marché à forfait souscrit par M. Abadie*; il n'y a donc, de ma part, aucune erreur possible sur ce point.

La somme de 1,075,000 fr., qui fait l'objet de la

roisième section, provient de l'évaluation de la restauration de l'aqueduc romain, faite par M. l'ingé-
nier Dombre, et s'élevant seulement à 800,000 fr. ;
— les 275,000 fr. de surplus ont été portés par moi
pour diverses améliorations et achats *utiles*, mais
non *indispensables* ; de sorte que s'il y avait à changer sur le total que je donne, ce serait plutôt pour
soustraire que pour ajouter.

Il n'y a donc que la première section et le dernier
article de la troisième, s'élevant à 500,000 fr. seulement, si on en déduit les 221,500 fr. d'indemnités,
sur laquelle des erreurs *de mon fait* soient supposa-
bles ; mais on verra, par les détails que je vais donner,
qu'elles ne peuvent être considérables ; n'at-on pas
d'ailleurs *la somme à valoir ?*

Me défiant de mes forces, et, afin d'éviter des mé-
comptes, j'ai recherché pour cette section des exemples propres à convaincre mes lecteurs, à obtenir
l'assentiment de mes juges, et j'ai adopté des prix plus
élevés que ceux qu'on indique en pareille circonstance.

1° *Barrage et vannages.* — En quelque point que
nous établissions le barrage aux environs du confluent, son couronnement n'aura pas plus de cent
mètres de longueur et sa base n'en aura pas cinquante. Si on excepte une dépression d'une vingtaine
de mètres de largeur, où tout le Gardon passe pendant l'étiage, on pourra bâtir à sec sur la roche, pendant plusieurs mois, dans toute la largeur du lit.
Laissant en dehors, pour le moment, cette dépression ou échancrure inférieure, on n'aurait donc à

maçonner que sur une longueur moyenne de 75 mètres et sur une hauteur de 2 m. 50 au plus, puisque
la roche est émergée au temps des basses eaux. Si
nous donnons à notre barrage une épaisseur moyenne
de cinq mètres, nous aurons un massif de 958 mètres cubes qui, à 10 fr. chaque, coûteront 9,580 fr.

Toute cette bâtisse pourra se faire à sec, car une
ouverture qu'on laisserait aussi bas que possible, et
qu'on fermerait plus tard avec un empèlement, débi-
terait, pendant l'été, toute l'eau de la rivière.

Resterait l'échancrure de vingt mètres de largeur,
où l'eau passe, et où le gravier empêche d'apercevoir le fond de rocher. Il y faudrait peut-être des
pilotis, des palplanches, mais toujours du béton.
Dix mètres d'épaisseur de bâtisse seraient sans doute
suffisans pour barrer cette espèce de chenal que la
rivière s'est taillée, par corrosion, dans le rocher et
dont, par conséquent, les deux côtés sont fermes et
le fond solide peu distant.

Vingt mètres de large, cinq de profondeur et dix
d'épaisseur font un cube de béton de mille mètres
qui, à douze francs, réclament........ 12,000 f.

    Pieux, palplanches et moises, au besoin. 5,000

    Revêtement supérieur du barrage en
pierres, de gros appareil, équarries..... 4,000

    Report de la maçonnerie ci-devant ... 9,580

                  TOTAL........ 30,580 f.

Vannages de tête et de décharge...... 9,620

           A reporter .... 40,000 f.

Report . . . . 40,000 f.

Chances de destruction partielle des travaux par des crues inattendues· 10,000

TOTAL , *au maximum* , . . . 50,000 f.

Qu'on ne s'effraie pas à l'idée de construire , tout d'une pièce, un barrage à neuf sur le Gardon ; c'est un ouvrage sans difficultés quand le fond et les rives sont fermes , puisqu'avec les précautions convenables , on peut le rendre solide , même sur le gravier. Témoin le grand nombre de ceux que de simples particuliers ont établis , et, pour la plupart desquels on ne pouvait faire de grands frais , puisqu'ils ne devaient fournir de l'eau qu'à des usines de très-peu d'importance. En 1849 , j'ai fait reconstruire sur le Gardon un barrage , pour le compte de mon père ; il a deux cents mètres de longueur, il n'est fondé que sur le gravier, appuyé des deux bouts contre le terrain d'alluvion , il n'a nullement bougé depuis et n'a pas coûté plus de quinze mille francs.

2° *Achat de l'emplacement du canal d'amenée.* — Dans mon premier projet , le canal d'amenée a 4,147 mètres de longueur, et les estimations de terrain , faites par M. Dombre , s'élèvent à 19,271 fr. 50.

Mes estimations actuelles sont de 21,500 fr. , soit 0 fr. 50 le mètre carré, ou cinq mille francs l'hectare. Certes, dans la plaine des *Couasses* le terrain a plus de valeur qu'aux environs de la chapelle St-Pierre ; et les rochers qui se trouvent depuis le Pont-du-Gard jusqu'à cette chapelle et du moulin Carrière jusqu'à

Collias peuvent se mettre au même prix que tout ce qu'on rencontre de plus mauvais entre St-Privat et le Pont-du-Gard.

Estimer de pareilles surfaces, en moyenne, à cinq mille francs l'hectare, c'est les porter à deux ou trois fois leur valeur. Pour le canal d'amenée de mon premier projet, M. Dombre n'avait estimé l'hectare qu'à trois mille francs.

3° *Indemnité pour M. de Fournès.* — Lorsque, dans mon système précédent, je proposais de détruire, à la fois, les moulins de Lafoux et de Saint Privat, j'estimais le dommage à trois cent mille francs pour leur propriétaire commun ; chacun sait que la première de ces usines a une valeur bien supérieure à la seconde ; il y aurait donc avantage à ne céder que celle-ci, au prix de cent cinquante mille francs.

La suppression de ce moulin délivrerait d'ailleurs le château du contact incommode d'un établissement ouvert au public et beaucoup trop voisin. Mais, en supposant qu'on tînt à le conserver, il pourrait marcher et donner quelque produit pendant neuf mois de l'année. *Le temps de l'étiage excepté*, quand même la ville de Nimes détournerait du lit du Gardon *deux mètres cubes par seconde en amont de St-Privat*, il passerait encore assez d'eau sous les meules pour les faire tourner.

Il n'en serait pas de même en été. Quand au lieu de prendre deux mètres cubes par seconde dans le Gardon, on se contenterait d'un mètre et demi cubes, le moulin n'en serait pas moins sans action pour peu que la sécheresse se fît sentir ; pendant trois mois, année moyenne , on doit donc le considérer comme supprimé.

Toutefois, qu'on ne pense pas que le lit du Gardon fût mis à sec par la dérivation projetée ; quand on voudrait arriver à ce résultat , ce serait en vain ; il s'échapperait toujours de l'eau , soit par filtration , soit au travers et au-dessous du barrage à construire; on ne pourrait saisir d'ailleurs les ruisseaux et les sources qui se trouvent entre St-Privat et le confluent.

Quand les eaux sont en retenue dans les écluses de Lafoux , de St-Privat ou du moulin Labaume , voit-on le Gardon à sec au-dessous? — Nullement. Il en serait de même après l'établissement du barrage que nous proposons, et St-Privat ne pourrait manquer d'eau *que pour son usine.*

Si l'indemnité de cent cinquante mille francs *suffisait*, lorsqu'il était question de détruire complètement le moulin de Lafoux , elle devrait *convenir*, à plus forte raison , quand on *n'arrêterait* celui de St-Privat qu'à l'étiage et qu'il pourrait fonctionner une bonne portion de l'année. Dans tous les cas , si on en venait à une estimation judiciaire , la ville de Nimes n'aurait jamais plus de deux cent mille francs à payer.

4° *Partie à ciel-ouvert du canal d'amenée.* — Depuis le confluent de l'Alzon jusqu'aux rochers de St-Pierre, notre bief est dans des conditions aussi favorables que celui dont M. Surell a fait le devis entre Lafoux et le Mas-Duleau : il est dans des conditions meilleures que celui dont M. Dombre a fixé le coût pour l'un de nos projets, depuis St-Privat jusqu'à Lafoux.

Or, le premier de ces deux ingénieurs estime la dépense à 555,500 francs pour un canal de 9,226 mètres de longueur, ce qui fait environ 58 fr. 40 c. par mètre courant, terrain compris.

Le second pour un canal de 4,147 mètres de développement, porte les frais à 241,071 francs, aussi terrain compris; soit cinquante-huit francs environ par mètre linéaire.

Aujourd'hui, en y mettant la valeur du sol, j'évalue à 171,500 francs les trois mille mètres de parcours de mon canal d'amenée placé dans des conditions bien plus favorables que celui de St-Privat, ce qui fait plus de 57 francs par mètre courant; certainement cette estimation ne sera pas dépassée.

Il existe d'ailleurs, dans la construction actuelle, un moyen d'économie que je ne dois pas passer sous silence. La pente de mon canal adducteur étant beaucoup plus forte que celle que MM. Surell et Dombre ont adoptée, cette augmentation de déclivité *permet une diminution dans la section*, qui, par l'amoindrissement des déblais et des bâtisses, allégera de plus d'un quart les frais de construction du canal d'amenée. On doit donc s'attendre, sur cet article, plutôt à une épargne notable qu'à une augmentation (*Voyez la note A*), puisque estimer ce canal à section réduite à 57 francs, c'est comme si je le portais au moins à 75 francs en lui donnant la largeur de celui de la compagnie ou de celui de mon premier projet.

5° *Galerie dans le Rocher.* — Dans l'entreprise actuelle, le percé dans le rocher serait-il un épouvantail? — Qu'on se rassure. — Une galerie de deux mètres de hauteur et cinq de largeur, *à ouvrir dans la pierre de Beaucaire*, est une opération très-facile, sur treize cents mètres de longueur.

Le percé qu'on a fait tout près de cette ville, pour le chemin de fer, a 308 mètres de longueur; il a coûté 134,605 francs, ce qui fait 437 francs par mètre d'avancement; mais, comme sa section est d'au moins soixante mètres carrés, le mètre cube de déblais ne revient pas à sept francs. Je le porte à douze francs dans le percé que je propose, parce que la section est plus petite.

Dix mètres cubes de déblai ou un mètre d'avancement, coûteront donc cent vingt francs. Les percés du canal de Marseille, qui sont dans des roches bien plus dures et qui mesurent trois mètres de largeur sur cinq de hauteur, n'ont coûté que deux cents francs par mètre linéaire quand il n'y a pas eu d'eau à épuiser, c'est-à-dire 13 fr. 33 c. le mètre cube. (*Voyez la note B.*)

Quant au revêtement en béton ou en maçonnerie du radier et des côtés de la cunette, c'est assurément compter trop largement que d'allouer trente francs par mètre courant.

6° *Emplacement des machines.* — L'espace qu'on disposera dans la roche pour placer les pompes et les turbines, ne sera autre chose qu'un élargissement convenable du canal d'amenée, avec élévation en dôme suffisante, et arrivant en soupirail jusqu'au sommet de la colline, c'est-à-dire à trente-deux mètre au-dessus du radier. Cette ouverture sera nécessaire pour donner de l'air, du jour, et pour le passage des tuyaux d'ascension.

Ce soupirail servira de puits d'extraction pendant les travaux, et l'on aura ainsi quatre points d'attaque pour activer le percement de la galerie.

Vingt mètres de largeur sur dix de longueur et autant de hauteur, suffisent pour emplacer les pompes et les turbines; soit deux mille mètres cubes de déblai à 12 fr........................ 24,000 f.

Circonstances imprévues 6,000

.   Total .... 30,000 f.

Le coût de l'ouverture supérieure ou soupirail, est compensé par le vide que donne la portion du canal d'amenée comprise dans la grande excavation dont je viens de m'occuper, vide que j'aurais dû défalquer de la longueur de treize cents mètres de l'entière galerie.

7° *Machines.* — On sait que, sur ce point, je n'ai à me préoccuper de rien ; M. Abadie se charge de fournir et d'établir tous les appareils *à forfait, et d'en garantir le produit.*

Il s'agit, dans mon projet, d'élever six cent trente pouces d'eau à quarante mètres d'élévation. Dans ces conditions, le prix de la machine, y compris les tuyaux d'ascension, serait de deux cent trente mille francs. Pour deux mille quatre cents francs par an, ce constructeur se chargerait de l'entretien.

Il emploierait les turbines et les pompes à piston plongeur, comme organes susceptibles d'un meilleur produit, d'un établissement, d'un entretien moins coûteux, et pouvant fonctionner en état de submersion prolongée.

8° *Restauration de l'aqueduc romain.* — On sait que, dans un travail aussi soigné et aussi développé que possible, M. l'ingénieur Dombre a estimé à huit cent mille francs la restauration de l'aqueduc romain depuis Nimes jusqu'au Pont-du-Gard ; on sait, et je l'ai suffisamment expliqué dans ma livraison précédente, que j'ai joint à cette somme une augmentation de deux cent mille francs, pour le rachat des eaux du parcours, et pour diverses améliorations qui m'ont paru nécessaires ; c'est un million de dépense en tout ; je ne reviendrai pas sur cet objet.

9° Reste *le passage de l'eau sur le Pont-du-Gard ;*

Et la continuation de l'arcature, jusqu'au point où la colline change de nature minéralogique.

Dans l'aqueduc qui domine le Pont-du-Gard, et sur toute sa longueur, il sera établi une cunette en fonte parfaitement étanche à l'effet d'éviter toute perte d'eau, et toute infiltration qui pourrait dégrader le monument ou compromettre sa solidité par l'effet de la gelée. Ce canal métallique coûtera vingt-cinq mille francs au plus.

Les réparations convenables au pont lui-même, et le rétablissement des petites arcades qui existaient à la suite, jusque vers *le terrain tertiaire,* ne coûteront pas plus de cinquante mille francs ; ce prolongement sera fait dans la direction la plus courte pour atteindre l'aplomb du bief d'amenée.

10° *Somme à valoir*. — On trouvera peut-être que, sur un projet de deux millions, une somme à valoir de 48,500 francs n'est pas suffisante ; ma réponse est facile, car d'autres réserves sont comprises dans la plupart des sommes qui précèdent.

Ainsi, on doit ajouter pour les cas imprévus, aux 48,500 f. 00 dont s'agit :

65,194	71	portés (t. ii. p. 85), *pour le même objet*, dans l'article de la restauration de l'aqueduc depuis Nimes jusqu'à Lafoux ;
25,646	79	réservés, *au même titre* (t. ii. p. 196), sur la restauration de l'aqueduc romain de Lafoux au Pont-du-Gard,
10,000	00	portés, dans le présent chapitre, pour éventualités, à l'article *du barrage* ; et
6,000	00	pour dépenses fortuites, portés ci-contre à l'article de la *pose des machines*.

155,341 f. 50

Notre réserve est donc en réalité de 155,341 f. 50, ou près de huit pour cent de l'estimation des dépenses ; il n'est pas d'usage d'en mettre autant.

V.

Force hydraulique.

Quant à la force hydraulique dont on pourrait disposer, — il n'est pas douteux qu'aux étiages extrêmes, *en aval de Lafoux*, il ne fût impossible *de prendre plus d'un mètre cube d'eau*,

Parce qu'on a vu des époques où la rivière n'en roulait qu'un mètre et demi *sur ce point*;

Mais il n'en est pas de même *entre le Pont-du-Gard et Collius*.

Ici, une grande partie de l'eau ne se perd point sous les graviers;

Ici, l'on peut dériver tout le courant; car les besoins *presque nuls* des riverains, seront satisfaits avec les sources, les ruisseaux qui existent sur ce parcours, avec les filtrations qui suivent les fentes des rochers, avec les pertes qu'on observe toujours au travers et au-dessous des barrages les mieux faits.

Les filtrations sous le sable, les fuites au travers de la chaussée n'ont pas été tenues en compte lorsqu'on a jaugé la rivière, en 1822, *au moulin de Lafoux*. Entre Collias et le Pont-du-Gard, l'eau que le barrage ne pourra retenir sera toujours visible sur le fond rocheux de la rivière, tandis qu'à Lafoux elle se perd sous la masse des graviers. Entre Collias et le Pont-du-Gard, nous pourrons toujours dériver le mètre cube et demi par seconde qu'il nous faut pour faire marcher nos appareils comme nous le désirons.

Pendant les étés ordinaires, nous pourrions même prendre deux mètres cubes sans inconvénient; mais ce n'est nullement nécessaire, car, comme on le verra par la note C, avec un mètre et demi cubes, chutant d'une hauteur de huit mètres, nous pouvons élever six cent trente pouces d'eau à quarante mè-

tres au-dessus de la ligne de flottaison de notre canal
d'amenée , ce qui est la hauteur de l'ancienne surface
de l'eau dans l'aqueduc romain à la traversée du
Pont-du-Gard. Cette fourniture nous paraît suffisante
pour Nîmes , dans les plus grandes sécheresses.

Aux étiages ordinaires , on pourrait élever huit cent
quarante pouces d'eau dans l'aqueduc avec deux mètres cubes de force motrice , et cette faculté n'est pas
à dédaigner ; toutefois, il me semble plus sage de
n'établir les prévisions que sur la quantité qu'on peut
obtenir *au moment où la disette est la plus grande.*

Je me fixe donc à une dérivation de un mètre cube
et demi , à une chute de huit mètres , et à un produit
de six cent trente pouces d'eau versés dans l'aqueduc,
non compris celle du parcours.

CONCLUSION.

On le voit , il est possible de donner à la ville, *pour
deux millions* , la quantité d'eau dont elle a besoin ,
c'est-à-dire , environ *six cent cinquante pouces.*

Il est possible , avec cette dépense , de pousser la
restauration de l'aqueduc romain au-delà du Pont-
du-Gard , *de rétablir les deux tiers de sa longueur*
entre Nîmes et Uzès.

Six cent trente pouces seront fournis positivement
par un seul établissement hydraulique et passeron
sur l'arcature antique.

Nous ne comptons les sources du parcours *que
pour vingt pouces* ; assurément elles donneront da-

vantage ; elles fournissent plus de trois cents pouces pendant six mois de l'année.

Six cent cinquante pouces, c'est ce qu'il faut à la ville pour qu'elle soit au nombre des cités libéralement dotées....

C'est plus du double de ce qu'elle a demandé, et cette quantité peut lui être fournie, sans outrepasser la somme fixée par le conseil municipal.

Par la restauration des deux tiers de l'aqueduc romain, on se place, de prime abord, à seize mille mètres seulement de distance d'Uzès, après avoir rétabli plus de trente-trois mille mètres de ce canal...

C'est laisser bien peu à faire à nos successeurs pour accomplir une œuvre immortelle.

Est-il possible de trouver, *dans la limite du crédit municipal*, un moyen plus noble, plus productif, plus simple, plus durable, d'un entretien moins coûteux pour l'avenir, *préférable en un mot*, à celui que je propose aujourd'hui ?

Je ne le pense pas.

La restauration complète de l'aqueduc, depuis Nimes jusqu'à Uzès, *me paraîtrait seule plus désirable* ; mais, en dehors de ce moyen qu'on n'osera peut-être pas tenter de longtemps, mon projet, j'ose le dire, me paraît bien supérieur à tous ceux qui ont été produits jusqu'à ce jour.

Est-ce une illusion qui m'abuse ? je ne puis le croire.

J'assure six cent cinquante pouces d'eau pour deux millions ; —la ville veut-elle faire une grande économie , sans rien perdre sous le rapport de l'agrément, des avantages industriels et de la salubrité? Elle peut vendre ou louer la moitié de cette fourniture *dans son enceinte*, et retirer ainsi, en défalcation de ses déboursés, *un million en capital*, ou, plus facilement peut-être, l'intérêt de cette somme.

Elle n'aura donc dépensé, en réalité, *que la moitié de ce qu'elle a offert pour avoir trois cents pouces d'eau, tandis qu'une quantité de liquide, plus que double, se répandra dans ses murs.*

Le déboursé d'UN SEUL MILLION paraîtra-t-il trop considérable? qu'on s'en tienne alors au mode de restauration de l'aqueduc tracé par M. Dombre ; qu'on renonce aux eaux du parcours, au franc-bord à acheter, aux autres améliorations que j'ai conseillées, et que je crois toujours très-utiles ; on obtiendra encore, dans ce système économique, six cent trente pouces pour dix-huit cent mille francs ; et si, pour pousser l'épargne jusqu'à ses extrêmes limites, on aliène trois cent trente pouces moyennant un million, la ville ne dépensera, en dernière analyse, *que huit cent mille francs pour les trois cents pouces qu'elle a demandés.*

UN TRAITÉ QUELCONQUE A FORFAIT LUI FERAIT-IL DES CONDITIONS MEILLEURES ?

Mais nous avons une espérance de plus. Le gouvernement ne donnera-t-il RIEN, pour la restauration de l'œuvre romaine? Ne se chargera-t-il pas du moins de réparer, à ses frais, le Pont-du-Gard , *classé comme monument national* , de restaurer ses abords?

La ville n'obtiendra-t-elle pas de lui *deux cent mille francs* pour cela ?

Avec une allocation aussi modique , la dépense réelle de Nimes , pour ses eaux , se trouverait réduite A SIX CENT MILLE FRANCS , comme on le verra d'une manière positive dans le tableau suivant :

Montant total de mon projet actuel , donnant au moins 650 pouces d'eau, ci......... 2,000,000 f.

Si nous supprimons l'achat des eaux du parcours , et les améliorations que j'ai cru devoir ajouter au devis de M. Dombre sur la restauration de l'aqueduc romain, il ne nous restera que six cent trente pouces d'eau , mais nous économiserons..................... 200,000

(1) Reste en dépense..... 1,800,000 f.

Si , sur les six cent trente pouces

---

(1) On ne doit pas oublier que sur ces 1,800,000 fr.

800,000 fr.	sont des estimations de M. l'ingénieur Dombre ;
250,000	une offre d'exécution à forfait de M. Abadie ;
48,500	une somme à valoir ;
221,500	des indemnités.

1,300,000 fr.

Il ne reste plus que 500,000 fr. en estimations qui n'aient pas reçu la sanction d'hommes spéciaux ; elles seront bientôt vérifiées, je l'espère ; mais , en attendant, on peut voir que le champ des erreurs possibles n'est pas très-considérable, surtout lorsqu'il s'agit de travaux pour lesquels j'ai pris pour point d'appui , les estimations de MM. Dombre et Surell sur des objets analogues.

Report . . . . 1,800,000 f.

d'eau que la ville recevra , elle en vend
ou loue trois cent trente pouces , *pour
être utilisés dans son enceinte* , elle en
retirera facilement 1,000,000

Reste en dépense . . . . . 800,000 f.

Si elle obtient un secours du gouver-
nement de 200,000

Elle n'aura dépensé , en réalité , que. 600,000 f.

Pour avoir les trois cents pouces municipaux , et
pour trois cent trente pouces de surplus qui , bien
que vendus à des particuliers , n'en concourront pas
moins à sa prospérité.

—————

Chercher le moyen le plus économique et le plus
productif de fournir de l'eau à la ville de Nimes , —
tel est , depuis quatre ans , le but constant de mes
efforts.

Si je l'ai atteint aujourd'hui , j'ai fait à la critique
la réponse la plus utile.

Ce n'est pas au moment , où , *tout en doublant la
quantité d'eau que la ville de Nimes désire* , je par-
viens , du même coup , *à une économie évidente de
quatorze cent mille francs* , que je me préoccuperai
d'objections réfutées d'avance en plusieurs endroits
de mes écrits ; j'y reviendrai peut-être quand j'au-
rai terminé sur des choses plus importantes.

Ces objections ne m'empêchent pas, comme on le voit, de *modifier* mes projets et mes plans ; — car, lorsqu'à mes yeux, un changement doit produire un perfectionnement quelconque, ma conscience le trouvant légitime, un amour-propre mal placé ne m'arrêtera jamais.

Anduze, le 19 juin 1846.

NOTES SUR LE CHAPITRE TROISIÈME.

NOTE **A.**

Dimensions des canaux d'amenée suivant leur pente.

Canal d'amenée de M. Surell.

Longueur du canal.......................... 9,226 ^{m} 00

Largeur { au fond, 5 00 } { à la surface, 7 50 } 10 ^{m} 50

Moyenne...... 5 ^{m} 25 } section 7 ^{m}q 85
Profondeur d'eau........... 1 50 }

Pente. — Dès l'entrée par kilom. 0 ^{m} 420 } total 1 ^{m} 20
Pour le reste du canal *Id.* 0 096 }

Vitesse par seconde, 0 ^{m} 40

Débit maximum par seconde, 5 mètres cubes.

Canal d'amenée du premier Projet-Teissier.

Longueur du canal .... 4,147 ^{m} 00

Largeur de la partie maçonnée, 6 ^{m} 00 } section.. 6 ^{m}q 00
Profondeur d'eau........... 1 00 }

Partie non maçonnée.

Largeur au plafond, 5 ^{m} 00 } 15 ^{m} 00
A la surface, 8 00 }

Largeur moyenne........... 6 ^m 50) section..   6 ^m q 50
Tirant d'eau............... 1   00)

Pente uniforme, par kilom. 0 ^m 14, total 0 ^m 58 ;

  en nombre rond...........................   0 ^m 60

Vitesse par seconde, 0 ^m 51.

Débit, plus de 5 mètres cubes par seconde.

Canal d'amenée du dernier Projet-Teissier.

Longueur du canal...................... 4,500 ^m 00

Largeur uniforme, tout le canal étant

  maçonné............... 4 ^m 00) section..   4 ^m q 00
Tirant d'eau............ 1   00 (

Pente uniforme par kilom. 0 ^m 20. Total.......   0 ^m 86

Vitesse par seconde, 0 ^m 58.

Débit, deux mètres et un tiers cubes par seconde, tandis que nous n'avons besoin que d'un mètre cube et demi pour force motrice, comme on peut le voir à la note C.

NOTE B.

Percés dans le rocher.

J'ai porté à cent cinquante-six mille francs, c'est-à-dire à cent vingt francs le mètre courant, le percé de la colline qui se trouve entre la chapelle St-Pierre et le Pont-du-Gard : on obtiendra certainement une économie notable sur ce prix.

La longueur de ce souterrain sera tout au plus de treize cents mètres, sa hauteur de deux mètres, et sa largeur de cinq. Ces dernières dimensions donnent dix mètres cubes d'excavation pour un mètre d'avancement ; à cent vingt francs le mètre linéaire ou courant de percé, le mètre cube reviendra donc à douze francs, ce qui, *dans une roche de cette nature*, est évidemment trop fort, comme je vais le démontrer.

Voici, d'après M. Combe (*Traité de l'exploitation des mines* t. 1. p. 282 à 404), le prix par mètre cube, des excavations souterraines dans diverses espèces de rocher, tous plus durs que celui que doit traverser notre canal d'amenée, et où les difficultés étaient aussi grandes pour se débarrasser des déblais.

« Sur une largeur de 1 ^m 50 et 2 mètres de hauteur, dit cet ingénieur habile, le prix du mètre courant varie dans des limites fort étendues, suivant la nature, la dureté, la texture de la roche ; mais il est rarement supérieur à 100 fr. ou inférieur à 25 francs.

« Ce qui donne :

Pour le prix maximum du mètre cube ci . . . . 33 f. 33

Pour le prix minimum. 8   33

Et pour le prix moyen 20   83

Le prix moyen de onze relevés, faits dans les mines de Vourry, d'Alais, de Decazeville, de Faymoreau, de Mansfeld, de Mangenstern, a été de 20 fr. 73 c., dans des roches dont plusieurs étaient très-dures, pour des galeries à petite section, profondes, et d'où les matériaux devaient être transportés à plusieurs centaines de mètres. »

Dans les mêmes conditions, M. Daubuisson a trouvé une moyenne de 21 fr. 69 c. aux mines des environs de Freyberg ; mais, comme on n'exploite aucune mine dans un terrain plus favorable que la formation tertiaire qui nous occupe, il en résulte que ce n'est ni le prix *maximum*, ni même le prix moyen, mais, tout au plus, le prix *minimum* de tous ceux indiqués par MM. Combe et Daubuisson que nous devons prendre.

A St-Etienne, le prix du mètre cube, en petite galerie, varie de 7 à 13 fr. dans le tendre.

« Suivant un vieux mineur, qui avait beaucoup voyagé, dit » M. Brard (*Elémens d'Exploitation*, p. 564), le mètre cube » coûte, terme moyen, en galerie taillée en voûte :

» Dans le quartz pur . . . . 33 f.

» Dans le quartz mêlé de pyrites 25

» Dans le calcaire compacte, sans mises ni fentes 8

» Avec mises et fentes 7

» Dans le grès grossier de 6 à 5

» Dans le grès tendre 4

» Dans le schiste argileux . . . . 3 »

Les trois dernières roches de cette nomenclature sont celles qu'on doit assimiler au calcaire tertiaire du Pont-du-Gard.

Dans les mines de lignite de Provence, les mineurs foncent des galeries inclinées, de 2^m de hauteur et de 1^m 55 de large seulement, taillées en voûte, dans le calcaire lacustre, à douze francs le mètre cube (Brard, l. c.).

Mais, quand la galerie s'agrandit, le prix du mètre cube d'excavation diminue; ainsi, la moyenne de divers percés pour routes, canaux, chemins de fer, en France et à l'étranger, est de 15 fr. 20 c.

Le souterrain d'Alzon a 400 mètres de longueur et 44 mètres carrés de section; l'adjudication fut passée à raison de 775 fr. le mètre courant, mais la dépense définitive est de 820 fr., à cause de circonstances imprévues. Le prix du mètre cube de déblai s'élève donc à 18 fr. 64, tout compris, *dans une roche dure et ébouleuse.*

A Ners, pour le chemin de fer, les déblais de rocher calcaire (*néocomien*) ont coûté 10 fr. le mètre cube pour les grands percemens; on y a fait quelques galeries qui sont revenues à 15 francs le mètre cube, à cause de la mauvaise nature de la roche.

Il résulte de tout ce qui précède, que, dans les galeries à petite section, le prix du mètre cube peut aller de 55 francs à trois francs, suivant la nature de la montagne; — or, comme la section de notre galerie ne sera pas petite mais moyenne, — comme le terrain à exploiter est dans la classe la plus favorable, — c'est sur les prix les plus bas que nous devons placer nos prévisions; et, encore une fois, *notre estimation de douze francs par mètre cube est beaucoup trop forte.*

NOTE **C.**

Volume de la fourniture d'eau.

Voici le tableau des diverses quantités d'eau qu'on peut fournir à Nimes, — suivant le volume d'eau motrice qu'il sera permis de dériver du Gardon, — suivant la hauteur qu'on donnera à la chute, — et celle à laquelle on voudra porter l'eau au moyen des pompes. La *turbine* sera l'organe qui transmettra aux pistons l'action de l'eau chutante.

1º Dérivation d'un mètre cube par seconde.

Eau montée dans l'aqueduc romain à LAFOUX.

Une chute de	4^m donnera à 46^m de hauteur	180 pouces.
— de 6	à 44	290
— de 8	à 42	400
— de 10	à 40	550
— de 12	à 58	670

Eau montée dans l'aqueduc romain au PONT-DU-GARD.

Une chute de	4^m donnera à 44^m de hauteur	190 pouces.
— de 6	à 42	305
— de 8	à 40	420
— de 10	à 58	555
— de 12	à 56	705

Ce serait le produit des plus grandes sécheresses, des étiages tels que celui de 1822 qui ne reparaissent que de siècle en siècle. Le Gardon ne débitant alors que 1^m 50, il est clair *qu'entre le Pont-du-Gard et le Mas-Duleau*, l'administration ne pourrait pas permettre de dériver plus d'un mètre cube ; mais, *entre Collias et le Pont-du-Gard*, une fois le propriétaire de St-Privat indemnisé et le bief d'amenée se trouvant placé sur la rive gauche, il n'y aurait aucun inconvénient à prendre toute l'eau.

En réalité, notre entreprise ne serait jamais réduite à cette dérivation *minimum* d'un mètre cube par seconde ; nous serions placés constamment dans la catégorie suivante :

2° Dérivation d'un mètre et demi cubes par seconde.

Eau montée dans l'aqueduc romain à LAFOUX.

Une chute de   4^m donnera à 46^m de hauteur 275 pouces.

— de 6	à 44	430
— de 8	à 42	600
— de 10	à 40	800
— de 12	à 38	1,000

Eau montée dans l'aqueduc romain au PONT-DU-GARD.

Une chute de   4^m donnera à 44^m de hauteur 285 pouces.

— de 6	à 42	450
— de 8	à 40	630
— de 10	à 38	840
— de 12	à 36	1,055

Cette dérivation pourrait être opérée *partout, sans trop d'inconvéniens aux étiages ordinaires,* c'est-à-dire , quand le Gardon débite de deux, à deux et demi mètres cubes ; mais , *entre Collias et le Pont-du-Gard,* aucune conséquence fâcheuse n'en pourrait jamais résulter, *même quand un mètre et demi cubes seraient toute l'eau de la rivière.*

3° Dérivation de deux mètres cubes par seconde.

Eau montée dans l'aqueduc romain à LAFOUX.

Une chute de   4^m donnera à 46^m de hauteur 560 pouces.

— de 6	à 44	580
— de 8	à 42	800
— de 10	à 40	1,060
— de 12	à 38	1,350

Eau montée dans l'aqueduc romain au PONT-DU-GARD.

Une chute de   4^m donnera à 44^m de hauteur 370

— de 6	à 42	605
— de 8	à 40	840
— de 10	à 38	1,115
— de 12	à 36	1,225

Sur tout le cours du Gardon, on pourrait dériver cette masse d'eau *pendant neuf mois* de l'année ; mais, *à l'étiage*, il n'y aurait moyen de la trouver que pendant les années très-pluvieuses ; il ne conviendrait même alors de prendre deux mètres cubes par seconde, *que sur un parcours désert*, tel que celui que nous avons adopté pour notre bief d'amenée.

(*N. B. — Les calculs qui précèdent sont extraits d'une* Note *que M. Abadie nous a remise, avec ses prix pour les machines, l'offre d'exécution et de garantie.*)

Après avoir fait connaître ici les propositions de M. Abadie, je dois prouver, par le calcul, que leur réalisation est possible, qu'elles ne sont point en opposition avec les faits et les principes admis par les auteurs qui font autorité en hydraulique. Sanctionnées par la science, elles ont de plus, pour garantie de leur fidèle exécution, l'habileté éprouvée du constructeur.

N'ayant à m'occuper que de la seule hypothèse qui nous intéresse dans ce chapitre, je vais chercher :

Quelle est la quantité d'eau qu'on peut élever

A quarante mètres de hauteur,

Au moyen de turbines,

De pompes à pistons plongeurs,

Avec un mètre et demi cubes d'eau motrice par seconde

Et une chute franche de huit mètres.

D'après MM. Daubuisson, Armengaud, Bourgery, Sonnet, Morin, — le travail mécanique de la turbine Fourneyron varie entre les 70 et les 80 centièmes de celui dont le moteur est capable ; en d'autres termes, ces machines transmettent un effet utile, net, égal à 0.70, et même souvent à 0,80 du travail absolu dépensé par le moteur. (Voyez *Elém. d'hydraulique*, p. 454.— *Guide de mécanique pratique*, p. 511. — *Elémens de mécanique*, p. 111. — *Mécanique appliquée*, p. 500 — *Aide mémoire de mécanique*, p. 227.

Pour nous mettre à l'abri de toute déception, nous prendrons le minimum de l'estimation de ces auteurs, *et nous ne comple-*

rons pour *l'effet de la turbine que sur* 70 *pour cent de la force du courant* (1).

Quant aux pompes à pistons plongeurs, les mêmes auteurs pensent qu'on obtient *de* 75 *à* 92 *pour cent du travail moteur développé sur la tige du piston.* (Daubuisson, p. 469, 470, 526. — Armengaud, p. 152. — Sonnet, p. 341. — Combe, *Elémens d'exploitation*, t. III, p. 431 et 435).

« On ne s'expose pas à commettre une erreur préjudiciable dans la pratique, dit ce dernier ingénieur (l. c. p. 442), en admettant, que, pour des pompes à piston plein qui seraient bien établies, bien entretenues, et mises en mouvement par des roues hydrauliques imprimant aux maîtresses tiges une vitesse inférieure à 0,40 par seconde, le travail absorbé par les résistances passives de tout genre inhérentes au jeu des pompes, sera généralement compris entre les quinze centièmes et les vingt centièmes du travail utile effectif, *mesuré par le produit de l'eau réellement élevée, et par la hauteur à laquelle ce volume d'eau est porté.*

« Quant au déchet des pompes de ce genre, il est généralement inférieur à dix pour cent du volume engendré par l'excursion des pistons.... »

Comme nous l'avons fait pour la turbine, nous admettrons encore ici le *maximum* de perte ou le *minimum* d'effet, et nous ne compterons en produit que les soixante et quinze centièmes du travail moteur développé sur les tiges des pistons.

Un mètre cube et demi, tombant de huit mètres de hauteur, équivaut à 12 m. c. tombant de 1 m., par seconde, soit, par minute . . . . 720 mètres cubes,

Par heure 43,200

Par jour 1,036,800

(1) Les turbines de Burdin, moins avantageuses que celles de Fourneyron, donnent cependant de 0,65 à 0,75 pour cent de la force motrice. — *Annales des mines*, 1828. — Coriolis, *Traité de l'effet des machines*, in-4° 1844, p. 359.

Les turbines utilisant au moins les soixante-dix centièmes de cette force de notre chute d'eau, nous aurons sur leur axe une puissance de 725,760 mètres cubes chutant d'un mètre, ou 725,760,000 kilogrammètres par jour.

L'ensemble des résistances passives et pertes occasionnées par le jeu des pompes sera de 25 p. 0|0 ou un quart de ce travail, et par conséquent, le volume d'eau élevé, par jour, à quarante mètres au-dessus du bief d'amenée, sera donné par l'équation :

$$x \times 40 = 3|4 \times 725,760 \text{ , qui revient } x = \frac{3|4 \times 725,760}{40} =$$

13,608 m. c. = 680 pouces.

Le calcul ci-dessus, *où toutes les données* tendent au *minimum* de fourniture, nous amenant cependant à un résultat de *six cent quatre-vingts pouces*, on voit que M. Abadie a pu, très-raisonnablement, en promettre *six cent trente* seulement.

CHAPITRE IV.

*Suite de la comparaison entre l'emploi d'un moteur
hydraulique et celui de la vapeur.*

Dans le chapitre huitième de la première livraison
de ce volume, je n'ai pas hésité à reconnaître : —
que si, pour la fourniture des eaux de Nimes, on était
forcé d'employer la machine à vapeur, le système
de Cornouailles méritait incontestablement la préférence ;

Mais j'ai dit en même temps : — qu'on attribuait à
ces machines des avantages exagérés qui ne se réa-
liseraient certainement pas à Lafoux , et que , dans
tous les cas, il fallait bien se garder de mettre ces
artifices sur la même ligne que la force hydraulique ,
c'est-à-dire , qu'un moteur naturel , incessant et
gratuit.

A l'appui de cette opinion, j'ai invoqué l'autorité
de plusieurs ingénieurs des ponts-et-chaussées et des
mines, de plusieurs savans ou praticiens, tels que
MM. Daubuisson , Mallet , Favier , Fourneyron ,
Combe, Genyeis, de La Gorce , Puvis, Dumont ,
Tredgolt , Abadie , Janvier, Lalanne , Renaux , Du-
chêne , Jordan , Pouillet , Arago , Pigeon , Chatelus ,
Bergeron. (*Voyez* t. ii, p. 207 à 272 , et notes , p. 307
à 345.)

Cette question, *de la comparaison de la force hy-draulique et de celle de la vapeur*, était d'une impor-tance trop grande pour que je ne dusse pas en faire l'objet principal de mes études pendant le temps qui me restait encore jusqu'au rapport de la Commission.

J'ai donc rassemblé de nouveaux documens; j'ai sollicité l'avis des hommes les plus compétens dans la science, de MM. les ingénieurs des mines en particu-lier, parce que leurs travaux les obligent souvent à employer des moyens énergiques pour se débarasser, à de grandes profondeurs, des eaux qui envahissent leurs fouilles souterraines; et je suis heureux de pouvoir encore, dans ce chapitre, donner à l'appui de mes idées les approbations les plus honorables.

Je vais exposer d'abord ce que j'ai trouvé dans les publications récentes de MM. Coriolis, de Pambour, Grouvelle et Jaunez, savans et praticiens d'un grand mérite;

Je ferai connaître après les opinions de MM. Wicksteed, Hawksley, Robert-Thom, et ce que MM. Diday, de Gasparin, de Billy, Dumas, Gaymard, Moisson-Desroche ont bien voulu m'écrire;

Je donnerai enfin, d'après des documens officiels récens, la note de ce que consomment actuellement les machines à vapeur employées par la ville de Paris pour élever l'eau de la Seine.

I.

« Les machines de Cornouailles, disait M. de Pam-bour il y a quelques années, ne sont qu'une modification des machines de Watt à simple effet. Toute la différence consiste en ce qu'on emploie la vapeur à la pression totale de 50 à 55 livres au lieu de 16 à 18 livres par pouce carré, et en ce que la détente y est portée beaucoup plus loin, attendu qu'on y arrête souvent l'arrivée de la vapeur dans le cylindre après que le piston a parcouru un dixième seulement de sa course.

« Lorsqu'on emploie une force suffisante dans la chaudière, et qu'on porte assez loin le principe de la détente dans une machine de Cornouaille, on peut en obtenir un effet utile, à-peu-près triple de celui qui serait produit dans une machine de Watt par la même quantité d'eau vaporisée.

» La comparaison faite par le calcul entre une machine de Watt et une de Cornouailles qui consommeraient la même quantité de combustible par heure, prouve la supériorité de ces dernières. C'est donc à tort que leurs effets, considérés comme si extraordinaires, ont été quelquefois réputés incroyables ; *le calcul montre que ces résultats sont possibles....* » (*Théorie de la machine à vapeur*, p. 245, 334, 345, in-8° 1839).

Plus tard, dans la seconde édition de son ouvrage (in-4° 1844, p. 489 à 494), notre habile académicien est revenu sur le même sujet.

» La supériorité des machines de Cornouailles tient à trois ordres de causes, dit-il :

» A la forme et aux dimensions des chaudières ;

» A la perfection de la machine à vapeur elle-même,

à laquelle viennent se joindre les soins minutieux et l'habileté avec lesquels on surveille son entretien et sa marche;

» Enfin, a la perfection des pompes d'épuisement.»

« 1° Avec les chaudières *Vaggon* en usage pour les machines de Watt, il faut de 7 liv. 24 à 8 liv. 4 de houille de première qualité pour vaporiser 62 liv. 5 d'eau ; — dans la chaudière à foyer intérieur employée aux machines de Cornouailles, la même vaporisation n'exige, en général, que 6 liv. 75 de houille et même quelquefois 6 seulement. Il y a donc, sous ce premier rapport, une différence assez considérable entre les deux espèces de machines. La construction du foyer et de la chaudière, la manière de conduire le feu entrent pour beaucoup, dit M. Coriolis, dans l'économie du travail. (*Calcul de l'effet des machines*, in-4° p. 290).

» 2° On connaît les précautions extraordinaires prises en Cornouailles contre la déperdition de chaleur; — les chemises en bois des machines, les revêtemens en feutre, en sciure de bois, cendres tamisées, les doubles cylindres avec vapeur interposée, et même avec un foyer de combustion au-dessous de ceux-ci.

» On sait avec quel soin on recueille toute eau déjà chauffée, toute vapeur qui tend à s'échapper ;

» Avec quelle perfection les machines sont fabriquées, surtout les pistons et les soupapes ;

» Avec quelle attention le tout est entretenu.

» On connaît la grande puissance et les dimensions énormes de ces appareils ;

» Mais une des causes de leurs produits extraordinaires, c'est le vide du condenseur, poussé plus loin
que pour les autres machines, *par la raison qu'on
ne ménage pas l'eau froide, attendu qu'on ne cherche
qu'à élever celle qui submerge les travaux des mines,
pour la rejeter au dehors.....*

» Ce qui constitue encore mieux les avantages de
ces machines, c'est la détente de la vapeur poussée
très-loin..... *Quand la charge le permet*, on arrête
l'arrivée de la vapeur dans le cylindre après $1|5$,
$1|6$, et même $1|10$ seulement de la course à parcourir.
On doit remarquer en effet, que, dans les machines
de Cornwall, la pression dans la chaudière étant très-
considérable, la vapeur peut pénétrer dans le cylindre, au commencement de la course du piston, avec
une pression de beaucoup supérieure à la résistance
du contrepoids ; or, on sait que la pression *moyenne*
de la vapeur, pendant la course, n'a besoin que d'être
égale à la résistance qui lui est opposée ; donc, à la
fin de la marche du piston, la vapeur peut se trouver
dans le cylindre à une pression beaucoup plus faible
que la résistance qu'elle a à soulever. Ainsi, dans ces
machines il y a très-peu de force non utilisée, puisque la vapeur en sort avec une pression très-faible,
ou, si l'on veut, en emportant avec elle une quantité
de calorique très-peu considérable, ce qui n'aurait
pas lieu si, comme dans les machines sans détente, la
vapeur agissait pendant toute la course du piston
avec une pression égale à la résistance qu'elle sur-
monte.....

» 3° Enfin, relativement au travail des pompes d'épuisement, *il faut remarquer qu'avec les autres machines*, et avec les machines de Watt à simple action, en particulier, on emploie des pompes à clapets ; tandis que dans les machines de Cornouailles, comme l'épuisement se produit pendant la chute du contrepoids, ou pendant la descente de la tige des pompes, celles-ci, hors celle du fond, sont toujours des pompes foulantes *à plongeurs*; or, on sait que ces pompes ont beaucoup moins de frottement que les pompes élevatoires, parce que les *plongeurs* agissent sans clapets et sans garniture de cuir. En outre, comme les pompes à plongeurs ne peuvent éprouver aucune fuite qu'elle ne soit aussitôt visible au-dehors, — qu'il suffit, pour l'empêcher, de serrer les écrous de l'étoupage, — et enfin, que les *plongeurs* n'ont point de clapets qui permettent à l'eau de retomber après avoir été élevée, il s'en suit que ces pompes laissent perdre une moindre portion de l'effet utile réellement produit par la vapeur... »

II.

Telles sont les opinions de M. de Pambour, qu'on peut regarder comme une véritable apologie ; nous sommes loin d'en contester la valeur ; cependant plusieurs points réclament des explications que nous donnerons successivement.

Le calcul prouve que les effets attribués aux machines de Cornouailles sont possibles, et la réalisation de ces effets tient à la perfection de leur construction, aux soins éclairés et vigilans qu'on leur prodigue ; telle est l'idée que s'en est faite notre savant compatriote. L'Anglais Wicksteed nous dira bientôt quels sont les résultats *vrais* de l'expérience ; mais qu'on nous permette, avant, une observation qui nous semble importante.

Ne devons-nous pas faire remarquer que les pompes *à plongeurs* n'appartiennent nullement, d'*une manière exclusive*, aux machines à vapeur de Cornouailles ? que ce sont choses distinctes et séparables ? Ces pompes peuvent être mises sous la dépendance de tout autre système de machines à vapeur, elles peuvent être liées à un moteur quelconque, soit animé, soit aérien, *soit hydraulique* ; de sorte que, dans ces différentes combinaisons, on profite de leurs avantages sans se soumettre aux inconvéniens de la vapeur.

C'est donc à tort qu'on en fait comme une partie intégrante de la machine de Cornouailles et qu'on cumule leurs avantages respectifs, tandis que, pour arriver à une supputation équitable, il faut, au contraire, séparer, soustraire, déduire, mettre fin à la confusion des deux effets, pour assigner à chaque appareil son action et son mérite réels. Nous verrons, tout-à-l'heure, que cette pensée, si naturelle, s'est présentée à l'esprit de M. l'ingénieur Diday comme au nôtre.

En nous en tenant donc exclusivement à l'artifice moteur lui-même, à ce qui constitue la machine à vapeur de Cornouailles, nous allons donner l'opinion de MM. Grouvelle et Jaunez, fondée sur leur pralique, et sur les expériences de M. l'ingénieur Wicksteed qui, dans un des grands établissemens hydrauliques de Londres, celui d'Oldford, fait fonctionner concurremment une machine puissante de Cornouailles avec une autre d'un système différent, mais d'une très-bonne exécution, à l'effet d'élever de la Tamise des eaux potables destinées à la cité.

III.

« Depuis longtemps, disent MM. Grouvelle et Jaunez (*Guide du Chauffeur*, in-8°, 1845, p. 98, 141, 384 à 394), on cite comme extraordinaires les résultats obtenus avec les machines de Cornouailles, on les a même exagérés hors de mesure et de raison.

» Le travail remarquable de M. Wicksteed, fait avec le talent d'un expérimentateur habile et la rigueur des bonnes méthodes scientifiques, a jeté le plus grand jour sur une question obscurcie par les exagérations des enthousiastes et des détracteurs de ces appareils.

» Suivant cet auteur, les grandes chaudières de Watt et de Boulton, donnent un produit en vapeur très-rapproché de celui des chaudières de Cornouailles ; c'est-à-dire que les premières, en travaillant jour et nuit et couvertes, donnent 8 k. 16 de vapeur pour 1 de bonne houille, quand les dernières arrivent de 8,30 à 8,50. La principale cause de ces beaux résultats est dans les vastes dimensions des appareils, et malgré que les dispositions de ceux de Cornouailles soient bonnes et bien étudiées, il est prouvé que

leurs produits sont peu au-dessus de ceux de géné-
rateurs différens, quand on donne à ceux-ci les proportions colossales des autres (p. 584 à 386).

» Les chaudières du Cornwall consistent en un
énorme cylindre de 2 m. 55 de diamètre et 12 ou 15
mètres de longueur, ayant un vaste foyer intérieur de
1 m. 50 de diamètre. La flamme parcourt toute la
longueur de ce tuyau intérieur, revient par dessous la
chaudière, et retourne à la cheminée par deux canaux latéraux. Toute la partie supérieure de la chaudière est soigneusement enveloppée de briques ; la
grille a 1 mètre carré pour 51 kilogrammes de houille
brûlée environ, et pour 44 mètres de surface de
chauffe, ce qui donne 6 kil. 20 d'eau évaporée par
1 mètre carré de chauffe (p. 588).

» Quant au produit en vapeur de 1 kilogramme de
houille, on l'avait porté jusqu'à dix et onze kilogrammes dans des expériences imprimées plus d'une fois.
M. de Pambour adopte à peu près ces nombres
comme nous l'avons déjà dit ; mais M. Wicksteed a
trouvé que les chaudières du Cornouailles, travaillant jour et nuit et sur plusieurs milliers de livres de
combustible, *n'évaporaient que* 8,65 *d'eau avec la
meilleure houille*, *et* 8,228 *en moyenne* ; *encore fallait-il prendre l'eau à* 26 *d.* 9 *centigrades*. Dans ces
expériences, toute l'eau employée à alimenter les
chaudières était rigoureusement *pesée et jaugée*.

» On a imprimé plus récemment que, dans l'expérience la plus positive que l'on ait faite sur les géné-
rateurs de Cornouailles, 1 de houille évaporait 9,555

d'eau.... *Mais cette eau était prise à 59 degrés centigrades.* Il y a donc là une correction grave à faire pour rendre ces résultats comparatifs avec la manière de calculer en France où l'on prend l'eau à évaporer, *non pas à 29, ni à 59 degrés, mais à douze degrés, température des puits.* Or, personne ne nous avait appris encore, observent très-bien MM. Grouvelle et Jaunez, que quand, dans le Cornouailles, on comptait 9 kilogrammes d'eau évaporée par 1 de houille, c'était, non pas de l'eau à la température des puits, mais de l'eau déjà chauffée à 59 degrés !...

» *Par ce seul fait, les résultats doivent être diminués d'un neuvième.*

» M. Wicksteed réclame une autre réduction provenant de la différence entre le cube réel d'eau monté par chaque coup de piston et le volume théorique déduit des dimensions de celui-ci et de sa course ; car, dans les expériences faites dans le Cornouailles, l'eau évaporée se mesure par le nombre des coups de piston de la pompe alimentaire, son diamètre et sa course, *sans aucune réduction*, quand l'expérience a prouvé à cet ingénieur qu'il en faudrait une de 5,55 pour cent.

» Dans le chapitre huitième de ma livraison précédente, j'ai déjà dit que la même erreur était commise en supputant la quantité d'eau montée par les pompes d'épuisement ; pour cela, non plus, on ne mesure pas le produit, mais on l'évalue par les dimensions, la course et le nombre de coups des pistons des pompes à plongeurs, ce qui grossit assurément le chiffre bien au-delà de la vérité.

« Une autre cause vient encore augmenter abusivement les résultats proclamés. Les essais étant destinés à la publicité, on a dû choisir pour les faire le meilleur charbon que l'on ait pu trouver ; or, M. Wicksteed a constaté par expérience, que le meilleur charbon du pays de Galles employé dans le Cornouailles, *donnait dix pour cent de plus de vapeur que la meilleure houille de Newcastle.* »

« La qualité du combustible, dit M. Coriolis (*Calcul de l'effet des machines*, p. 290), a une grande influence sur les résultats fournis par les machines à vapeur. Il y a telle qualité de houille qui dégage presque un tiers de chaleur de plus qu'une autre, *ensorte que les produits des machines ne sont réellement comparables que lorsqu'on se sert du même charbon.* »

Dans des expériences comparatives, chose qu'il faut se garder de confondre avec la marche courante d'une usine, M. Wicksteed est parvenu à évaporer dans une chaudière de Cornouailles, avec un kilogramme de houille, les quantités suivantes d'eau prise à 12 d. 5 centigrades, savoir :

Avec 1 kilogramme houille de Galles de première qualité, ... eau 9 k. 284

Id. Antracite.	*id.*	8	816
Id. Newcastle petit, 1ʳᵉ qualité.	*id.*	8	346
Id. Newcastle petit, qual. moyenne.	*id.*	7	896
Id. Galles petit, qualité moyenne. . .	*id.*	7	868

D'expériences faites en France sur des chaudières diverses, il résulte :

Que 1 kil. de houille grasse de Mons a évaporé :

A basse température.............. eau 7 k. 00

A la pression de une atmosphère.... *id.* 6   25

A 4 ou 5 athmosphères............ *id.* 5   00

De la houille très-cassante a donné :

A basse pression.................. *id.* 5   00

A haute pression................. *id.* 4   50

On le voit, ces résultats présentent d'énormes différences, et, comme il est impossible de les attribuer entièrement aux avantages des chaudières de Cornouailles, l'infériorité de qualité de la houille brûlée en France doit contribuer, pour une bonne part, à nous faire comprendre comment un kilogramme de houille ne vaporise souvent chez nous que la moitié de la quantité d'eau qu'il fait passer à l'état de vapeur en Angleterre.

Suivant M. de Pambour lui-même (l. c. in-8°, p. 225 à 226), « les expériences de Sméaton ont démontré : — que les diverses qualités de houille en usage en Angleterre peuvent produire des effets variant dans diverses proportions entre les nombres 86 et 153 ; — en outre, il a trouvé que la houille à l'état de déchet, comme on l'emploie souvent dans quelques usines, comparée à la houille de la même qualité en morceaux de la grosseur d'un œuf, produit des effets dans la proportion de 80 à 100 ; et enfin, que si le feu est mal conduit, chargé en couches trop épaisses et remué rarement, le résultat pourrait

n'être que les 5 sixièmes de ce qu'il serait avec un
feu clair et bien mené.» Ainsi l'on voit, qu'entre les
circonstances les plus avantageuses et les moins favorables, toutes ces causes réunies peuvent produire
un effet définitif dans les proportions de $80_|100 \times$
$5_|6 \times 86_|155 = 45_|100$. C'est-à-dire, qu'il peut y
avoir, en défalcation, une différence de plus de moitié.

La conclusion de MM. Grouvelle et Jaunez, sur ce
premier article, est : « que le produit des chaudières
» de Cornouailles, réputé merveilleux et hors de toute
» limite connue, est, *en réalité, d'après l'expérience,*
» *quand on n'emploie pas une qualité de houille ex-*
» *traordinaire, de 8,25 de vapeur pour* 1 *de combusti-*
» *ble.* » En France, dans les petites chaudières les mieux
montées, on n'obtient que 6,50 et 7 au plus ; cette différence est due surtout aux puissantes dimensions des
chaudières de Cornouailles, aux soins avec lesquels
elles sont enveloppées, beaucoup plus qu'au système,
puisque dans des conditions de construction différentes, mais avec des dimensions et des soins pareils
on a obtenu le même produit (l. c. p. 388).

« Le système de combustion lente des chaudières
de Cornouailles auquel on attribuait des résultats fa-
buleux, en donne selon MM. Grouvelle et Jaunez,
de moins avantageux que la combustion vive, comme
ils l'ont, disent-ils, toujours professé. Les expériences
catégoriques de Wicksteed le prouvent : la com-
bustion lente lui a donné 4 pour $0_|0$ de vapeur de
moins que la combustion vive, en doublant seule-

ment la quantité brûlée , à l'heure, par pied carré de grille (l. c. p. 388).

IV.

« Quant aux machines à vapeur de Cornouailles , prises en elles-mêmes et indépendamment de leurs chaudières dont nous venons de nous occuper , — ces machines , disons-nous , sont toutes de puissantes dimensions ; elles ont des cylindres de 2 m. à 2 m. 20 de diamètre , et 5—20, ou plus, de course de piston. Elles sont à simple effet lorsqu'on les emploie aux épuisemens des mines et au pompage des eaux ; la vapeur n'agit que d'un seul côté du piston et par-dessus pour le faire descendre , en soulevant ainsi, au moyen du balancier , le contrepoids et les trains de pompe qui , par leur pesanteur , en redescendant, abaissent le piston plongeur et remontent les eaux qu'il refoule.

» Les circonstances auxquelles ces machines doivent la supériorité de travail qu'elles donnent sont, à part les dimensions colossales des chaudières avec des surfaces de chauffe, trois ou quatre fois plus grandes que dans des machines ordinaires :

1° L'emploi de la vapeur à trois ou quatre atmosphères et avec des détentes considérables qu'on peut porter à dix fois le volume primitif de la vapeur , et que l'on varie à raison du travail que les machines ont à faire ;

2° De larges soupapes d'admission et d'émission ou vertes instantanément ;

3° L'espace perdu au-dessous du piston réduit à sa moindre limite, soit 1|20me de l'espace de chaque course (pag. 390) ;

4° L'introduction de la vapeur à haute pression dans la chemise qui enveloppe le cylindre : introduction qui paraît donner de remarquables avantages en économie de combustible, et qui sert à mettre en vapeur et à utiliser au travail toute l'eau emportée liquide par la vapeur ;

5° Des précautions infinies pour éviter les pertes de chaleur par le fourneau, les tuyaux d'amener, le cylindre et toutes les parties de la machine ; une grande solidité dans chaque pièce et une rare perfection de construction et d'assemblage (1. c., pag. 393).

» Les machines de Cornouailles sont les premières machines (à feu) d'épuisement, mais elles ne sont pas autant au-dessus des autres qu'on le prétend (1. c., pag. 393).

» Dans les opérations faites sur les lieux, on a estimé, toujours d'après M. Wicksteed, le *Buschel* (mesure de charbon) à 94 livres, quand le poids de cette mesure varie de 80 à 112 livres, et, nous le répétons, *dans des expériences destinées à servir de prospectus,* on a pris certainement les plus fortes mesures.

» Mais une nouvelle cause d'erreur, bien plus grave dans l'établissement des résultats, comparativement à ceux des autres machines, c'est que toutes les grandes expériences qu'on cite ont été faites sur des appareils *nouvellement montés et plus forts nécessairement de beaucoup que le travail qu'ils avaient à exécuter dans le moment.* En effet, dans les puits de mines à mesure qu'ils s'enfoncent, la quantité d'eau augmente en même temps que la profondeur d'où on doit l'extraire, double cause d'accroissement dans l'emploi de la puissance.

» Il en résulte qu'au moment des essais, les machines n'ayant pas le quart ou le dixième de leur charge totale, on leur donne des détentes énormes, de 1 à 10 par exemple, et on obtient ainsi un effet utile, considérable, *mais qui n'est pas l'effet utile réel de la machine à sa charge de règle*, et qui, pour être obtenu constamment avec son économie de combustible, exigerait, comme l'observe très-judicieusement Wicksteed, des dépenses en capital de machines, bien supérieures à l'économie de houille à réaliser. *Aussi, a-t-on partout reconnu dans le Cornwall que l'effet utile des machines diminuait tous les ans, ce qui tient à l'augmentation de leur charge et à la réduction forcée de la détente.* C'est avec la détente que l'effet utile augmente suivant les expériences de Wicksteed (l. c., pag. 594). »

Ce principe est pleinement adopté par M. de Pambour (in-4°, pag. 494) : — « *La différence entre les* » *résultats actuels des différentes machines du système* » *de Cornouailles, provient principalement du degré* » *de détente auquel l'état de la mine permet de faire* » *travailler chacune d'elles ; car on ne peut employer* » *une grande détente que quand la charge est faible,* » *ou la mine encore peu profonde...* »

V.

Il résulte de cette longue digression que , bien que le calcul prouve que les effets attribués aux machines de Cornouailles ne sortent pas de la limite du *possible;*

Bien que la perfection de leur construction et les soins extrêmes qu'on apporte à leur entretien et à leur marche , viennent puissamment en aide pour faire comprendre et admettre ces effets ;

Bien que , de toutes les machines à vapeur , ce soient incontestablement les meilleures pour l'épuisement des eaux ;

Cependant , si l'on veut calculer juste , se mettre à l'abri de toute erreur funeste dans les prévisions , de toute augmentation ultérieure et forcée dans les sommes à dépenser ,

Il faut bien se rendre compte du rôle que joue chacun des élémens qui suivent , pour la production de l'effet total , savoir :

Le volume énorme et la forme des chaudières ;

La force et la perfection des machines elles-mêmes;

L'habileté du personnel qui les dirige ;

La qualité supérieure des charbons employés ;

La quantité d'eau froide appliquée à la condensation ;

L'excès de force qu'on donne de dessein prémédité à ces artifices , pour pouvoir employer une détente extraordinaire.

Or, si l'on arrive ainsi à économiser le combustible, ne produit-on pas , d'autre part, une augmentation énorme dans les frais d'achat, d'installation, d'entretien de ces chaudières colossales, de ces machines, bien plus puissantes que la tâche qui leur est dévolue, ne le réclamerait sans cela ?

Les précautions extrêmes pour éviter les pertes de chaleur, n'augmentent-elles pas les frais ? — Ne faut-il pas payer, à des prix très-élevés, des ouvriers habiles, des soins éclairés et incessans ?

Peut-on avoir, en France, aussi facilement qu'en Angleterre, le personnel que réclament ces appareils ?

Quant à l'eau froide qu'on prodigue en Cornouailles pour la condensation, on le peut là, sans augmenter le travail des machines, puisque celles-ci puisent incessamment un liquide sans emploi au-dehors de la mine ; mais il n'en est plus de même quand on veu^t se procurer de l'eau potable ; car, alors, celle qu'on sacrifie à la condensation occasionne un travail additionnel d'autant plus considérable, qu'on la prend plus bas et qu'on cherche à obtenir une condensation plus complète.

Si du domaine des précautions et des soins, nous passons à celui des *erreurs commises*, nous avons vu qu'*il était essentiel de s'entendre mieux qu'on ne l'avait fait* :

Quant au mesurage du charbon ;

A la température initiale de l'eau d'alimentation des chaudières ;

Au mesurage de l'eau vaporisée ;

Au mesurage de l'eau montée, c'est-à-dire, au véritable travail de la machine ;

Sans quoi, l'on n'établit et ne propage que de dangereuses erreurs sur l'effet véritable des appareils dont nous nous occupons (1).

Enfin, l'on doit complètement distinguer les avantages qui résultent *des machines à feu de Cornouailles,* de ceux *des pompes à plongeur* qui n'en sont nullement une partie intégrante, et qui peuvent être mises sous la dépendance d'un moteur de toute autre espèce.

Si l'on a égard à ces conditions, rectifications et réserves, nous ne doutons pas que les machines de Cornouailles ne perdent, à juste titre, une bonne partie de leur prestige, qu'elles ne se rapprochent beaucoup pour la dépense et les produits des bonnes machines de système différent.

» Les machines à deux cylindres (de Woolf) rendraient, *à dimensions égales,* autant d'effet utile que celles de Cornouailles, disent MM. Grouvelle et Jaunez (pag. 396.) »

VI.

Une enquête fut ouverte en Angleterre en 1843, pour constater l'état de la santé publique dans cin-

(1) En Cornouailles on calcule l'eau montée d'après le nombre des levées des pompes et leur diamètre. Or, il résulte de l'expérience de M. Mallet à Chelsea, que le produit effectif des pompes, comparé avec celui que fournit le calcul, n'a donné que les 75|100mes de ce dernier, et l'on doit présumer que les pompes des mines ne sont pas mieux entretenues que celles de l'établissement de la Compagnie *Grand-Jonction,* à Londres. (*Distribution d'eau* dans Paris, pag. 34.)

quante villes de ce royaume, à l'occasion de l'approvisionnement d'eau potable ; la question suivante se
présenta naturellemeut à l'esprit des commissaires :

« *Les grands avantages de la machine de Cornouailles sont-ils, de tout point, incontestables ?* »

Il n'est pas sans intérêt de connaître le témoignage de trois ingénieurs anglais du premier ordre
sur ce point : Voici donc l'opinion de MM. Wicksteed, Hawksley et Robert Thom.

« Toutes compensations faites, dit le premier, et
nous en avons vu les motifs, je donne la préférence
aux machines de Boulton et Watt sur celles de Cornouailles. — Mais, répliquent les commissaires, l'é-
conomie des machines de Cornouailles à simple effet
et à condenseur n'est-elle pas si grande, qu'avec 9
schelings de combustible on peut faire le même travail qu'avec 25, si l'on emploie la machine de Boulton et Watt?

» C'est vrai, répond M. Hawksley ; toutefois, *en
regard de cet avantage, on doit placer le coût premier de la machine, infiniment plus élevé pour celles
de Cornouailles qui se dérangent d'ailleurs avec une
facilité beaucoup plus grande.* Par l'emploi de celles-
ci, mises à la place de celles de Boulton, on économise
sur le combustible, presque *deux pences* pour *mille
gallons* d'eau montée ; mais comme la dépense de premier établissement serait augmentée de plus d'un
*penny, l'économie qui en résulterait, mise en regard
de l'accroissement du risque, ne dépasserait pas un
vingt-neuvième de la dépense totale.*

» *Je serais donc, en général, bien éloigné de recom-*
» *mander l'adoption de la machine de Cornouailles ,*
» *à l'exception peut-être des cas où les usines seraient*
» *établies, de manière que le public n'eût à souffrir*
» *aucun inconvénient du chômage d'une machine...*»

MM. Wiskteed et Hawksley dirigent des établissemens très-importans de l'Angleterre, qui fournissent de l'eau à Londres et à Nottingam. Enfin,
M. Robert Thom , qui a fait les travaux hydrauliques
les plus hardis et les plus gigantesques , ne craint pas
de dire :

« *J'ai toujours trouvé qu'il était partout plus avan-*
» *tageux d'aller au loin et d'amener l'eau des terres*
» *élevées que d'employer des machines à vapeur...*»

On sait qu'à défaut de sources, cet ingénieur célèbre a construit des réservoirs immenses , où pendant la saison hyémale , il réunit et conserve l'excédant des eaux de pluie qu'il livre à la population et
à l'industrie , quand les besoins le réclament et surtout aux époques de sècheresse.

VII.

J'ai dit en commençant ce chapitre que, sur la
comparaison de l'emploi de la vapeur et de la force
hydraulique pour élever les eaux , j'avais consulté
plusieurs hommes éminens dans la science et éclairés en même temps par une expérience journalière ;
leur opinion mérite donc une considération toute
spéciale.

M. Gaymard , ingénieur en chef de l'arrondissement minéralogique de Grenoble , directeur des mines , division du sud-est , m'a fait l'honneur de m'écrire en date des 9 mai et 22 juin derniers :

« Je n'emploie les machines à vapeur qu'à mon corps défendant ; les ingénieurs des Alpes donnent toujours la préférence aux cours d'eau , et je pense , comme vous , que deux kilogrammes de charbon (par force de cheval et par heure) , ne sont pas suffisans, en moyenne. — On peut ne brûler que cette quantité pendant quinze ou trente jours ; mais à la fin de l'année on aura consommé les 5 kilogrammes...»

» Vous avez attaché quelque prix à connaître mon opinion sur la préférence à donner aux machines à vapeur ou aux machines hydrauliques ; cette question , ainsi posée , est très-complexe , très-élastique ; mais , lorsqu'elle est réduite à l'exposé que vous avez fait , je me prononce *affirmativement* , *très-affirmativement pour les machines mues par des cours d'eau naturels.*

» J'ai lu votre chapitre VIII , avec une sévère attention , deux fois. Dans mon inspection , qui comprend huit départemens , nous avons toutes les machines , depuis le rouet du moulin primitif des Alpes , jusqu'à la belle machine du *Rocher-bleu.* Ici la dépense est presque nulle , parce qu'on ne consomme que des menus lignites qui sont sans emploi , et , par conséquent , sans valeur ; c'est un cas particulier. Mais , hors les circonstances exceptionnelles , et , comme vieux praticien , *je donnerai toujours la préférence aux machines hydrauliques.*

» Vous avez résumé, avec beaucoup de lucidité,
toute la science et tous les chiffres sur les deux espèces de machines. Je n'ai rien à ajouter et *je partage
entièrement votre opinion* ».

M. Moisson-Desroches, ingénieur en chef des mines de première classe, chargé de coordonner pour
les publications annuelles les documens statistiques
transmis à l'administration, relativement aux machines à vapeur, me dit aussi :

» Vous avez bien raison : à une ville toute romaine,
il faut restituer ses antiques eaux, et une restauration
qui ne serait pas entièrement dans le style de sa noble origine serait une barbarie. Lors même que ces
eaux coûteraient plus que le travail exécuté dans le
goût moderne qui pourrait les lui procurer, dans
l'intérêt de l'histoire et de l'archéologie, il faudrait
encore persister en la restauration la plus minutieuse
de l'aqueduc, et y ramener toutes les eaux qui l'ali-
mentaient à une époque reculée.

» Nul n'est un partisan plus prononcé des machines à vapeur que moi (1); cependant, leur dépense
journalière en houille, main-d'œuvre, entretien,
est si élevée, et ces machines sont sujettes à tant
d'avaries, que nous, *ingénieurs des mines*, nous nous

(1) Dès 1813, l'auteur avait proposé l'application de la vapeur
en grand à la marine, à la locomotion terrestre pour la France ;
les désastres de l'Empire empêchèrent seuls les expériences
qu'il demandait à ce sujet au chef de l'Etat qui avait rejeté, dans
un temps plus prospère, les offres de Fulton (1807), mais qui
paraissait avoir changé de sentiment.

garderions bien d'y recourir , si nous avions à notre portée une chute et une masse d'eau suffisantes. Dans l'espèce , il serait ridicule , possédant un cours d'eau intarissable , d'employer la vapeur à s'en procurer une partie ; il faudrait qu'il y eût insuffisance ou urgence , comme si l'on devait élever cette eau dans un temps plus court que celui nécessaire à l'établissement des machines hydrauliques d'un entretien si faible , se dérangeant si peu , ou si promptement réparables.

» Quant à la dépense journalière des machines à vapeur , il ne faut pas s'en rapporter aux prospectus ; *depuis sept ans que je suis chargé de la coordination des résultats statistiques des appareils à vapeur , j'ai pu m'en apercevoir...* ·

» Les machines de Cornouailles peuvent effectivement , *avec des morceaux choisis d'une excellente houille , et des chauffeurs actifs , intelligens , ne consommer qu'un ou deux kilogrammes ; mais , dans une pratique ordinaire , la consommation sera bien plus élevée, et vous faites fort bien de la porter à trois.*

» Poursuivez votre tâche sans relâche et avec confiance... » (*Extrait d'une lettre du* 22 *juin* 1846.)

» Pour les divers systèmes de machines qui se font aujourd'hui en France , dit M. Coriolis , il faut , *même suivant ce qu'annoncent les constructeurs,* de 2 kil. 50 , à 5 kilog. de houille par heure et par force de cheval. (*Calcul de l'effet des machines* 1844 *in-*4° *p.* 555). Et suivant MM. Grouvelle et Jaunez (p. 596), les machines à deux cylindres de Woolf , rendraient au moins , *à dimensions égales* , autant d'effet utile que celles de Cornouailles ; au-dessus de la force de 25 chevaux , *les bonnes* machines de ce genre peuvent marcher avec 2 kil. 1|2 de houille , p. 594».

M. Paul de Gasparin, ingénieur des ponts-et-chaussées, m'a fait l'honneur de m'écrire d'Orange, en date du 20 avril dernier :

« Je partage votre opinion sur l'emploi des chutes hydrauliques, que je préfère de beaucoup à celui des machines à vapeur, *surtout dans nos pays, où les soins de détail semblent contre nature.*

» Il est hors de doute que , partout où l'on peut employer une chute d'eau , on y trouve une notable économie , *et c'est un malheur que d'être obligé de recourir à l'emploi de la vapeur.*

» Néanmoins , en définitive , il faut être bien sûr du volume de liquide dont on peut disposer , et de ce qu'il faut dépenser pour diriger le courant d'une façon convenable...

» La ville de Nimes devrait faire procéder à des jaugeages réguliers de la rivière de Gardon...

» Si l'on ne pouvait pas disposer de 1 m. 50 pour la dérivation, je préfèrerais, à l'emploi de la machine à vapeur, la restauration complète de l'aqueduc romain, et je pense, comme vous , que cette entreprise serait plus économique , eu égard à la quantité d'eau fournie, si , toutefois , on ne trouvait pas un obstacle absolu dans la résistance des usagers actuels.

» Dans tous les cas , quel que soit le moyen employé , on doit, sans hésiter , exécuter immédiatement la première partie de votre système , et restaurer l'aqueduc romain en y introduisant les eaux du parcours et même celles du Fouze, prises au niveau le plus bas possible. Cette opération , qui ne réclame pas de grands frais , donnerait peut-être une bonne partie de l'eau que réclame le Conseil municipal... »

Un compatriote de M. de Gasparin , M. Maynard, ingénieur aussi des ponts-et-chaussées , s'occupant de la fourniture d'eau réclamée par la ville de Lyon , estimait ainsi les dépenses pour en élever 700 pouces à 55 mètres au-dessus de l'étiage du Rhône (ce qui reviendrait à peu près à 470 pouces pour Nîmes , à la hauteur de 48 mètres , à laquelle il faut porter le liquide à Lafoux) :

Deux machines à vapeur à détente et condensation, de la force de 57 chevaux chacune , et coûtant ensemble. . . . . 50,000 f. 00

Bâtiment pour les loger. 20,000 00

Double conduite en fonte , d'environ 1,000 mètres de longueur , pour porter l'eau au réservoir de distribution , les deux tuyaux ensemble à 192 fr. le mètre courant 192,000 00

Frais de premier établissement. 262,000 f. 00

Frais d'entretien , de réparation et de renouvellement périodique des machines , par an 1|10me du prix d'achat. . . . . 5,000 f. 00

Mécanicien et chauffeurs. 9,700 00

Charbon , par an. 57,947 40

Frais annuels. . . . . 72,647 f. 40

« En ajoutant à cette somme l'intérêt de celle représentant les frais de premier établissement , on
trouve que le chiffre annuel de la dépense serait de
88,247 fr. 40 c., soit en nombre rond, avec l'addition
d'un dixième pour frais imprévus, de 100,000 fr.

» D'après le résultat fourni par l'observation con-
cernant l'effet utile des pompes à feu comparé au
combustible consommé , *il paraît convenable d'évaluer
à 3 kilogrammes par force de cheval et par heure la
quantité de houille nécessaire à l'alimentation des machines. Cette houille , de première qualité , est estimée
à 3 fr. les 100 kilogrammes.* »

Consultés sur la note qui précède , par l'ingénieur
lui-même qui en était l'auteur , MM. Vachon père et
fils , honorables industriels et praticiens , propriétaires
des moulins à vapeur de Vaise mus par une machine
de cinquante chevaux , répondirent , le 12 mars 1843 :

« Pour l'effet demandé , la théorie indique bien
une force de 73 chevaux 1|2 : *mais , comme des ma-
chines ne sont pas toujours dans un état parfait de
service , et qu'il suffit du moindre dérangement , surtout aux machines à condensation , pour leur faire
perdre de un à cinq chevaux , et de cinq à dix , si le
dérangement est plus grave ;*

» Comme il faut tenir compte des déperditions qui
peuvent avoir lieu par les joints des tuyaux et du frottement des liquides ;

» Si l'on considère que des machines fonctionnant
constamment à pleine charge , sont sujettes à réparations , on n'hésitera pas à établir une puissance de

CENT CHEVAUX , ce qui augmentera la dépense d'achat.

» Outre les bâtimens pour loger les machines et les chauffeurs , — les frais de pose , de construction des cheminées et fourneaux , les points d'appui ou bases des machines n'iraient pas à moins de vingt-cinq mille francs ;

» Les frais d'entretien , de réparation et de renouvellement périodique des artifices nous semblent convenablement estimés à 10 pour cent ; mais il faudrait y ajouter 1,500 fr. pour l'entretien des fourneaux. »

» Quant au personnel , nous pensons qu'il faudrait deux mécaniciens au lieu d'un , et huit chauffeurs au lieu de six.

» *On peut admettre 3 kilogrammes par heure et par force de cheval avec un combustible d'excellente qualité , mais avec le menu de qualité courante employé ordinairement à Lyon , et coûtant 2 fr. les 100 kilogrammes , l'expérience nous apprend qu'il faut 5 kilogrammes par heure et par force de cheval , et nous croyons plus prudent de s'en tenir à ce chiffre qu'au premier... »*

Par suite de ces calculs, quatre cent soixante et dix pouces élevés à quarante-huit mètres , reviendraient donc, au moins , à deux millions quatre cent mille francs ; et , comme à Nimes il nous faudrait restaurer l'aqueduc romain depuis la ville jusqu'à Lafoux , on devrait compter sur une dépense de plus de trois millions.

On voit que tout ce que j'expose dans ce chapitre

corrobore de plus en plus les évaluations que j'ai faites
dans la première livraison de ce volume.

M. de Billy , ingénieur en chef des mines à la résidence de Strasbourg , a bien voulu me transmettre
aussi des renseignemens précieux ; je lui avais adressé
la question suivante :

« Est-ce qu'en marche ordinaire et constante, pen-
» dant une longue suite d'années , en employant la
» houille d'Alais de vente ordinaire dans le pays , il
» faut s'attendre à consommer, par heure et par force
» de cheval , 2 , 3 ou 4 kilogrammes de houille , avec
» des machines imitées de celles de Cornouailles ? »

« Je ne compte pas , me répond-il , entrer ici dans
des considérations théoriques , ma réponse est uniquement basée sur des résultats pratiques , sur des expériences qui se font tous les jours sous mes yeux. Toutefois , même en adoptant cette marche si simple , il est
encore difficile de donner une solution tout-à-fait rigoureuse , non-seulement parce que les relevés *très-
exacts* de la consommation de houille par les machines
à vapeur sont assez rares en notre pays comme partout, mais encore parce qu'on ne doit se prononcer
avec une parfaite certitude à l'égard de renseignemens, même très-positifs , que si l'on connaît le travail
auquel on soumet les machines. Un appareil travaillant
au-dessous de sa force réelle , consomme très-peu ,
tandis que , s'il excède la force pour laquelle on l'a
construit , sa consommation de combustible s'accroît
immédiatement , et quelquefois de beaucoup. Il a
fallu, dans ce qui suit, faire, jusqu'à un certain point,

abstraction de cet élément fort difficile à déterminer ,
à moins d'expériences directes.

» La province d'Alsace , où j'exerce mes fonctions
depuis près de vingt ans , est une contrée de grande
fabrication , renfermant une réunion d'industriels du
premier mérite, entr'autres de fort bons constructeurs.
Le seul département du Haut-Rhin emploie des machines à vapeur dont la force totale dépasse aujour-
d'hui 2,500 chevaux. La houille y est fort chère , on
est donc intéressé à l'économiser beaucoup , et tout le
monde , fabricans et constructeurs, s'applique à cette
épargne avec la plus grande et la plus intelligente
persévérance. Aussi est-on parvenu , à force d'essais
et de perfectionnemens dans la construction des machines , à force de vigilance et d'adresse de la part des
chauffeurs , à réduire considérablement la consommation de ce combustible.

» *Néanmoins , on n'est pas arrivé , en marche ré-*
gulière , jusqu'à deux kilogrammes par heure et par
cheval.

» Deux constructeurs m'ont assuré qu'on descendait
jusqu'à 2 kil.—40 ; mais il résulte des renseignemens
qui m'ont été tout récemment fournis par des industriels possesseurs des machines les plus parfaites du
Haut-Rhin , machines dont la force est de 30 à 40
chevaux , et qui sont, comme celles de Cornouailles,
à haute pression et détente variable , qu'en réalité , la
consommation moyenne pour une marche d'une certaine durée, n'est pas au-dessous de trois kilogrammes.
On fait usage d'un combustible qui me semble être

sur le même rang que la houille de vente ordinaire d'Alais.

» Pour des machines moins parfaites , mais construites sur le même principe , la consommation s'élève à 5 1{2 kilogrammes et même au-delà.

» *J'en conclus que , même avec des appareils à haute pression et détente variable , bien construits et bien surveillés , il ne faut pas compter , dans l'état actuel des constructions , sur une consommation au-dessous de trois kilogrammes de houille par heure et par cheval.*

» On m'a parlé d'offres faites par des constructeurs anglais, d'établir des moteurs à vapeur qui ne brûleraient que 1 kil. 60 , et même 1 kil. 40 , *avec garantie d'une année* , pour laquelle on laisse un cinquième du paiement entre les mains de l'acheteur ; mais , si je suis bien informé , ce cinquième pourrait être perdu par eux sans compromettre beaucoup leurs intérêts. La garantie n'est donc pas d'une grande importance...

» Il m'a semblé que vous aviez omis dans votre livre de prendre en considération les frais nécessaires pour le renouvellement de la machine après un temps qui ne serait pas long pour un appareil destiné à fonctionner sans interruption. *C'est une considération de plus pour me faire pencher en faveur du système hydraulique* , à moins de circonstances particulières que je ne saurais apprécier de si loin..... »
(Lettre du 2 mai 1846).

VIII.

Ayant entretenu mes lecteurs des effets de la machine à vapeur du *Rocher-Bleu* (t. II, 1re partie, p. 245), j'ai désiré avoir des renseignemens précis sur la dépense et le produit actuels de cet artifice, et, pour cela, je ne pouvais rien faire de mieux que de recourir à l'obligeance de M. Diday dont j'avais cité les expériences sur ce moteur, et qui, maintenant, est ingénieur des mines à la résidence de Marseille. M. Diday a bien voulu, non-seulement me répondre, mais il a surpassé mon attente en m'adressant un mémoire contenant son opinion détaillée sur la comparaison de l'emploi de la vapeur et de l'eau comme forces motrices. En lui en témoignant ici toute ma gratitude, je crois utile de publier des fragmens d'un travail plein de renseignemens d'une grande importance.

« Je n'ai point répété, me dit-il, mes expériences premières sur la machine du *Rocher-Bleu*. Elle marche habituellement avec des charbons de mauvaise qualité, pris sur la mine, qui ne coûtent rien à la Compagnie. On la déciderait difficilement à des essais nouveaux à faire avec des charbons meilleurs, ce qui la constituerait en dépense. Cependant, vers la fin de 1845, ayant cherché, faute de mieux, à évaluer la consommation ordinaire de cette machine en charbon *menu terreux*, la moyenne d'un travail de douze heures pendant lesquelles on marchait à cinq coups par minute *me donna 4 kilog. 67 de consomma-*

tion par heure et par force de cheval ; un autre essai réclama *4 kilog.* 50 à dix coups par minute ; le charbon employé dans une expérience devait être un peu meilleur que dans l'autre ; mais c'était toujours une qualité inférieure dans les deux cas.

» Quoi qu'il en soit, en l'état, de ce que nous savons sur les machines de Cornouailles , je crois que l'on pourrait compter sur une consommation de deux kilogrammes , même pour des machines de soixante chevaux ; — mais il faut plusieurs conditions pour arriver là : — de bons mécaniciens , de bons chauffeurs , beaucoup de soin dans l'entretien de la machine et la conduite du feu ; — enfin , l'emploi de charbons de bonne qualité , secs et un peu flambans.

» Les expériences faites sur les bateaux de l'administration des postes nous ont prouvé que les mines d'Alais pouvaient donner cette qualité de houille ; mais il faudrait choisir, car il y en a aussi de bien mauvaise.

» De tout cela , vous conclûrez sans doute , qu'il serait peu prudent d'établir un devis sur une aussi faible consommation, et je crois que vous seriez dans le vrai.

» Mais , quand on aurait l'assurance de ne pas dépenser plus de deux kilogrammes , quand on réduirait même la consommation jusqu'à 1 kil. 50, cette diminution serait-elle un motif suffisant de préférer l'emploi de la vapeur à celui d'un moteur hydraulique ? — Je ne saurais l'admettre....

· » En thèse générale , on doit répudier la machine

à vapeur , *même moins dispendieuse* , là où l'on peut obtenir le même effet au moyen d'une chute d'eau. Vainement allèguerait-on , en faveur de l'emploi du feu , l'économie de premier établissement ; doit-on hésiter à sacrifier quelques centaines de mille francs , lorsqu'il s'agit de soustraire une ville à une charge considérable , perpétuelle , et qui doit s'aggraver de plus en plus?...

» Avec un appareil hydraulique , frais d'entretien peu considérables , surveillance de la machine par des mécaniciens ordinaires , réparations faciles en général , en un mot , on sait, à très-peu près, à quoi l'on s'engage.

» Avec une machine à vapeur , indépendamment de la dépense en combustible , il faut des mécaniciens habiles et soigneux que l'on paie cher ; les réparations sont plus coûteuses ; — enfin, les chaudières doivent subir, de temps à autre , des réparations importantes , puis même être changées. Les négligences dans le nettoyage , dans la conduite du feu en abrègent la durée , ce qui peut causer des chômages nuisibles et réclame des dépenses considérables pour lesquelles il sera toujours sage d'ouvrir un crédit éventuel au budget municipal....

» Si les roues hydrauliques doivent être en général adoptées plutôt que les machines à vapeur, combien cette préférence n'est-elle pas spécialement motivée, lorsqu'il s'agit de fournir à perpétuité aux besoins d'une ville importante !...

» *Nous sommes à une époque où la consommation*

du charbon va en s'accroissant d'une manière vrai-
ment effrayante ; aussi cherche-t-on, par les inven-
tions les plus ingénieuses, à l'amoindrir autant que
possible.... C'est un des avantages qu'on attend des
chemins de fer atmosphériques; en effet, non seulement on compte brûler moins de charbon pour les
machines fixes que pour les locomotives, mais on se
propose encore de remplacer, toutes les fois qu'on le
pourra, ces machines fixes par des apppareils hydrauliques.

» Vous savez que M. Terme fixe à quatre-vingts ans
l'épuisement du vaste bassin houiller de la Loire, en
n'admettant que l'extraction actuelle. M. Cachelièvre,
auteur d'un projet pour la traction sur les chemins
de fer, ne pense pas, qu'en présence des nouveaux
besoins qui se manifestent, la durée de ce bassin
puisse dépasser soixante-cinq ans. Il est donc probable que, dans un avenir que l'on peut dire très-
prochain lorsqu'il s'agit d'une ville, le prix du charbon devra s'élever considérablement si l'on ne trouve
le moyen d'en diminuer la consommation. Les améliorations dans les appareils ne remédieront que faiblement à ce mal, car, à chaque perfectionnement
nouveau, il faut, ou supporter les frais d'établissement de machines nouvelles, ou, malgré l'augmentation du prix du combustible, en consommer la
même quantité avec des artifices surannés.

» En se servant d'une chute d'eau, rien de pareil
n'est à craindre. Quels que soient les progrès de la
mécanique, il n'est pas probable que l'on parvienne

jamais à apporter des améliorations importantes à des machines qui utilisent 70 et jusqu'à 75 pour cent du travail moteur. Les roues que l'on construit maintenant, les *turbines de M. Fourneyron* seront toujours, on peut le dire, au niveau de la science, et la position que vous décrivez me semble en indiquer l'emploi. En effet, vous avez à Lafoux une chute assez considérable, mais avec possibilité que les machines soient quelquefois immergées, ce qui est sans inconvénient pour celles-ci.

» Dans la plupart des mémoires écrits sur les machines de Cornouailles on néglige de distinguer la machine à vapeur elle-même des pompes qu'elle met en mouvement ; et celles-ci, (*pompes à plongeurs*), ont tant d'avantages qu'on ne saurait trop en recommander l'emploi. Là, point de corps de pompe alézé ; ce n'est qu'un simple tuyau de fonte; toutes les fuites sont à l'air libre et se voient immédiatement ; enfin, et c'est le plus important, la seule boîte à étoupes qu'il y ait est sous la main du machiniste qui peut la serrer à chaque instant sans arrêter le mouvement.

» J'ai suivi le travail des pompes de ce genre qui fontionnent au *Rocher-Bleu*, et je suis arrivé à cette conviction, qu'avec un peu de soin, on peut *facilement* en obtenir un produit *réel et constant* presque égal au produit théorique. *Ces pompes sont sans doute pour beaucoup dans le peu de dépense de combustible nécessaire en Cornouailles, eu égard au travail produit.* Mais rien n'empêche de les adapter à tout autre moteur avec avantage....

» En un mot, *des turbines donnant le mouvement à des pompes à plongeurs*, c'est-à-dire, un moteur utilisant les trois quarts du travail, et des pompes donnant la presque totalité du produit calculé, *voilà, selon moi, ce qu'il y aurait de mieux pour élever les eaux dans les conditions où vous vous trouvez...*

» Vous m'avez demandé mon opinion, j'ai cru devoir vous la faire connaître *tout entière....* Je m'estimerais heureux s'il m'était donné de contribuer d'une manière quelconque au succès de votre entreprise...» (Lettre du 11 avril 1846).

On le voit, M. l'ingénieur Diday, qui a les belles machines du Rocher-Bleu dans la circonscription de son service (comme M. Gaymard son supérieur), M. Diday préfère de beaucoup, en principe, l'action de la force hydraulique à celle de la vapeur ; et, tout en reconnaissant que les machines de Cornouailles *peuvent* marcher avec deux kilogrammes de houille, il trouve difficile d'en arriver à ce point et surtout d'y persister, de sorte « *qu'il ne serait nullement prudent d'établir un devis sur une aussi faible consommation.* » Pour rester dans son état de perfection, la machine à vapeur est d'une surveillance et d'un entretien coûteux et difficile.

Frappé de l'énorme accroissement de l'emploi de la houille dans notre état de civilisation et du peu d'étendue des bassins producteurs, M. Diday, avec MM. Terme et Cachelièvre, prévoit les augmentations inévitables et successives du prix de ce combustible ;

M. Renaux , architecte d'Avignon et géologue distingué , nous avait déjà manifesté les mêmes craintes,
que M. Dumas va confirmer tout-à-l'heure.

M. Diday conclut : que l'emploi d'une chute d'eau
comme force motrice , — celui des turbines comme
agent de transmission de cette force , et celui des
pompes à plongeurs pour élever l'eau , — le tout
placé sur le Gardon , — sont le meilleur ensemble de
moyens à employer pour en donner à la ville de Nimes.

Ce projet est celui que j'ai depuis longtemps choisi
et dont je cherche incessamment à diminuer la dépense et à augmenter les produits ; un suffrage aussi
honorable ne peut que m'affermir dans ma résolution.

IX.

Voici ce que m'écrit M. Emilien Dumas de Som-
mières (en date du 18 juillet 1846.)

» La surface totale du bassin houiller d'Alais , calculée sur ma carte géologique , est de 77 kilomètres
carrés. Il se divise en deux portions distinctes : le
bassin méridional ou *du Gardon* , et le bassin septen-
trional ou *de la Cèze*. Voyons jusqu'à quel point ce
bassin mérite l'épithète d'*inépuisable, qu'on lui donne
journellement*.

» Nous prendrons d'abord le bassin méridional pour
objet de nos recherches parce que cette partie est
évidemment la plus riche en combustible ; elle est
aussi la mieux connue , attendu que c'est là que se
trouvent les centres d'exploitation les plus importans

(*la Grand'Combe*, *la Grand'Baume*, *Champclauson et la Levade.*)

» On connaît dans ce bassin 21 couches de houille
qui, presque toutes, sont en exploitation ou susceptibles de l'être : la somme de leurs épaisseurs est de
47 mètres ; mais nous ferons observer que cette puissance de combustible est bien loin de s'étendre régulièrement sur toute la surface du bassin. D'après des
appréciations faites sur les lieux, à l'effet de tenir
compte de la manière dont ces couches sont distribuées et des surfaces qu'elles occupent, nous pensons que le chiffre de 47 mètres doit être réduit, en
moyenne, tout au plus à dix mètres, représentant
l'épaisseur réelle du combustible qui est censé occuper toute l'aire du bassin.

» La partie visible du terrain houiller étant de 55
kilomètres carrés, si nousfixons à 10 mètres l'épaisseur moyenne du combustible, nous trouverons qu'il
y aurait en volume 550,000,000 de mètres cubes de
houille.

» Le mètre cube de houille de ce bassin, pesant 890
kilogrammes, on aurait en poids 511,500,000,000 de
kilogrammes ou 511,500,000 tonnes.

» Aujourd'hui, l'extraction de la compagnie *des
mines de la Grand'Combe et chemins de fer du Gard*,
s'élève au *minimum* à mille tonnes de houille par
jour ; il en résulte qu'il faudrait 511,500 jours ou 853
ans 155 jours pour extraire tout le combustible compris dans le bassin méridional d'Alais. Et, si nous
supposons que, d'ici à quelques années, le chiffre

de cette exploitation vint simplement à doubler, ce qui certes est au-dessous de la probabilité, cet espace de temps se trouverait encore diminué de moitié, c'est-à-dire réduit à 426 ans 260 jours.

» Voici une autre évaluation de la durée de nos bassins houillers, prise dans la concession de Bessège, qui est le point le plus riche de celui de la Cèze. Ces mines sont le centre d'une exploitation importante ; elles alimentent une forge et deux hauts-fourneaux ; on y extrait annuellement 60,000 tonnes de combustible. La somme totale de la puissance des douze couches qu'on observe dans cette concession s'élève à 16 m. 10 ; mais la partie visible du terrain houiller n'y occupe, à la montagne de *Roche-Sadoule*, qu'une surface de 191 hectares 97 ares, ce qui donne un volume de houille de 50,907,170 mètres cubes, et, en poids, 27,507,581,500 kilogrammes, soit 27,507,581 tonnes 1|5. De telle sorte qu'il faudrait 458 ans 1|2 pour extraire complètement toute la houille qui existe dans cette concession, en supposant que l'extraction annuelle ne vînt pas à augmenter.

» On dira peut-être que, d'après cela, la partie visible du terrain houiller d'Alais contient encore du charbon pour bien des années ; mais si l'on considère que la marche croissante de notre industrie dans le midi de la France, que les grandes lignes de chemins de fer qu'on y exécute, que l'essor de notre navigation à vapeur et celui de notre commerce dans le levant sont, pour ainsi dire, immédiatement liés à

l'aménagement du bassin d'Alais , on doit naturellement , devant de tels besoins , se demander : — quel
sera , dans quelques années , le chiffre de la consommation annuelle de ce minerai , et rester effrayé du
peu de durée qu'offrent en général tous nos dépôts de
combustible fossile.

» D'après les relevés officiels , en 1835 , la somme
de l'extraction de toutes les exploitations de houille
du bassin d'Alais n'était que de 462,635 quintaux
métriques ou 23,131 tonnes 7{10}es. La progression
de l'extraction depuis cette époque est épouvantable,
puisqu'aujourd'hui , dans 25 jours , on tire dans les
mines de la compagnie *des chemins de fer du Gard* ,
autant de houille qu'en 1835 pendant toute l'année
et dans tout le bassin ; actuellement l'extraction totale
s'élève à 400,000 tonnes environ.»

Voilà donc qu'*en dix ans* , la consommation de
houille du bassin méridional d'Alais est devenue seize
fois plus forte qu'elle n'était : si , dans l'avenir , elle
marchait dans des proportions ascendantes égales ,
l'épuisement des mines devenant seize fois plus rapide,
on n'y trouverait plus du charbon pendant huit siècles , mais seulement pendant cinquante ans. Cette
progression , quoique énorme , ne paraîtra pas impossible peut-être , si l'on considère l'ensemble des
élémens qui tendent à la produire ; mais quand on la
réduirait à moitié , les charbons d'Alais n'en seraient
pas moins épuisés dans un siècle , car, l'augmentation
d'emploi admise par M. Dumas, qui serait bornée au
double de la consommation actuelle et nous promet-

trait quatre siècles de durée , est évidemment beaucoup trop faible.

A notre compte , la compagnie d'exploitation réa-
liserait promptement d'énormes bénéfices... Mais, de
quels épouvantables malheurs le pays ne serait-il pas
menacé dans un avenir que trois ou quatre généra-
tions peuvent atteindre !...

X.

Afin d'éclairer, de plus en plus, son opinion sur le
mérite des divers moyens à employer pour fournir de
l'eau à une population nombreuse , un magistrat plein
de zèle , placé à la tête de l'administration de la seconde ville du royaume , M. Terme , maire de Lyon,
avait soumis plusieurs questions à M. le Préfet de la
Seine , sur le service des machines à vapeur actuellement employées à Paris , et qui élèvent du lit de la
rivière de l'eau destinée à la consommation des habitans de cette capitale.

M. Terme a reçu la réponse suivante :

« Paris , 24 avril 1846.

« Monsieur le Maire ,

«...La puissance des machines qui élèvent l'eau de
la Seine à Paris est , savoir :

»A Chaillot, machine dite l'*Augustine*. 100 chevaux.

» *Idem*   *Idem Constantine.*   95

»Au Gros-Caillou , —deux machines ,
chacune de 28 chevaux , ensemble...   56

Total........ 254 chevaux.

» La quantité d'eau montée a été, dans ces derniers

mois, par heure de marche de chacune, ce qui suit :

» *Augustine*, 562 mètres cubes à 50 mètres 76 de hauteur, en brûlant 2 hectolitres 95 de charbon ;

» *Constantine*, 557 mètres cubes à 50 mètres 75 de hauteur, en brûlant 5 hectolitres 15 de charbon ;

» Enfin, l'une ou l'autre des machines du Gros-Caillou, 120 mètres cubes à 50 mètres 95 de hauteur, en brûlant 00 hectolitres 90 de charbon.

» J'ajoute que la quantité d'eau montée à une hauteur moyenne de 54 mètres, dans une année, à Chaillot et au Gros-Caillou, où l'une ou l'autre des machines marche environ dix heures par jour, est en total de 2,500,000 mètres cubes, et que la dépense annuelle *en charbon, ouvriers et entretien, est de quatre-vingt-cinq mille francs.*

» *Le Préfet de la Seine,*

» Comte de Rambuteau. »

Or, deux millions cinq cent mille mètres cubes par an équivalent à 6,849 mètres cubes par vingt-quatre heures, soit 542 pouces ; ce qui est un bien faible produit pour une aussi forte dépense, et, pourtant, ce chiffre de quatre-vingt-cinq mille francs ne paie que trois articles : le charbon, les ouvriers et l'entretien du matériel.

Ainsi, à Paris, siége des Conseils supérieurs des ponts-et-chaussées et des mines, près de l'Académie des sciences, sous la direction des ingénieurs les plus éminens, 542 pouces d'eau, pris journellement dans la Seine et portés à 54 mètres de hauteur, occasionnent une dépense effective de 85,000 fr. par an !..

Ces considérations sont certainement peu propres à encourager dans l'emploi des machines à vapeur pour élever les eaux ; car ferions-nous mieux à Nîmes qu'à Paris ? On ne doit pas l'espérer ; et, à ce compte , pour élever 342 pouces d'eau , non pas à 34 mètres , mais à 48 , il nous faudrait , non plus une dépense de 85,000 fr. par an , *mais de cent vingt mille , non compris l'établissement des machines et la restauration de l'aqueduc.*

Il était essentiel de décomposer cette dépense énorme de quatre-vingt-cinq mille francs par an , de connaître surtout , d'une manière positive , pour quelle proportion la dépense en charbon y entrait ; de nouveaux renseignemens ont été demandés et obtenus à ce sujet, et nous transcrivons le tableau suivant :

Charbon consommé par les pompes à feu de Chaillot et du Gros-Caillou pendant l'année 1845 , pour élever de la Seine 2,500,000 mètres cubes d'eau à une hauteur moyenne de 34 mètres.

MOIS.	CHAILLOT.	GROS-CAILLOU.	TOTAUX.
Janvier	1,050 hect.	281	1,331 hect.
Février	897	264	1,161
Mars	983	300	1,283
Avril	1,095	313	1,408
Mai	987	325	1,312
Juin	1,175	341	1,516
Juillet	1,274	384	1,658
Août	1,137	333	1,470
Septembre	1,087	309	1,396
Octobre	923	265	1,218
Novembre	818	250	1,068
Décembre	960	279	1,259
Totaux	12,388	3,672	16,060 hect.

Or , comme la houille employée coûte 5 fr. 12 c.
l'hectolitre , ce qui revient à 5 fr. 77 c. les cent kilogrammes , l'hectolitre pesant 85 kilogrammes , il en
résulte que les 16,060 hectolitres brûlés exigent une
dépense de 50,107 fr. ; ce qui laisse , à très-peu près,
55,000 fr. pour le paiement des ouvriers et employés,
et pour les divers frais d'entretien et de réparation ,
la dépense totale, nous l'avons dit, étant de 85,000 fr.

Ayant pu obtenir des renseignemens aussi positifs,
je devais naturellement chercher à savoir quelle était,
dans le service de Paris , la consommation de houille
par heure et par force de cheval , question si contro-
versée.

Mais voici , dès l'abord , une observation importante : *Il faut bien se garder d'établir le calcul sur la
force nominale des machines ; on ne doit le baser
que sur l'effet produit , c'est-à-dire sur la force réelle
que ces machines développent.*

Or , nous trouvons ici une bien grande différence
entre la force nominale et la force effective ; nous
avons déjà signalé l'importance de cette distinction ,
à l'occasion des machines de Cornouailles.

Les machines de Paris, en action, ont ensemble une
puissance de 225 chevaux (251—28=225 , celles du
Gros-Caillou ne fonctionnant qu'alternativement) ,
tandis que leur travail n'en représente , en réalité ,
que 152 , c'est-à-dire , les cinq septièmes. Chaque
cheval-vapeur consomme donc ici deux septièmes de
plus de houille qu'on ne l'avait supputé ; ce qui doit
porter la fourniture aux environs de quatre kilogram-

mes par heure et par force de cheval , et c'est bien réellement ce qui arrive.

En effet, les 225 chevaux-vapeur des établissemens de la capitale, devraient élever, par heure, 60,210,000 kilogrammes ou litres d'eau à un mètre , et ils n'en élèvent, en réalité , que 41,447,000 ; suivant la note précitée , ils ne font donc que les cinq septièmes du travail qu'ils devraient faire , et la dépense effectuée en combustible doit s'appliquer, non pas à 225 chevaux-vapeur dont on n'obtient pas le produit , mais à 152 seulement.

La conclusion qu'on doit tirer de l'action des machines à élever l'eau de Paris est celle-ci :

1° Pour obtenir l'effet utile de 152 chevaux-vapeur, on a acheté des machines d'une puissance de 251 chevaux , dont 225 fonctionnent ;

2° Ces machines ne produisant d'effet que pour 152 chevaux , la consommation réelle est d'environ *quatre kilogrammes par heure et par force de cheval.*

Cette supputation est pour tout le courant de l'année , car , si nous nous en tenions aux mois d'hiver auxquels la note de M. de Rambuteau se rapporte , nous trouverions que les machines de Paris n'ont réellement fonctionné que pour 140 1⁄4 chevaux, comme nous allons le voir.

Un cheval vapeur égale 75 kilogrammes élevés à un mètre par seconde ;

100 chevaux égaleront donc par seconde 7,500 k.

Par minute.   450,000

Par heure. 27,000,000

Soit 27,000 mètres cubes élevés à un mètre ,

Soit 878 mètres cubes élevés à 50 m. 76.

Or, la machine *Augustine* de cent chevaux, qui devrait élever 878 mètres cubes , n'en élève que 562; donc elle ne fontionne que pour 64 1|2 chevaux au lieu de cent.

Il en est de même pour *Constantine*.

95 chevaux..... =   7,125 k. par seconde ;

Soit...........   427,500   par minute ;

Soit.......... 25,640,000   par heure, ou

25,640 mètres cubes élevés à un mètre , ou

829 mètres cubes élevés à 50 m. 95.

Constantine, de 95 chevaux devrait donc élever 829 mètres cubes ; elle n'en élève que 557; donc elle ne fonctionne que pour 62 chevaux.

Quant aux deux machines du *Gros-Caillou*, une seule fonctionne, l'autre étant prête à suppléer à celle-ci en cas de besoin.

L'une ou l'autre de ces machines (chacune de la force de 28 chevaux), devrait élever 244 mètres cubes ; elles n'en élèvent chacune que 120 , elles ne font donc isolément que la force de 13 chevaux et 5|4, bien qu'étant chacune de 28 ; il n'est plus étonnant, dès-lors, qu'elles ne consomment que la quantité de charbon portée sur la note de M. de Rambuteau. Cette quantité, qui est minime si l'on a égard à la force *nominale* des machines, rentre dans les proportion normales si l'on ne s'occupe, comme de raison , que du *travail produit*.

Un cheval vapeur égale 270 mètres cubes élevés par heure à un mètre ;

28 chevaux c'est 270 $\times$ 28 = 7,568 m. c. élevés à 1 mètre =244 m. c. élevés à 51 mètres. Or, chaque machine du *Gros-Caillou*, de la force de 28 chevaux, qui devrait élever 244 mètres cubes, n'en éleve que 120, elle ne fonctionne que pour 15 chevaux 5[4, à 50 m. 95.

Constantine et les deux machines du *Gros-Caillou* ne sont pas récemment construites, mais *Augustine* a été nouvellement munie d'un appareil de détente *qui apporte*, dit-on, *une grande économie de combustible*. Nous avons vu ce qu'il en était.

Suivant la dernière adjudication, l'hectolitre de charbon consommé par les machines de Chaillot est payé 5 fr. 12 et pèse 85 kilogrammes, ce qui revient à 5 fr. 75 les 100 kilogrammes.

Nous avons dit qu'une seule des machines fonctionne au Gros-Caillou, l'autre étant prête à suppléer celle-ci en cas d'accident.

A Chaillot, la marche est simultanée ou successive suivant les besoins.

Le chiffre de hauteur de 54 mètres est la moyenne de l'année, la Seine montant en hiver à six mètres de plus qu'en été.

Les mois pendant lesquels a eu lieu le fonctionnement des machines dont M. le préfet de la Seine a donné les résultats sont des mois d'hiver ; la Seine était très-haute.

En juin, la Seine étant basse, il fallut porter

l'eau à 54 mètres au lieu de 50 m. 75 comme au
mois de décembre précédent, d'où il est résulté qu'au
lieu d'élever 562 mètres cubes d'eau par heure,
l'*Augustine* n'en a monté que 505 (504,951 litres),
elle n'a produit que l'effet de 63 chevaux. Notre calcul pour décembre nous avait donné 64 chevaux 1{2 ;
la machine perd donc de son effet à mesure que le
travail augmente, comme MM. Wiksteed et de Pambour nous en ont avertis pour le Cornouailles (1).

Les 245 kilogrammes que *l'Augustine* brûlait en
hiver en une heure de marche, répartis entre les 64
chevaux 1{2 de force, établissent une consommation,
par heure et par cheval effectif de 5 kilogrammes 80,
soit à-peu-près 5 kilogrammes 5{4 ; — Les 257 kilogrammes brûlés en été, distribués entre les 65 chevaux donnent encore plus près de 5 kilogrammes 5{4;
c'est donc la consommation réelle de cette machine,
et il ne faut pas oublier que, des quatre qui existent
à Paris, c'est celle qui marche avec le plus d'économie.

Car, lorsque l'*Augustine* (avec détente) consommait pour 64 chevaux 1{2 *effectifs*, travail de décembre 1845, 2 hectolitres 95 par heure, soit, par che-

(1) « La moyenne d'eau élevée par heure pour les machines
» de Chaillot à 54 mètres de hauteur, pour juin, est de 504,951
» litres ;

» La dépense de charbon pour une heure est de deux hectolitres et 78 centièmes ou 257 kilogrammes. L'effet utile de la
machine est de soixante-trois chevaux. » — *Note d'un employé*.

val , 0,0457 hectolitres , soit 5,7951 kilogrammes par heures (1);

Constantine pour 62 chevaux *effectifs*, consommait (sans détente) , travail moyen de février 1846 , 5 hectolitres 15 par heure , soit , par cheval , 0,0508 hectolitres , soit 4,2164 kilogrammes par heure (2).

Et la machine ouest du Gros-Caillou pour 15 5[4 chevaux *effectifs* consommait, travail moyen de février 1846 , 0,90 hectolitres par heure, soit , par cheval , 0,0654 hectolitres , soit 5,428 kilogrammes par heure (5).

Ainsi donc , la consommation réelle de la houille , par heure et par force *effective* de cheval est, pour les machines de Paris :

Pour *Augustine* , de . . . .   5,7951 kilog.
Id. *Constantine* , de   4,2164
Id. *Gros-Caillou* , ouest , de .   5,4281

Ensemble   15,4576
Moyenne   4,4792

Si nous supputons par le travail et la dépense en bloc, nous savons que les machines consomment 16,060 hectolitres par an, qui équivalent à 1,552,980 kilogrammes.

(1) La dépense ne serait que de 2 k. 45 *si l'on supputait sur les* 100 *chevaux nominaux.*

(2) La dépense ne serait que de 2,61 *si l'on supputait sur les* 95 *chevaux nominaux.*

(3) La dépense ne serait que de 2,70 *si l'on supputait sur les* 28 *chevaux nominaux.*

Ce qui fait par jour 5,652 kilogrammes, et par heure 152 1[6.

Le produit total est de 2,500,000 mètres cubes élevés à 54 mètres, par an ;

Soit, par jour..... 6,849 m. c.

Id. par heure.... 285   575 litres.

Id. par minute... 4   7 56

Id. par seconde.. 0   080

à 54 mètres, soit 2,720 litres à un mètre, soit la force de 56 chevaux 4 quinzièmes.

La consommation de houille étant, *par heure*, comme nous l'avons vu ci-dessus, de 152 1[6ᵉ de kilogramme pour 56 4[15ᵉ chevaux, la consommation par cheval est de 4,196 kilogrammes.

Ainsi, soit que nous procédions sur la consommation de chaque machine en particulier et pendant un mois d'hiver, soit que notre calcul se fonde sur la consommation générale de toutes les machines et pendant tout le cours de l'année, nous arrivons à ce résultat remarquable *que les machines à vapeur employées à Paris pour élever de l'eau, consomment plus de quatre kilogrammes de houille par heure et par force de cheval; notre premier résultat moyen étant 4 kil. 48 et le second 4 k. 20.*

Mais, dira-t-on peut-être : « Quand les machines » ne fonctionnent pas d'une manière continue, il y a » perte causée par une certaine quantité de houille » brûlée, avant que le calorique soit assez puissant » pour les mettre en jeu, et par une autre quantité » brûlée lorsque la machine venant à s'arrêter, des

» charbons incandescens continuent à se consumer.»

Je ne nie nullement cette perte de chaleur avant la mise en marche et après l'arrêt de la machine ; mais, quand nous l'estimerions au quart du combustible , ce qui paraîtrait beaucoup trop fort aux yeux de tous les praticiens , il n'en résulterait pas moins encore *que les machines de Paris consommeraient plus de trois kilogrammes par heure et par force de cheval, et je n'ai pas besoin de prouver autre chose.* (1)

Tel est le fonctionnement , non pas *théorique*, non pas *même expérimental*, — mais *pratique, actuel , continu*, de machines élevant 2,500,000 mètres cubes d'eau par année (trois cent quarante-deux pouces) à une hauteur moyenne de trente-quatre *mètres , et dans la capitale.*

XI.

Après avoir recueilli dans ce chapitre l'ensemble des renseignemens que je viens d'exposer , je m'estime heureux de n'avoir rien à changer à mes conclusions précédentes et de pouvoir dire ici ce que je disais à la page 515 de ce volume :

» Que pourrais-je ajouter au contenu des commu-

(1) J'ai voulu savoir quelle était la qualité de charbon qu'on brûlait à Paris, bien que le prix de 57 fr. 50 la tonne indiquât une qualité supérieure. Des renseignemens m'ont appris que c'était du charbon de Belgique , mélange de toutes les grosseurs , mais s'allumant promptement , ce qui est une qualité désirable dans des établissemens où l'on chauffe dès le matin pour éteindre le feu le soir.

nications diverses que je dois à la bienveillance des hommes les plus compétens? Ne confirment-elles pas tout ce que j'ai avancé et soutenu ?

» Savoir :

» Qu'avec la machine à vapeur, nous devons nous attendre à une consommation de *trois kilogrammes de houille, au moins, par heure et par force de cheval;*

» Qu'en France, en marche soutenue, et avec la houille courante du pays, la consommation de *deux kilogrammes seulement* est plutôt une espérance qu'une réalité ;

» Que le prix de la houille tend à s'élever incessamment et dans des proportions qui doivent rendre très-circonspects sur son emploi à PERPÉTUITÉ ;

» Qu'enfin, quand on a un moteur naturel à sa portée, c'est-à-dire *invariable et éternel*, on doit le préférer à une force artificielle, périssable comme tout ce qui tient à l'humanité.

» Cette préférence à accorder au *moteur hydraulique* sur *la vapeur* doit exister, non-seulement au cas où celle-ci serait plus chère, mais au cas d'égalité de dépense ; bien plus, il serait sage de préférer *la force du Gardon*, quand même son usage serait plus coûteux *aujourd'hui* que celui *des machines à feu...* »

Nimes, le 25 juillet 1846.

CHAPITRE CINQUIÈME ET DERNIER.

Je disais, en terminant la livraison précédente :

« L'eau nécessaire à la ville de Nimes ne peut être raisonnablement demandée qu'au Gardon ou à la rivière d'Uzès, et, dans l'un et l'autre cas, la restauration partielle ou totale de l'antique aqueduc romain doit être préférée à la construction d'un canal nouveau ;

» L'eau qu'on rencontrera sur le parcours et qu'on peut mettre à profit, mérite une considération sérieuse.

» Si la ville de Nimes n'en veut pas au-delà de quatre cent trente pouces, c'est au Gardon qu'il faut puiser, en préférant le moteur hydraulique ;

» La dérivation doit commencer à St-Privat, et les appareils élévatoires être placés à Lafoux.

» Si l'on voulait un produit plus considérable, il faudrait combiner l'action hydraulique avec celle de la vapeur ;

» Mais le système de fourniture par l'action seule de celle-ci, doit être complètement abandonné à cause de la dépense annuelle qu'il exige.

» La ville doit exécuter les travaux elle-même, se réserver la propriété exclusive de l'établissement hydraulique et de ses dépendances ; elle doit, sans intermédiaire , faire le louage ou la vente des eaux excédant ses besoins , soit au-dedans , soit au-dehors de son enceinte.

» Enfin , si la cité voulait absolument traiter avec une compagnie , il faudrait prendre des précautions extrêmes pour sauvegarder ses intérêts et ses droits...»

Tel est le résumé succinct de la première portion de ce volume.

Maintenant , en arrivant au terme de la seconde , je dois jeter aussi un coup-d'œil rétrospectif , et me demander :

1° Si les conclusions que je viens de rapporter doivent être modifiées ;

2° Quel est l'état actuel de la question.

I.

En ce qui touche *au mode d'exécution des travaux*, mes idées sont restées les mêmes , mon opinion n'a pas varié : — la ville doit exécuter directement , être propriétaire exclusive de tout , vendre et régir sans intermédiaire. Rien n'est venu ébranler ma conviction à cet égard ; bien au contraire, car , depuis la publication de mon dernier écrit, je n'entends de tous côtés que des plaintes sur l'exécution vicieuse des travaux faits par des compagnies ; je ne lis que le récit d'éboulemens , de destructions prématurées , de catastrophes plus ou moins funestes.

Deparcieux, qui s'occupa toute sa vie de l'approvisionnement d'eau de Paris, soutient : — « Qu'une ville ne doit point confier à une compagnie le soin

33

de lui amener les eaux dont elle manque , *parce que les ouvrages n'auront pas une solidité suffisante ;* — parce qu'une compagnie ne conduira que le liquide qu'elle aura promis , et ne versera pas en abondance ce qu'il faut pour les fontaines publiques , les rues et les cloaques. » (*Acad. des sciences* , 1766 , pag. 153.)

Une décision bien grave , dans un cas analogue au nôtre , est venue m'affermir encore sur ce point : c'est une délibération du 12 mai dernier , du Conseil municipal de Lyon , autorité respectable dont je n'hésite pas à me faire un appui.

Pour se procurer de l'eau, la seconde ville de France avait pensé longtemps à une entreprise *à forfait* ; elle s'était occupée plusieurs fois de traiter *avec des compagnies.* Après de plus mûres réflexions , elle a décidé — *qu'elle exécuterait elle-même tous les travaux qu'exige sa fourniture hydrique.*

Bien que grevé d'une dette énorme, Lyon ne recule pas devant une entreprise qui va doubler son déficit, « parce que , dit la Commission municipale , » l'entreprise est d'une nécessité si urgente pour la po- » pulation , qu'il ne s'agit plus de retarder, mais seu- » lement de choisir un parti pour l'exécution. »

M. Prunelle déduisait dans son rapport les motifs qui militent soit pour la réalisation par la ville , soit, au contraire , en faveur des compagnies ; un membre du Conseil municipal , qui n'avait pas fait partie de la Commission , induisant de cet exposé que celle-ci hésitait sur ce point capital : — « Il n'en est point ainsi, » dit aussitôt M. le Maire , il est bon que le Conseil

» le sache ; — la Commission a été presque unanime ;
» il n'y a eu qu'un dissident..... Mais elle a dû déve-
» lopper devant vous une question qu'elle n'avait pas
» le droit de trancher elle-même... »

Les points qu'on a particulièrement débattus à
Lyon sont ceux-ci :

Vaut-il mieux que la ville emprunte pour exécuter
elle-même, ou qu'elle se constitue débitrice d'une
compagnie ?

Les intérêts à payer seront-ils moindres, servis à
des capitalistes ou à une société d'exécution ?

Aux intérêts à compter à celle-ci, ne faudra-t-il
pas ajouter encore les droits fictifs de son industrie et
les bénéfices sur lesquels elle compte ?

Le conseil a conclu :

Que le crédit de la ville étant supérieur à celui
d'une compagnie quelconque, *la cité emprunterait à
meilleur marché que nul autre, et que, d'autre part,
elle n'aurait aucun bénéfice industriel à se payer à
elle-même.*

Les partisans des compagnies alléguaient l'exemple
de Marseille et l'incertitude des estimations par les
devis. — On a répondu : — Qu'une entreprise *sans
inconnu*, comme était celle de Lyon, n'avait rien de
commun avec les travaux gigantesques de Marseille ;
qu'à Lyon, *le devis de chaque espèce d'ouvrage pouvait être si exactement minuté, qu'on trouverait à
passer des adjudications particulières, avec garantie
de la part des entrepreneurs.....*

On a dit que les compagnies exécutaient plus vite

et plus économiquement que les villes ; ces points n'ont pas été contestés ; mais , par une triste compensation , le Conseil est resté convaincu que ces avantages n'étaient obtenus qu'aux dépens de la durée , de la solidité , de la bonne confection des ouvrages.

On a avancé , enfin , que souvent une compagnie faisait des bénéfices considérables , là où une administration publique perdait. Sans combattre cette allégation , on a considéré , à juste titre , qu'il était tellement avantageux pour la population que l'administration demeurât maîtresse absolue de tout ce qui a rapport à la fourniture d'eau , *qu'on pouvait bien se résigner à quelques sacrifices pour cela.*

« Les compagnies nous ont rendu des services , dit un des membres du Conseil ; mais, avec l'emportement naturel à notre caractère , nous en avons exagéré l'emploi , et la France a été en quelque sorte submergée dans la question des chemins de fer. Que cherchent les compagnies? — Un bénéfice. — Qui en fera les frais ? — Les citoyens. — C'est un impôt, une taxe qu'on veut asseoir sur eux , et nous ne devons pas le permettre... La concurrence nous couvrira-t-elle ? — On sait qu'il n'en existe plus de sérieuse en adjudication... »

En résumant la discussion , M. le Maire ajoute :
— « L'opération qu'il s'agit d'exécuter est de la plus
» haute importance ; elle entraînera des dépenses
» proportionnées , mais elle n'est point au-dessus des
» ressources de la ville , *en état d'exécuter les grands*
» *travaux au moins aussi bien que quelque compagnie*

» qui se présente , et qui n'aura pour s'y livrer d'autre
» mobile , d'autre intérêt que celui de l'utilité pu-
» blique. »

La discussion étant close , le Conseil municipal a
voté *sur le mode d'exécution* des travaux nécessaires
à la fourniture des eaux , et décidé, presque à l'una-
nimité , puisqu'un de ses membres seulement déclare
n'être pas suffisamment éclairé , *et qu'il ne s'en
trouve qu'un qui vote pour l'exécution par les compagnies* ; le Conseil municipal proclame , dis-je , que la
ville exécutera elle-même , à ses risques et périls , tous
les travaux nécessaires pour la fourniture d'eau et la
construction des égouts (1).

Cet exemple me paraît assez frappant pour ramener
à mon avis ceux qui ne l'ont pas embrassé d'abord ,
et , dans tous les cas , il m'autorise à persister, sur ce
point , dans les conclusions que j'ai prises au dernier
chapitre de la précédente livraison.

II.

Quant à l'emploi de la vapeur, on a d'abord espéré
à Nîmes faire marcher les appareils avec un kilogramme par heure et par force de cheval ; plus tard,
on en est venu à 1 kil. 50 , puis à 1 kil. 80.

J'ai toujours soutenu qu'il ne fallait pas compter

(1) *Voyez* le *Rapport de la Commission spéciale chargée de
l'examen des divers projets de distribution d'eau dans la ville de
Lyon*, lu au Conseil municipal en mai 1846. — *Voyez* aussi le
Courrier et autres journaux de Lyon , des 15 , 14 , 15 du même
mois et jours suivans.

que nous irions avec deux kilogrammes, et que, certainement, on aurait de très-bonnes machines si, en marche constante et avec des charbons ordinaires, on n'en consommait que trois. J'ai cité sur ce point, dans ma première partie, plusieurs auteurs et hommes de l'art dont l'autorité me paraît bien propre à faire réfléchir sérieusement le Conseil municipal. De nouvelles études, de nouvelles communications, émanées des personnes les plus compétentes, sont venues m'affermir de plus en plus dans mes idées. Enfin, en donnant l'histoire de la consommation des quatre machines à vapeur par lesquelles la ville de Paris s'alimente d'eau de Seine, j'ai pu joindre à la valeur déjà si décisive d'opinions éminentes, le poids d'un exemple bien propre à faire impression sur tous les esprits.

Maintenant, il est pour moi plus avéré que jamais, que l'emploi de la vapeur doit être proscrit de la fourniture des eaux de Nîmes, au moins comme force principale. C'est à l'étude de tout ce qui tient à ce moteur, malheureusement trop dispendieux, que sont consacrés le chapitre VIIIe de la livraison précédente, les notes des pages 307 à 314, et le chapitre IVe de cette seconde partie.

Avec la machine à vapeur, le service sera toujours précaire, puisqu'il faudra voter tous les ans une somme énorme pour le combustible, somme qui ira toujours croissant, par suite du peu d'importance des bassins houillers français, dont un patriotisme éclairé et prévoyant doit ménager les ressources, en

employant de préférence la force hydraulique toutes
les fois qu'il n'y a pas impossibilité radicale. La durée
de ce dernier moteur étant illimitée, il est rationnel
de l'utiliser partout où on le rencontre, quand ce ne
serait que dans le but de ménager nos approvisionnement de houille, richesse malheureusement trop
restreinte, et que rien ne pourra remplacer quand
nous aurons épuisé les dépôts que la nature ne nous
a départis que d'une main beaucoup trop avare.
(*Voyez* t. 11, p. 597 à 444.)

III

Le second chapitre de cette livraison (t. 11, p. 541
à 596), a été consacré à la recherche de la quantité
d'eau qu'il fallait à la ville de Nimes pour qu'elle
fût généreusement approvisonnée dans le présent, et
pour cet avenir évidemment très-prochain, pendant lequel la population doit considérablement s'accroître.

Les études auxquelles je me suis livré me prouvent : que, d'après l'étendue, l'importance actuelle
de notre cité et ce que l'époque la moins éloignée
nous assure ; d'après les circonstances d'industrie, de
climat, et de position topographique où nous nous
trouvons par suite de l'absence de tout cours d'eau
pérenne et voisin de quelque volume, il est indispensable de joindre au moins *six cents* pouces d'eau,
en été, à ce que produit alors la *Fontaine*.

Dans ma conviction, le programme municipal doit

être grandement élargi sur le fait de la quantité demandée.

Par intuition, oserai-je dire par un effet de cet instinct général qui ne trompe guère, un grand nombre d'habitans, pénétrés de cette vérité, réclament au moins *six cents pouces d'eau*, surtout pour les étés secs et brûlans.

En faisant agir la force hydraulique à Lafoux, au moyen d'une dérivation qui prendrait naissance à St-Privat, on pourrait bien, dans les années ordinaires, avec une chute de six mètres et un volume moteur d'un mètre cube et demi, pousser quatre cent trente pouces d'eau dans l'aqueduc; mais, dans les années de grande sécheresse, lorsque, tout au plus, il serait possible ou permis de dériver un mètre cube d'eau de la rivière, *il est bien clair qu'on ne pourrait donner à Nîmes plus de trois cents pouces, et cependant, c'est alors qu'il serait nécessaire que la fourniture fût la plus forte.*

Tel est le côté faible de mon premier projet et de ceux aussi de MM. Bouchet et Surell.

Avec son emplacement du Mas-Duleau, la Compagnie se trouve dans un embarras dont elle ne pourra pas sortir, dès le moment qu'on lui demandera plus de trois cents pouces dans les années arides. Ses frais d'établissement sont plus considérables que les miens et ses produits ne sont pas supérieurs, car, sans blesser autant les intérêts des riverains, je puis dériver plus d'eau à St-Privat qu'elle sur le barrage de Lafoux.

Voici ce qui me paraît être l'état actuel de la question :

Si , comme je n'en saurais douter , la ville de Nîmes reconnaît qu'une fourniture de *trois cents* pouces est insuffisante ;

Qu'il lui faut SIX CENTS pouces d'eau à joindre au produit de la Fontaine,

Il est évident :

Que la dérivation de St-Privat à Lafoux (*mon premier projet*) ,

Non plus que celle de Lafoux au Mas-Duleau (*projet Surell*) , ne peuvent, séparément, suffire à cette fourniture ; tandis que, d'autre part , il serait beaucoup trop dispendieux de chercher le produit convenable par l'emploi exclusif de la vapeur.

On sera donc forcé de recourir :

Soit aux systèmes *mixtes* que j'ai développés dans le chapitre VIe de la livraison précédente ;

Soit aux idées qui font l'objet du premier chapitre de celle-ci ;

Ou , *ce qui me semble bien préférable* , AU PROJET EXPOSÉ DANS LE CHAPITRE TROISIÈME (1).

Cette dernière conception réunit seule tous les avantages :

Restauration de l'aqueduc romain depuis Nîmes jusqu'au-delà du Pont-du-Gard ;

Fourniture convenable pour la ville *et double de ce*

____

(1) *Voyez* t. 11, p. 321 à 340, et p. 397 à 444.

*que le conseil a demandé, sans sortir des limites
pécuniaires qu'il a fixées.....*

Je préfère ce projet à celui de mon premier chapitre, parce qu'ici je ne suis point obligé de créer
deux usines, deux établissemens distincts et séparés,
inconvénient que j'ai toujours regardé comme très-
grave.

Pour se procurer toute l'eau qu'on sent bien maintenant que la ville ne manquera pas d'exiger, la
Compagnie s'efforce, dit-on, de trouver un supplément au produit trop insuffisant du Mas-Duleau, elle
pense à se rapprocher du Pont-du-Gard, *de la
rivière d'Alzon* ; elle projette deux établissemens hydrauliques : — « Quand elle aura formé le premier
au Mas-Duleau, elle en *pourra* construire un autre
plus en amont, distinct et séparé (1). » Ressource
fâcheuse, selon moi ; mais, ce qui me paraît bien
singulier dans ce nouveau programme : — c'est que
les deux batteries de pompes seraient à quinze ou à
dix-huit mille mètres de distance l'une de l'autre, et
que l'embranchement construit hors de la direction
de l'aqueduc romain, depuis le Mas-Rogier jusqu'au
Mas-Duleau, ne dispenserait pas de restaurer le canal
antique du Mas-Rogier jusque vers le Pont-du-Gard :
double emploi, double dépense en pure perte.

De bonne foi, mon projet n'est-il pas plus convenable, c'est-à-dire plus simple et plus économique ?

Cette idée d'une double usine, d'une double dé-

---

(1) Voyez la *Gazette du Bas-Languedoc* du 24 mai 1846.

rivation, ne fut sans doute mise en avànt, le 24 mai, que pour parer à l'effet de l'article que j'avais publié le 7 avril; c'était faire à mon projet d'alors une concurrence peu redoutable. Mais, quant au dernier moyen que j'ai proposé (chapitre III), on ne peut rien lui opposer avec le moindre espoir de succès, car il satisfait SEUL, à toutes les conditions du problème.

IV.

Je m'estime heureux d'avoir prouvé que tout projet acceptable de fourniture d'eau pour Nimes, devait donner à la *Fontaine* un supplément de *six cents* pouces d'eau, d'avoir trouvé un moyen sûr et facile de les obtenir.

On s'est recrié à ce sujet, et l'on m'accuse, avec trop peu de bienveillance, de *varier* dans mes opinions; il me serait facile de prouver que celles de mes compétiteurs n'ont pas une stabilité plus grande.

A quoi servirait, d'ailleurs, d'étudier, avec bonne foi, un sujet compliqué, pendant plusieurs années, si des études et des observations opiniâtres ne devaient pas conduire peu à peu aux meilleures idées?

Quelqu'un a-t-il le don de trouver, du premier coup, la solution d'un problème difficile?

Sur cette accusation, comme sur bien d'autres, je m'en remets avec confiance à l'intelligence de la population, aux lumières, à l'intégrité, à la sagesse de la commission spéciale et du conseil municipal. Cependant, comme certains argumens peuvent paraître spécieux à ceux qui , dans mes précédens écrits, n'en ont pas lu la réfutation anticipée, je vais y revenir encore pour fixer ma position aussi rapidement que possible.

J'ai plusieurs fois changé d'opinion sur le meilleur parti à prendre pour fournir l'eau nécessaire à Nimes, et je ne l'ai nullement caché. Pourquoi craindrais-je de l'avouer ? — Des *Etudes* sont-elles un système arrêté ; et chercher la vérité , sans idée préconçue , avec une entière indépendance, n'est-ce pas le moyen le plus sûr de la trouver ?

Convaincu de la fausseté d'une opinion , je l'ai aussitôt abandonnée et je l'ai formellement déclaré. Les faits que l'étude ou l'observation révèlent sont comme les poids additionnels qui changent l'équilibre des plateaux de la balance.

Je pensai, dès l'origine, et je l'imprimai : — que Nimes n'avait pas besoin *de six mille pouces d'eau* et que , d'ailleurs, il serait impossible de les prendre dans le canal Calvière où ils ne se trouvent pas. Je pensai , — qu'une rigole à pente ouverte depuis Boucoiran jusqu'à la ville , avec douze mille mètres de puits ou de percés , serait une opération désastreuse. — *Je persiste encore dans cette opinion.*

Il fallait remplacer un système que je n'approuvais pas : — m'étayant sur les observations de MM. Baumes et Vincens et de plusieurs autres citoyens recommandables, je crus qu'on trouverait , sous la ville, ou dans son voisinage immédiat, assez d'eau pour suffire aux besoins , pourvu qu'on se résignât à l'éle-

ver au moyen de la vapeur ; j'ai donc pensé à des puisards , à des tranchées.

Mais , lorsque j'ai examiné de plus près ce que coû-
tait l'emploi du combustible ; lorsque, surtout, par
une enquête minutieuse, j'ai appris qu'aux époques
de sècheresse extrème, comme celle de 1822 , l'eau
diminuait de la manière la plus sensible aux norias de
la plaine , qu'un bon nombre s'épuisait et que l'arrosement devenait pénible en général , trouvant dans
tout cela des motifs suffisans contre cette idée , *je l'a-
bandonnai publiquement et sans hésiter.*

Sur l'autorité de Delon et de plusieurs autres , j'a-
vais cru pouvoir recommander les sources qui se trouvent le long des collines au levant et à l'ouest de la
ville ; mais , quand je les eus suffisamment examinées
pendant plusieurs étés consécutifs , *je proclamai leur
insignifiance.* Les eaux du Fouze , de Bezouce , de
Lognac me paraissent seules dignes d'attention aujourd'hui, et je crois encore *qu'on peut en tirer quelque parti , en les prenant à un niveau convenable.*

Je me mis alors à me préoccuper de la restauration
de l'aqueduc romain , et , comme mon ouvrage n'est
plein que de citations de mes devanciers , il est absurde de supposer que j'aie voulu m'approprier une
idée mise en avant, depuis trois siècles , par trente
auteurs *dont j'ai moi-même exhumé les avis.* Mais , je
ne crains pas de le dire, j'ai démontré , avec persévérance , les avantages et la facilité de cette entreprise ; je l'ai, plus que tout autre, étudiée, soutenue,
vulgarisée, et , si jamais le canal antique est rendu à

sa destination première, les habitans de Nîmes ne me refuseront pas, j'en suis sûr, la part de reconnaissance qui me sera due.

En 1820, M. Querry avait proposé de profiter de la chute actuelle du moulin de Lafoux pour élever de l'eau dans l'aqueduc romain avec des roues hydrauliques et des pompes ; ce moyen m'a paru bon, mais insuffisant.

Pour lui donner une action plus productive, M. Bouchet invitait la ville, en 1842, à établir un équipage de pompes à Lafoux, un à Saint-Privat, un au moulin Labaume, en profitant isolément de la chute de chacun de ces moulins et poussant l'eau, dans des tuyaux de fonte, jusqu'à la rencontre de l'aqueduc. Il voulait tripler de la sorte le produit du système Querry ; mais, comme il aurait fallu trois personnels, trois usines et un énorme développement de tuyaux de fonte assez épais pour résister à la pression d'une colonne d'eau de quarante à quarante-huit mètres, et à l'effort nécessaire pour vaincre les frottemens, *je n'ai jamais adopté ce système.*

J'ai proposé, au contraire, de laisser le moulin de Labaume tout à fait en dehors ; de réunir les deux chutes de Lafoux et de Saint-Privat, par un canal d'amenée, et de réaliser sur ce point seulement, mais sur une plus grande échelle, ce que Delon et M. Querry avaient projeté. Ainsi, tout en doublant les produits que ces auteurs pouvaient se promettre, je n'avais qu'une machine, qu'un personnel et quatre-vingts mètres de tuyaux ascendans.

Je pressentis, peu après, que, tòt ou tard, l'eau qu'on pourrait élever au moyen des chutes de Lafoux et de Saint-Privat réunies, ne suffirait pas pour Nimes; une plus grande quantité m'en fut demandée. Mon penchant naturel était pour la restauration complète de l'aqueduc qui m'a toujours très-vivement préoccupé, je l'avoue ; si je ne l'ai pas constamment et uniquement conseillée, c'est que je redoutais :

1° Les frais du rétablissement total ;

2° La difficulté de reprendre les eaux d'Uzès.

Ma première crainte s'est graduellement amoindrie à mesure que j'ai mieux connu le parcours et l'état de l'ouvrage romain.

Quant au détournement des eaux : — du moment que nous ne prendrions que pendant la nuit l'Alzon, dont les riverains jouiraient toute la journée, je ne doute pas qu'il ne fût possible d'en obtenir une quantité suffisante, c'est-à-dire six cents pouces. Comme exemple d'une des compensations qu'on pourrait donner à la ville d'Uzès pour prévenir ses plaintes, je parlai d'un chemin de fer à joindre à l'aqueduc.

Craignant que tout le monde ne partageât pas mon désir de voir restaurer en entier l'œuvre antique, j'ai dû chercher ce qu'il était possible de faire en dehors de ce projet ;

Mais, d'abord, quelle est la quantité d'eau nécessaire à Nimes ? Voilà la question que personne n'avait traitée, et par laquelle nous aurions tous dû commencer.

Il faut plus de trois cents pouces d'eau à la ville ; il

en faut six cents. Voilà ce qu'on m'a dit de plusieurs côtés , ce que m'ont demontré mes dernières recherches.

Mes opinions ont aussi varié sur ce point, je ne m'en défends pas ; je me suis éclairé par la réflexion, par des conseils amis , par l'étude ; j'ai fait comme les membres des commissions successives du conseil municipal de Lyon , comme le conseil lui-même , et je n'y vois aucun mal ; je me félicite , au contraire , d'un changement qui me conduit à la vérité et qui doit procurer un avantage immense à la ville.

Mais , quelle est la conséquence de cette donnée nouvelle , introduite tardivement peut-être dans la question , introduite par moi seul ? La conséquence, *c'est qu'il faut que tous les concurrens changent de système.*

Malgré les variations dont on m'accuse, j'ai pourtant établi bien des choses qui me paraissent évidentes et utiles :

J'ai toujours , avec raison , repoussé la rigole de Boucoiran ;

J'ai abandonné , de même , les tranchées voisines de Nimes , après avoir reconnu la fausseté d'allégations que le nom de leurs auteurs avaient rendues respectables ;

J'ai rectifié les erreurs de Clapiès, de Delon, d'Angrave et de tant d'autres sur les sources des environs ;

C'est approcher de la vérité que de restreindre le cercle de l'erreur.

Il est constant pour moi que la restauration, au moins partielle de l'aqueduc, est le meilleur moyen de donner de l'eau à Nimes.

Quand on l'aura déblayé jusqu'à *Font-en-Gourd*, quand on aura retrouvé, saisi et mesuré l'eau du parcours, on verra définitivement quel est le complément qu'il convient d'y ajouter. Si trois ou quatre cents pouces pouvaient suffire, dans ce cas le meilleur parti serait, je crois l'avoir démontré, de dériver le Gardon à Saint-Privas et d'établir les pompes à Lafoux.

Mais si les sources de Bezouce et des environs n'ont pas une grande importance, et s'il faut joindre à leur produit six cents pouces tirés du Gardon dans les étés les plus secs, alors, comme je l'ai proposé dans le premier chapitre de cette livraison, il faudra, en conservant l'usine de Lafoux, créer un barrage et porter la tête de la dérivation au confluent du Gardon et de la rivière d'Uzès, il faudra restaurer l'ancien aqueduc jusqu'au-delà du Pont-du-Gard ; j'ai suffisamment développé ce système.

Toutefois, bien qu'il pût donner de beaux produits et que la dépense n'en eût pas été exorbitante, il exigeait deux usines séparées, défaut dont je me suis efforcé de l'affranchir. En continuant mes recherches, je trouvai le moyen d'éviter cet inconvénient énorme, et j'ai fait connaître mon projet nouveau dans le troisième chapitre de cet écrit.

Si *le mieux est* parfois *l'ennemi du bien*, n'arrivet-il pas trop souvent *que le bien nuit singulièrement au mieux.*

V.

Je crois avoir suffisamment répondu aux grands reproches de *surabondance d'idées, de variations, d'incertitude dans les systèmes* ; j'ai fait connaître les motifs d'adoption ou de rejet de chacun *dans une situation donnée* ; je passe maintenant à quelques observations de détail.

On trouve que trois cent soixante-cinq fouilles exécutées depuis Nimes jusqu'au Pont-du-Gard, ne suffisent pas pour bien connaître l'état de l'aqueduc antique : — « Trois cent soixante-cinq profils ont été » relevés, dit-on, en travers de l'aqueduc ; si ces » profils ont chacun une longueur moyenne de trois » mètres, ce n'est jamais que 1,095 mètres de re- » connus, au lieu de 54,526..... » Cela est de toute évidence ; mais les projets se font-ils autrement, et la Compagnie, pour connaître la nature du sol sur lequel elle veut établir *son aqueduc neuf*, a-t-elle fait 565 fouilles ? Nous savons au moins, nous, par des explorations effectuées de trente en trente mètres, que nous avons un fonds solide, presque toujours rocheux, parfaitement nivelé, *un radier tout fait*, sans compter beaucoup de voûtes et de murailles ; nos compétiteurs connaissent-ils aussi bien leur emplacement ?

Leur objection n'est pas plus sérieuse que « *la diffi-* » *culté de consolider le canal d'amenée en aval du Pont-*

» *du-Gard*, *de la borne 438 à la borne 440* ». Quand il
serait vrai que le mur de soutènement de la route eût
été renversé plusieurs fois, le canal peut être fermement établi, attendu que, pour peu qu'on creuse au-
dessous du gravier, on trouvera le rocher pour
asseoir les fondations ; dans tous les cas, le moindre
bâtardeau protégerait les ouvrages dans un lieu où
ils ne reçoivent nullement le choc de la rivière dont
le courant est parallèle, dans un lieu où le lit est bien
plus large qu'en amont du Pont-du-Gard, ce qui
amoindrit d'autant la vitesse et la force de l'eau.

J'ai dit *que les eaux du Gardon, après avoir chuté
au moulin de Lafoux, n'étaient plus utiles à rien :*
c'était comme force motrice bien entendu ; de sorte
que, n'y ayant aucune usine inférieure, on pourrait,
librement en pomper, en détourner une grande
partie ; mais je n'ai jamais dit, supposé, pensé même,
comme on le donne à croire, qu'on pourrait, sans
inconvénient, mettre la rivière à sec au-dessous de
Lafoux ; bien loin de là, je maintiens qu'il faudra
toujours laisser dans son lit, entre Lafoux et Comps,
au moins un demi-mètre cube d'eau pour les propriétés
riveraines ; et voilà ce qui ruine le projet de la Compagnie, qui, ne pouvant dériver qu'un mètre cube
dans les étés très-secs, n'élèvera, avec ce volume,
que trois cents pouces au Mas-Duleau.

« Comment mon projet, dit-on, aurait-il pu inspirer
» la Compagnie, — puisque, *plusieurs années avant*
» *moi*, M. Puech, s'occupant d'une dérivation du
» Gardon, *eut un moment la pensée* d'élever trois

» cents pouces d'eau sur le plateau de Solan , pour ,
» de là , les conduire à Nimes?.. »

D'abord , les idées *in petto* n'inspirent personne ;
une idée ne prend date et valeur que par la publicité.
Longtemps avant M. Puech , M. Querry avait eu celle
*d'élever de l'eau du Gardon pour Nimes au moyen d'un
moteur hydraulique* ; mais il l'avait, au moins, *enre-
gistrée* dans un concours.

Quant à moi , frappé de la valeur de ce système
que la vue des lieux m'inspira , puis, que je trouvai
diversement indiqué dans les écrits antérieurs de Delon , de M. Querry , de M. Bouchet , je l'ai modifié ,
étendu , développé , approprié aux lieux et aux besoins de la ville , publiant à chaque fois mes impres-
sions, et je crois , par mon travail , avoir influé sur
le choix du système de M. Surell , qui , du reste , l'a
loyalement déclaré.

« Il est possible, avance quelque part la Gazette , *que
» la Compagnie se décide à la reconstruction de l'ou-
» vrage romain....* » Mes écrits ne seraient-ils encore
pour rien dans cette heureuse péripétie ?

« A moins que les lois naturelles ne changent , me
» dit-on , vous ne parviendrez jamais à élever plus
» d'eau avec une chute de 5^m 50 à 6 mètres que nous
» n'en élèverons avec une chute de 9 mètres !... »

La reponse est bien facile. — Le produit ne dépend
pas seulement *de la chute , mais encore de la hauteur*
à laquelle vous et moi nous sommes obligés d'élever
notre eau.

Dans mon premier projet , six mètres de chute

franche devaient pousser le liquide *à quarante-quatre mètres* de hauteur ; dans le vôtre, huit mètres de chute franche aussi avaient à le monter à *cinquante-quatre* ; *les lois de la nature* voulaient que le résultat fût à très peu près identique (1).

Maintenant que je n'ai plus à monter l'eau qu'à *quarante mètres*, et que je dispose comme vous d'une chute de huit, *les lois de cette bonne nature veulent que mon produit soit beaucoup plus fort que le vôtre.*

Voici, pour en finir, une objection plusieurs fois répétée : — « Vous oubliez qu'autrefois vous tourniez » en ridicule la proposition faite par M. l'abbé Simil, » de rétablir l'aqueduc romain jusqu'à Uzès, *qui ne* » *peut mourir de soif pour nous.* »

Autant de mots autant d'erreurs. Il semblerait par ce passage : 1° Que M. Simil avait fait un projet de restauration de l'aqueduc romain ; 2° que j'aurais tourné ce projet en ridicule ; 3° que c'est moi qui ai dit qu'Uzès ne peut mourir de soif pour nous ; — tandis que M. Simil n'ayant jamais proposé de restaurer l'aqueduc jusqu'à Uzès, je n'ai pu l'attaquer sur ce point, et c'est lui qui a dit la phrase citée.

Voici ce que j'ai écrit :

« Mécontent sans doute de son premier moyen (les pompes mues par la source Ferragère), M. Simil s'ingénie à en trouver un meilleur ; il fait observer

(1) *Voy.* la *Gazette du Bas-Languedoc* des 21, 24 mai, 5 et 9 juillet 1846.

avec raison que , pour procurer à Nimes de l'eau *sans machines* , il n'y a que trois partis possibles :

« 1° Rétablir l'aqueduc romain jusqu'à Uzès , qui » ne peut mourir de soif pour nous...

» 2° Faire une coupure au Rhône...

» 3° Prendre les eaux à Boucoiran... moyens trop » coûteux et trop difficiles... D'où résulte que , dans » l'état des choses , il faut forcément adopter une » machine pour élever les eaux , *et la placer à St-* » *Nicolas...* » (Etudes sur les divers *moyens de procurer des eaux à la ville de Nimes* , tom. 1er, 2e partie , pag. 254.)

Ce n'est pas sans nécessité , mais c'est à regret que j'ai pris la plume pour me défendre ; j'aime bien mieux remercier M. Puech des éloges qu'il me donne *comme historien des eaux de Nimes et antagoniste de la vapeur;* il est vrai que , sur ce dernier point , ses idées concordent avec les miennes (1).

VI.

Le Conseil municipal désire que trois cents pouces d'eau soient conduits à Nimes *au minimum;*

Qu'il n'en coûte que deux millions ;

Et qu'une Compagnie se présente pour exécuter le meilleur projet à forfait.

C'est bien là le programme , mais il faut se garder de le considérér comme si strictement sacramentel ' qu'il soit impossible de s'y soustraire en rien sous

(1) *Voy.* tom. 11 , pag. 128.

peine de déchéance. Des jalons devaient être posés
sans doute ; toutefois, ils ne sauraient être immuables
contre l'intérêt de la cité.

Le Conseil n'offre que deux millions pour trois cents
pouces d'eau au moins ; mais si quelqu'un pouvait en
amener six cents pouces pour deux millions et demi ,
pense-t-on que les tuteurs de la ville hésiteraient , et
qu'ils ne reviendraient pas sur leur premier avis?

Il en est de même pour la question *de l'entreprise
à forfait.* Lorsqu'il était question de travaux tels que
les percés de Boucoiran , où le domaine de l'inconnu,
de l'éventualité est immense , il était sage , il était
nécessaire de s'abriter sous la hardiesse aventureuse
d'une compagnie , parce que la ville ne pouvait ni
calculer, ni fixer d'avance à quelles chances elle
s'exposait.

Quand il s'agit , au contraire , de choses qui déjà
ont été exécutées , de choses aussi élémentaires que
la restauration de l'aqueduc du Gard , l'intérêt de la
ville est de convenir directement avec des entrepreneurs de son choix pour cette portion des travaux.

Pour les machines , il faut traiter directement
aussi avec celui qui doit les fabriquer, les entretenir
et en répondre ; j'en ai dit ailleurs les motifs et j'ai
parlé du barrage et du canal d'amenée.

L'exemple du passé nous l'apprend ; la question
des eaux est trop importante et trop complexe pour
qu'une décision quelconque du conseil municipal et
même des hommes les plus compétens ne puisse être
modifiée. *L'idée la plus avantageuse à la ville sera*

positivement adoptée, *à quelque époque et sous quelque forme qu'elle se présente ;* l'essentiel est donc de la concevoir et de l'exposer clairement ; c'est ce que je crois avoir fait dans mon troisième chapitre.

Quant à la Commission, on semble croire que MM. les ingénieurs nommés, astreints à suivre ponctuellement le mécanisme de leur art, doivent seulement décider lequel des projets est le meilleur, dans ce sens *que les plans, les métrés et les devis en soient dressés avec le plus d'exactitude....*

Je me fais de leur mission une opinion beaucoup plus élevée et mieux en rapport, ce me semble, avec leur position dans la science, avec les intérêts de la cité.

Comme le Conseil municipal, la Commission doit préférer le système le plus avantageux à la ville, c'est-à-dire, celui qui, *dans les limites de la dépense votée ou à peu près,* DOIT DONNER LE PLUS D'EAU *avec le moins de chances d'interruption, de dérangement, et les moindres frais d'entretien...*

C'est la *conception* qui est ici la chose essentielle. Qu'une idée soit supérieure aux autres et que la Commission le proclame, l'exactitude dans les détails du projet ne se fera pas attendre, si par cas elle y manquait. Mais quelle valeur, au contraire, aurait le projet le plus soigné, si le vice de la donnée fondamentale le constituait pour toujours à l'état d'infériorité. C'est là réellement la considération dominante.

La Commission doit donc voir et apprécier les

grands traits : la position des appareils , la force dont on dispose , la dépense approximative , enfin et surtout le produit ; le point de vue général et d'ensemble , c'est la chose essentielle.

Qu'importerait dans une affaire pareille , une variation d'une centaine de mille francs dans les dépenses ?

Quand un projet lui paraîtra foncièrement bon , la Commission peut demander la révision des détails ;

Elle peut exiger des changemens , des améliorations , la modification de certaines parties , la combinaison de certains moyens d'exécution. Son seul but, je le répète , doit être de reconnaître et de signaler ce qui sera le plus avantageux à la cité , avec ce coup-d'œil vaste et sûr qui appartient aux esprits supérieurs et qui ne sacrifie pas à la perfection des détails la supériorité de la conception et de l'ensemble.

Cette pensée m'encourage et me soutient dans le champ que j'explore depuis si longtemps , car je suis certain que nos juges ne préféreront que le projet le plus utile , *et je sais bien que les moyens d'exécution ne manqueront pas pour le système qu'ils proclameront le meilleur.*

Conclusion.

Je pense , en terminant cette livraison :

Que dans les étés les plus secs il faut à Nîmes six cents pouces d'eau distincts du produit de la *Fontaine* ;

Que pour les élever l'emploi de la vapeur serait trop dispendieux et qu'on doit lui préférer la force hydraulique ;

Qu'il faut restaurer l'aqueduc romain plutôt que d'en construire un nouveau ;

Que la dérivation doit commencer au confluent de l'Alzon et du Gard , avec établissemént des machines sur la rive gauche de ce cours d'eau , en aval du pont romain ;

Que la ville doit exécuter elle-même l'entreprise.

Subsidiairement :

Si l'on hésitait sur quelqu'un de ces points , si des recherches , des observations et des études nouvelles étaient nécessaires, je propose , afin de rendre la solution sûre et facile , sans perte de temps ni d'argent :

Que la ville commence *immédiatement* la restauration de l'aqueduc et la pousse jusqu'au *Mas-Rogier*.

On saura par là ce que coûtent les travaux ;

Quelle est la quantité d'eau qu'on trouvera sur le parcours ;

Sans inconvénient d'aucune sorte, on aura le temps de réfléchir mûrement sur les projets existans, de calculer quel est le complément d'eau nécessaire.

Pendant qu'on rétablira l'aqueduc jusqu'au Mas-Rogier, on pourra décider , avec connaissance de cause , s'il convient de diriger plus tard les travaux vers le Mas-Duleau , vers Lafoux , ou d'aller jusqu'au Pont-du-Gard ;

On statuera aussi , pendant ce temps , s'il faut préférer la vapeur ou l'eau comme forces motrices.

C'est là le seul moyen de ne commettre aucune faute, de ne s'exposer à aucun regret.

Toutefois, si rejettant le parti prudent de l'observation, des essais, de l'exécution directe, le Conseil municipal persiste à vouloir tout décider par une seule délibération et à se décharger de tous soins d'exécution sur une compagnie ;

Qu'il soit sans crainte :

LE SUFFRAGE DE LA COMMISSION AURA UNE AUTORITÉ TELLE, QU'UNE COMPAGNIE SE PRÉSENTERA TOUJOURS POUR EXÉCUTER LE PROJET QUI SERA PROCLAMÉ LE MEILLEUR...... ET QU'AUCUNE ASSURÉMENT NE VOUDRA S'OCCUPER D'UN AUTRE APRÈS CE JUGEMENT.

Anduze, le 10 août 1846.

Jules TEISSIER.

APPENDICE.

DES MOYENS D'APPROVISIONNER D'EAU

LES VILLES

D'ALAIS, D'ANDUZE ET D'AIX (EN PROVENCE).

ALAIS (1).

Messieurs,

Les moyens par lesquels l'homme réunit l'eau, l'élève et l'applique à ses besoins ; les avantages qu'il en retire, sont bien plutôt, je l'avoue, du domaine de la science des constructions, de la mécanique, de l'hygiène, de l'économie industrielle, que de la géologie. Toutefois, je ne pense pas que la Société me blâme de la lecture rapide que je vais lui faire, quand elle saura que je m'efforce d'établir et de pro-

(1) En insérant cet article dans ses colonnes, le *Mémorial du Gard* le faisait précéder de ces quelques lignes :

« La réputation et l'autorité que ses travaux persévérans et
» consciencieux sur les *Eaux de Nîmes* ont valu à notre savant
» compatriote, M. Jules Teissier, donnent au mémoire suivant,
» qui a été lu à la première séance de la Société géologique,
» un intérêt qui sera vivement senti par les habitans d'Alais, et
» qui appellera, nous en sommes sûrs, l'attention publique sur
» cette importante question d'utilité locale. »

pager une idée utile aux intérêts de la cité qui nous accorde aujourd'hui une hospitalité si bienveillante.

Mes collègues vont étudier les richesses minérales que la nature répandit généreusement aux environs d'Alais, de St-Ambroix, d'Anduze ; ils trouveront ici des guides pleins de zèle et de lumières. Ai-je besoin de nommer MM. les ingénieurs des mines, — les professeurs de l'école spéciale, — les employés supérieurs de toutes les exploitations, et MM. Dombre et Emilien Dumas, explorateurs infatigables de la contrée ?

Pourquoi faut-il que ma plume ait à mentionner la perte si récente et si prématurée de M. l'ingénieur Lefrançois, objet de regrets bien sincères pour tous ceux qui le connaissaient ?

J'assisterai aux courses, aux recherches, aux conférences de la Société ; j'écouterai avec attention, je recueillerai avec soin les observations qui seront faites dans l'intérêt de la science ou du pays ; mais, avant que je sorte de l'enceinte de la cité, permettez que je m'occupe d'une chose qui me semble de la plus haute importance pour elle, je veux dire des moyens de lui donner les eaux potables qui manquent à ses habitans, et celles qui devraient couler dans les ateliers, assainir les rues, embellir les places publiques.

Bâtie au pied de montagnes où les sources ne peuvent manquer, au bord d'une rivière limpide et qui ne tarit jamais, une ville de quinze mille âmes, riche, éclairée, industrieuse, manque d'eau !.... Cette ville, c'est à Alais.....

Ce simple énoncé est un reproche.

Toutefois, hâtons-nous de le dire : de bons administrateurs, d'excellens citoyens ont voulu remédier, à plusieurs reprises, à cette fâcheuse situation. Leurs efforts n'ont produit encore que de simples projets ; espérons mieux de l'avenir.

Nous allons rapidement indiquer les conceptions mises en avant qui sont venues à notre connaissance ; puis nous exposerons notre système personnel, ce qu'il serait, à notre avis, si important et si facile de réaliser.

I

« Plusieurs sources, disait, il y a quelques années,
» dans une des feuilles périodiques de la localité, un
» des membres de notre Société, connu par ses étu-
» des sur la contrée et par son attachement à sa ville
» natale, M. le baron d'Hombres-Firmas, plusieurs
» sources, plus ou moins profondes, ou les infiltra-
» tions du Gardon qui entourent à moitié la ville, y
» alimentent un grand nombre de puits ; on a des
» citernes dans les lieux élevés ; mais, sans manquer
» d'eau à la rigueur, les habitans n'en sentent pas
» moins de quelle importance seraient des fontaines
» et des eaux courantes pour la propreté des rues,
» pour rendre l'atmosphère plus salubre en rafraî-
» chissant la température brûlante de l'été, pour nos
» fabriques et dans les cas d'incendie... »

Au rapport de M. Bonnal-Olive, historien de la localité, la tradition veut qu'autrefois la fontaine de *Russau* arrivât sur la place du *Marché*, et que ses conduits , venant du côté de la Daude et traversant le pont, aient été coupés en 1629 pendant le siège d'Alais.....

Un auteur anonyme conteste cette assertion par des raisons assez plausibles (1). Selon lui , cet aque-duc ne fut entrepris qu'un siècle plus tard et resta inachevé.

En effet, on trouve aux archives que le 7 mai 1725, M. d'Avéjan , évêque d'Alais , vient exposer au conseil de ville : — « que depuis plusieurs années
» on éprouve une grande disette d'eau en été ; que sa
» corruption , pendant la sécheresse , peut occasion-
» ner de grandes maladies ; que , l'année précédente,
» plusieurs particuliers ont été obligés d'envoyer
» chercher de l'eau hors de la ville , les puits des
» quartiers élevés étant entièrement à sec ; et que ,
» dès lors , il convient de faire conduire dans la cité
» une ou plusieurs des sources qui sont au-de-hors... »

Cette proposition étant adoptée, M. Clapiès , ingé-nieur de la province , fut chargé de faire les plans et devis *pour amener la source de Russau*.

Nous voyons dans ce qui précède un exemple des malheurs occasionnés par le manque d'eau dont la ville est encore menacée ; mais ne devons-nous pas remarquer de plus, qu'en parlant d'utiliser les sour-ces des environs, M. d'Avéjan ne dit pas que celle de Russau ait jamais servi aux besoins des citoyens ?

L'ouvrage de sa dérivation fut entrepris avec zèle :

(1) *Écho d'Alais* du 26 mars 1843.

mais, au bout de peu de temps , par suite d'accidens imprévus , ou plutôt parce que la fourniture d'eau avait été mal évaluée et que la source était trop peu abondante , *comme le conseil le déclara en* 1727 , on abandonna les travaux après avoir dépensé plus de cinq mille livres en pure perte.

Notre auteur anonyme pense que les études de l'ingénieur Clapiès auraient été inutiles s'il ne s'était agi que d'une reconstruction , et comme il n'a pas trouvé d'acte antérieur qui parlât de *fontaines à Alais* , il conclut qu'il n'en a jamais existé.

Cependant , comment concilier une opinion semblable avec ce fait positif que M. d'Hombres avance : — « Chacun a pu remarquer comme nous que les » portions de tuyaux qui restaient étaient à moitié » remplies de tuf que charriaient les eaux ; et vrai- » semblablement ce fut la cause qui empêcha de les » rétablir. »

Cette observation n'oblige-t-elle à admettre : que la source a été d'abord conduite à Alais à une époque inconnue , pour alimenter une fontaine bâtie au Marché ; que les tuyaux en furent rompus pendant le siége soutenu par les protestans contre Louis XIII , et que , cent ans après , M. d'Avéjan , désirant de l'eau pour la ville , pouvait, soit ignorer l'existence de l'ancienne conduite , soit éviter de rappeler des souvenirs irritans ; car les passions religieuses étaient loin d'être étouffées à cette époque ? On cessa les travaux quand on reconnut que le produit serait insuffisant pour toute la cité ; mais tous ces faits nouveaux ne sont point inconciliables avec l'ancienne tradition qui n'indique qu'UNE SEULE FONTAINE, laquelle a coulé, sans aucun doute, puisque les tuyaux étaient engorgés de tuf.

Un autre évêque voulait amener la source abondante et limpide, l'*abbaye des Fonts*; les nivellemens furent faits.

L'ingénieur Pommier projeta de changer, de l'ouest à l'est de la ville, le lit du Gard, dont on aurait conduit une portion des eaux dans ses murs par une dérivation supérieure.

D'autres ont proposé des pompes mues par le vent, un bélier hydraulique, etc...

En 1852, le conseil municipal, pénétré de l'importance des fontaines publiques, fit de leur établissement le sujet d'un concours. Il demandait :

Qu'on amenât sur la place de l'Hôtel-de-Vile *vingt-cinq pouces* de fontainier d'eau de bonne qualité, qui serait distribuée à dix fontaines dans les divers quartiers. On laissait les concurrens libres dans le choix des eaux et des moyens, en appelant toutefois leur attention sur les sources de *St-Privat* et des *Fonts*, ou tout autre du voisinage, et sur le système des puits artésiens.

On n'excluait aucune espèce de pompe ou de machine mue par l'eau courante, par des manéges, par le vent; on indiquait même les pompes fonctionnant par la vapeur et prenant l'eau dans un puisard à établir au-dessous du *Moulin-Neuf*.

En 1841, on eut l'idée de dériver de l'eau du Gardon

vis-à-vis du château de Latour , et de la conduire
jusqu'à la ville sur les accotemens du chemin de
fer (1).

II.

Avant que d'exposer les idées qui nous sont propres , il est naturel que nous fassions connaître notre
opinion sur celles de nos devanciers ; mais il est deux
points que nous devons fixer préalablement à cet examen , pour lui servir de base , c'est la quantité d'eau
qu'il convient de donner à la ville , et le niveau auquel il faudra la porter.

Nous l'avons prouvé dans nos *Recherches sur les
eaux de Nîmes* (2), pour qu'une ville indutrielle soit
largement, généreusement approvisionnée, il faut :
— Que , sous notre climat, sa fourniture soit équivalente *à trois cents litres par jour et par habitant*,
s'il n'y a ni rivière , ni cours d'eau pérenne dans le
voisinage ; *dans le cas contraire , deux cents litres
suffisent.* Alais est heureusement placé dans cette
dernière catégorie.

Dès-lors, puisqu'il s'y trouve, ou qu'on y comptera
bientôt quinze mille habitans (*intrà-muros*) , il faut
CENT CINQUANTE POUCES D'EAU pour la population actuelle ou celle qu'on aura dans quelques années.

Quant à la hauteur , l'eau doit facilement atteindre
aux quartiers les plus élevés. S'il faut pour cela ,

(1) Voir le journal déjà cité , numéro du 15 août 1841.
(2) Tome 11 , 2ᵉ partie, chapitre 2 , page 341 à 596.

quand on use de moyens mécaniques, une dépense de force plus considérable , on a , d'autre part , l'avantage de pouvoir desservir toutes les maisons , places et rues, d'employer, pour les répartitions, des tuyaux d'un moindre diamètre , et de distribuer l'eau à tous les étages , au moins dans les quartiers bas , soit pour les usages de la vie commune, soit au moment des incendies.

Ces faits posés , nous voyons tout de suite que les sources de *Russau*, des *Fonts*, de *Saint-Privat* ne donneraient qu'une quantité d'eau complètement insuffisante.

La dérivation de M. l'ingénieur Pommier amènerait l'eau beaucoup trop bas, aussi bien que celle qui, partant du château de *Latour*, suivrait la ligne du chemin de fer. Dans le système qui exclut les machines, pour avoir le liquide à une élévation convenable, il faut porter le barrage du Gardon à une très-grande distance , ou employer des tuyaux d'un très-fort diamètre ; de sorte que, dans tous les cas , les frais de pose et d'entretien de ces tuyaux seraient en disproportion avec les ressources de la ville.

Il y a dix mille mètres environ de distance de *Latour* à Alais, et la pente de la rivière peut être d'une vingtaine ; eh bien ! si l'on voulait n'employer que des tuyaux de 0m 25 de diamètre pour conduire cent cinquante pouces d'eau , il faudrait donner plus de vingt mètres de pente à la conduite , qui , par conséquent , arriverait à Alais au-dessous du niveau du Gardon. A la vérité , deux mètres de pente suffiraient avec des tuyaux de 0^m 50 de diamètre ; mais , quelle ne serait pas la dépense d'une pareille conduite d'eau ?

Des tuyaux de 0^m 25 coûtant 40 fr. le mètre courant, tout placés , il en faudrait pour quatre cent mille francs, sans compter les indemnités de passage et le barrage de la rivière. Quant aux tuyaux de 0^m 50 de diamètre, la dépense, à 100 fr. le mètre courant, atteindrait un million pour ce seul objet.

On ne pourrait établir , sans de grandes difficultés et de grands frais , un aqueduc maçonné au-dessous ou à côté du chemin de fer , attendu que le service n'en doit pas être interrompu , et que sur les chaussées, dans les tranchées et les percés , il n'y a pas de largeur surabondante ; il faudrait pourtant donner à l'aqueduc des dimensions suffisantes pour qu'un homme pût le parcourir.

L'action du vent, l'emploi des manéges ne peuvent être sérieusement proposés.

Les puits artésiens sont chose absolument aléatoire.

Le bélier hydraulique n'a pas encore été employé pour produire de grands effets ; c'est une machine délicate , qui s'use vite par ses chocs, ses ébranlemens, et qui , hors des petites dimensions, ne produit pas un *effet utile* considérable.

Les pompes à *pistons plongeurs*, mises en mouvement soit par la vapeur , soit par une chute d'eau, peuvent seules satisfaire aux conditions de notre programme. Mais , je l'ai longuement démontré ail-

leurs (1), les machines à vapeur sont d'un entretien
si dispendieux, elles exigent, tous les ans, des allo-
cations si considérables en combustible, qu'on n'est
pas sûr que le budget puisse les supporter. Je crois
donc la force hydraulique préférable, partout où l'on
peut disposer d'un moteur de ce genre. Alais possède
en ce moment cette ressource précieuse ; il ne doit ni
la méconnaître ni s'en départir ; il doit, au contraire,
en faire usage sans retard et à tout prix.

III.

Pour construire le quai de ceinture qui la met à
l'abri des irruptions de la rivière, la ville fut obligée
d'acheter, de démolir le moulin à blé de M. Levesque,
dit le *Moulin-Neuf ;* mais le barrage, la chute d'eau,
les canaux de fuite restèrent ; enfin, l'on a construit,
sous le quai, une salle immense propre à recevoir
toute espèce d'appareils. Alais possède donc l'emplacement et la force hydraulique nécessaires pour se
donner de l'eau potable ; il s'agit d'en user.

Comme on n'exproprie pas à bon marché pour
cause d'utilité publique, le moulin, tel qu'il est, coûte
à la ville près de deux cent mille francs, dont elle ne
retirerait peut-être pas la moitié à la revente.

Or, pour l'usage le plus important auquel la cité
puisse l'employer dans son propre intérêt, c'est-à-dire

(2) *Recherches sur les eaux de Nîmes*, tom. II, 1re partie, chapitre VIII et notes, page 507 à 514 ; 2e partie du même volume,
chapitre IV.

pour mettre en mouvement des pompes qui élèveraient de l'eau pour tous les habitans, cette usine vaut bien plus de cent mille francs qu'on pourrait la vendre, bien plus de deux cent mille francs qu'elle a coûté.

Cent cinquante pouces d'eau élevés à la hauteur de la place de l'*Hôtel-de-Ville*, et se répandant de là dans tous les quartiers, seraient pour Alais, personne n'en peut douter, un bienfait d'un prix inestimable, une de ces entreprises qui changent l'état, les ressources, l'aspect, la population d'une ville.

Examinons attentivement ce que cette entreprise coûterait :

1° Valeur vénale du moulin Levesque ou *Moulin-Neuf*, la salle qu'on a construite, devant servir à l'établissement des appareils............fr. 100,000

2° Machines motrices et pompes........ 80,000

3° Mille mètres de tuyaux ascendans pour une conduite double, de 500 mètres de long, depuis les machines jusqu'à la place de l'Hôtel-de-Ville et de 0^m 30 de diamémètre, à 50 fr. le mètre courant......... 50,000

4° Puisards et tranchées au pied des pompes pour avoir constamment de l'eau fraîche et limpide,................. 50,000

5° Fontaines et distributions dans les divers quartiers...................... 120,000

Somme à valoir................. 20,000

TOTAL.............. 400,000

Mais, le moulin appartenant déjà à la ville, elle

n'aurait réellement à débourser que trois cent mille francs, et comme, sur cent cinquante pouces, elle pourrait en aliéner au moins cinquante pour l'intérieur des habitations ou pour l'industrie privée, *sous la condition qu'ils ne seraient employés que dans son enceinte*; comme chaque pouce se vendrait facilement deux mille francs, ou s'affermerait, sous une rente représentative de l'intérêt de cette somme, la ville ne débourserait réellement que deux cent mille francs, pour être largement et généreusement approvisionnée.

La force hydraulique, en excès pendant neuf mois de l'année, et employée alors à la mouture des grains pour les habitans, payerait largement les frais d'entretien et de surveillance de tous les appareils.

Voici, comme point de comparaison, le tableau des dépenses qu'on a faites à Toulouse pour élever trois cents pouces d'eau à vingt-trois mètres de hauteur, et les distribuer dans la ville ; on verra que nos estimations sont bien plutôt fortes que faibles, puisque nous ne proposons, ici, de porter que cent cinquante pouces à quatorze mètres seulement.

Château d'eau et accessoires que notre moulin remplace.................................... fr. 100,736

Machines et appareil de jaugeage...... 92,047

Les filtres.............................. 131,727

Distribution dans l'intérieur de la ville .. 430,000

Nous ferons remarquer, sur ce dernier article, que la surface d'Alais étant, au plus, le quart de celle de la capitale de notre province, et la quantité d'eau à distribuer n'étant que la moitié de celle dont jouit Toulouse, notre estimation de cent vingt mille francs ne saurait être atteinte. D'ailleurs, la fonte et la main d'œuvre ne sont-elles pas beaucoup moins chères ici ?

Cent soixante et dix mille francs ont été dépensés à Toulouse pour les canaux de fuite et d'amenée de l'eau motrice ; or, à Alais, il n'y aura pas de canal adducteur et les canaux de dégorgement sont tout faits ; nous n'avions donc pas à tenir état de cet article.

Quant aux filtres, ils n'ont coûté si cher à Toulouse que par suite d'essais et de tâtonnemens infructueux dont la ville d'Alais saurait se garantir.

L'expérience de tous les puits du quartier bas prouve suffisamment que l'eau, prise à quelques mètres de la rivière et qui en provient par infiltration, est bonne, fraîche et limpide. Le Gardon, d'ailleurs, ne reste que très-peu de jours trouble et vaseux à l'époque de ses crues.

IV.

Ce n'est pas tout que d'avancer qu'Alais aurait un avantage immense à recevoir, pour trois cent mille francs, *en y consacrant le Moulin-Neuf*, cent cinquante pouces d'eau élevés par la force hydraulique à la hauteur de la place de l'*Hôtel-de-Ville*, et se distribuant de là dans tous les quartiers (1) ; il faut

(1) Le louage ou la vente de cinquante pouces pourrait diminuer la dépense de cent mille francs, nous l'avons déjà dit.

prouver que la chose est possible. Nous avons donc à faire ici le calcul des forces dont nous pouvons disposer , et des résistances à vaincre.

Les résistances sont celles-ci :

Un pouce d'eau étant regardé comme donnant vingt mètres cubes par vingt-quatre heures, cent cinquante pouces d'eau équivaudraient à $150 \times 20 = 3,000$ mètres cubes.

Le pavé de la place de l'Hôtel-de-Ville étant , devant la porte de cet édifice , à quatorze mètres au-dessus de l'encrètement du barrage du moulin *Levesque* , la résistance totale sera de 3,000 mètres cubes élevés à quatorze mètres , ou 42,000 mètres cubes élevés à un seul.

Quant à la charge nécessaire pour faire marcher avec une vitesse suffisante 150 pouces d'eau dans deux conduites de 0^m 50 (75 pouces d'eau dans chaque) sur une longueur de 500 mètres , elle n'est que de 0^m 20 ; nous en tiendrons compte tout-à-l'heure.

Ce faible obstacle réservé , la résistance générale que nous avons à surmonter est donc de *quarante-deux mille mètres cubes d'eau*, ou quarante-deux mille tonnes, en poids, à élever à un mètre , en vingt-quatre heures; examinons si nous pouvons disposer d'une force équivalente.

Le moindre volume d'eau que roule le Gardon , sa fourniture la plus reduite , suivant des expériences faites par M. Doyat ingénieur des ponts-et-chaussées, et par M. Auphan architecte de la ville d'Alais, les 2 , 5 et 6 septembre 1823 , *lors des plus basses eaux connues*, est de 50,270 mètres cubes par vingt-quatre heures, moyenne de plusieurs expériences faites au-dessous du barrage du *Moulin-Neuf*, qui est celui du sieur Levesque et dont nous nous occupons.

Les mêmes expériences faites au-dessous du barrage du moulin de *Gournier* (canal et Gardon compris), ce moulin situé à deux mille mètres environ en amont d'Alais, donnèrent pour résultat moyen 57,208 mètres cubes.

La diminution trouvée à Alais tient sans doute à une perméabilité plus grande du lit de la rivière ; mais, quoi qu'il en soit, nous calculerons sur la supputation la plus faible ; nous ne compterons même, pour le débit journalier de la rivière, que cinquante mille mètres cubes en nombre rond. De plus, nous abandonnerons un cinquième de ce volume pour pertes aux vannages et filtrations soit au-dessous, soit au travers de la chaussée ; nous admettrons donc qu'on ne puisse profiter aux empèlemens des moulins que de quarante mille mètres cubes d'eau par vingt-quatre heures.

Mais cette eau ne chute pas seulement d'un mètre ; elle chute de $2^m 17$; laissant les $0^m 17$ pour le remous des eaux quand les machines fonctionneront, nous aurons pour puissance motrice 40,000 mètres cubes chutant de deux mètres, ou 80,000 mètres cubes chutant d'un seul.

Le travail mécanique de la *turbine Fourneyron* est au moins les soixante et dix centièmes de celui dont le moteur est capable, et les *pompes à plongeur* donnent au minimum les soixante et quinze centièmes du travail développé sur la tige du piston.

Il suit de là que, si nous employons les turbines, nous aurons sur leur axe les $70_{\mid}100^{mes}$ de la force de notre chute d'eau, soit : $80,000 \times 0,70 = 56,000$ mètres cubes élevés à 1 mètre.

Et les pompes donnant les 0,75 de ce travail, elles monteront : $56,000^{me} \times 0,75 = 42,000$ mètres cubes à 1 mètre, soit 5,000 mètres cubes à quatorze mètres, ce qui, comme nous l'avons dit, est le chiffre de la résistance à vaincre.

On voit par là que, dans les plus grandes sécheresses, qu'aux étiages extrêmes, dans cet état infime de la rivière qui reparaît, tout au plus de siècle en siècle, on pourrait toujours élever *cent cinquante pouces d'eau jusqu'au pied de l'Hôtel-de-Ville, point culminant du sol habité*, sauf quelques exceptions de peu d'importance auxquelles nous aurons soin de pourvoir.

En effet, comme de pareilles sécheresses sont très-rares ; comme, d'ailleurs, avec des planches mobiles, on peut surélever le barrage d'environ quarante centimètres, ainsi que le précédent propriétaire le faisait tous les étés, rien n'empêcherait avec cet excédant de force, de porter une dixaine de pouces d'eau, non-seulement à la *Maréchale*, mais encore dans l'intérieur de la Citadelle, sans déranger le reste du service.

Cette quantité serait plus que suffisante pour alimenter en même temps que la prison, la place qui sert de promenade, les bosquets qui l'entourent, les quelques rues les plus élevées de la ville et l'hôpital (1).

On dira peut-être : N'y a-t-il aucune erreur possible dans ces calculs, et, quand viendra l'exécution, ne faudra-t-il pas fortement en rabattre, comme on ne le voit que trop souvent?

Cela peut arriver par deux causes :

La première, si les travaux sont mal exécutés ; — la ville seule a qualité de veiller sur ce point;

La seconde, si les données sur lesquelles mes calculs reposent ne sont pas exactes.

Ainsi :

Au cas où la chute du *Moulin-Neuf* ne serait pas de 2^m 17, comme M. Auphan me l'a assuré ;

---

(1) M. Auphan, architecte de la ville d'Alais, a eu l'extrême complaisance de m'accompagner au *Moulin-Neuf*, de me faire connaître la hauteur du barrage fixe et mobile, le volume d'eau, la longueur du canal de fuite qui est de 703 mètres, avec une pente de 1^m 25; enfin, la hauteur approximative de divers points de la ville au-dessus de l'encrêtement du barrage fixe.

Cette hauteur, résultant d'un premier nivellement fait à la hâte, est pour :

La Citadelle......................	33^m 42
La Maréchale	22 59
La rue de la Sous-Préfecture.........	14 97
La place de l'Évêché	9 19
La basse place St-Jean	5 70.

J'adresse ici mes sincères remercimens à M. Auphan pour son affectueuse bienveillance.

Au cas où les mesurages de M. Doyat sur l'étiage extrême du Gardon seraient fautifs ;

Au cas où l'on puiserait l'eau plus bas que l'encrêtement du barrage ;

Ou bien, si on voulait la pousser à plus de quatorze mètres au-dessus de ce point ;

Dans toutes ces circonstances, il y aurait lieu à diminution proportionnelle à l'importance des erreurs. Mais, s'il est possible qu'il y ait à rabattre sur toutes les données, n'est-il pas possible au contraire que tous les élémens de nos calculs soient trop faibles ? Dans ce cas, on verrait la fourniture augmenter au lieu de diminuer (1).

Des erreurs contraires sur les élémens peuvent aussi se compenser, se faire équilibre.

Enfin, si, par prudence, nous croyons devoir rejeter l'espoir de toutes les chances favorables et n'admettre la possibilité que des mauvaises, qu'arrivera-t-il ? Rien autre chose qu'*une diminution sur les cent cinquante pouces que nous avons annoncés....*

Mais, ne l'oublions pas, cent cinquante pouces pour quinze mille âmes, c'est une fourniture splendide, et, quand elle serait réduite d'un tiers, ce qui ne peut jamais arriver, Alais serait encore une des villes les mieux approvisionnées ; *il obtiendrait cent pouces*, et l'on peut se rappeler que le programme

(1) Le 31 juillet 1836, M. l'ingénieur Rousseau a trouvé que le Gardon débitait, au moulin du Paradis, 69.120 mètres cubes, ce qui est presque deux septièmes de plus que n'avait trouvé M. Doyat.

municipal de 1852 *n'en demandait que vingt-cinq* (1).

Qu'Alais ne recule donc devant aucun sacrifice pour se procurer l'élément le plus important de sa prospérité future , pour avoir, au pis aller , *quatre fois plus d'eau* qu'il n'avait osé l'espérer , et SIX FOIS PLUS si, comme je le pense, des données exactes m'ont été fournies.

(*Lu à Alais, à la réunion extraordinaire de la Société Géologique de France , le 30 août 1846.*)

----

(1) Les 0ᵐ 20 de charge qu'il faut donner aux conduites ascendantes n'obligeraient qu'à baisser d'autant le point d'arrivée, ce qu'on obtiendrait en portant le bassin à deux ou trois pas au levant du perron de l'Hôtel-de-Ville , la place ayant une pente assez forte. Si on ne voulait rien sacrifier de la hauteur , on le pourrait, en abandonnant seulement un soixante et dixième du produit, c'est-à-dire un peu plus de deux pouces

Des moyens d'approvisionner d'Eau la ville d'Anduze (1).

MESSIEURS ,

Les moyens que j'indiquais, dans une de nos dernières réunions, pour approvisionner d'eau la ville d'Alais, sont purement mécaniques ; ils n'ont qu'un rapport très-indirect , je l'ai dit, avec les travaux de la Société , et je ne me suis hasardé à vous en entretenir que sur le motif qu'Alais possède, par une cause fortuite mais heureuse, une force hydraulique considérable dont il ne doit se départir à aucun prix. Au contraire, sans se laisser arrêter par les sacrifices pécuniaires , il doit employer, sans retard, cette

(1) En publiant ce mémoire , nous croyons répondre aux désirs et aux intérêts de nos concitoyens. Il est bon que ces sortes de questions soient mises partout à l'ordre du jour , elles intéressent éminemment la salubrité et la prospérité générales. Ce nouveau travail de notre savant compatriote , dont la Société géologique a entendu la lecture avec un vif intérêt, présente d'ailleurs ce mérite particulier qu'il montre aux yeux des gens du monde l'utilité toute pratique d'une science que la plupart sont disposés à considérer comme une étude spéculative. (*Note du rédacteur du* MÉMORIAL DU GARD.)

force motrice afin de se procurer l'élément le plus précieux de salubrité, de prospérité, d'agrément pour toute population agglomérée.

Je redoutais qu'une vente, depuis longtemps annoncée, ne vint enlever la possibilité d'un si grand bienfait, et cette crainte me fit rompre le silence. Aujourd'hui, je n'appellerai l'attention de la Société que sur des considérations purement géologiques ; la fourniture d'eau de la petite ville d'Anduze, où je suis né et que j'habite, va m'en donner l'occasion.

Cet approvisionnement n'est point entièrement à créer, comme à Alais ; il en existe quelque chose ; mais ce que nous possédons est loin d'être suffisant. Depuis longtemps, je m'occupe des moyens de remédier à cette pénurie ; je crois pouvoir y réussir, en prenant pour guide la science même qui nous réunit dans cette enceinte.

Voilà ce qui m'engage à vous entretenir brièvement.

La ville d'Anduze reçoit son eau de trois sources, qui surgissent à environ six cents mètres de distance de ses murs, et qui débitent ensemble à l'étiage, au moins huit pouces d'eau.

Deux pouces se perdent en chemin, soit par le mauvais état des conduits, soit par les entreprises des propriétaires dont ils traversent les héritages.

La ville s'est préoccupée de ce fâcheux état de choses ; j'ai fait, à ce sujet, un rapport détaillé au conseil municipal, et j'ai proposé : de mettre les tuyaux hors des propriétés privées ; de les placer, en les renouvelant tous, au milieu des chemins publics où les usurpateurs ne pourraient clandestinement les atteindre.

Il résulte des plans et devis que M. Bos, conducteur des ponts et chaussées, voulut bien dresser à cet effet, que si l'on refaisait à neuf les conduites en poterie, la dépense serait de *dix mille francs*;

Qu'il faudrait *dix huit mille francs* pour des tuyaux en fonte;

Et qu'enfin, si l'on voulait poser les tuyaux de terre sur des consoles, sous une voûte qu'un homme pourrait parcourir, une somme de *vingt-cinq mille francs* deviendrait nécessaire.

Evidemment, ce serait payer trop cher la conservation de deux pouces d'eau que de dépenser pour cela, soit *dix mille*, soit *dix-huit*, soit surtout *vingt-cinq mille francs*, suivant le moyen mis en usage.

La pénurie des habitans serait moindre, sans doute, avec huit pouces d'eau qu'avec six, mais elle existerait encore.

Je trouve donc, après y avoir mûrement réfléchi, que s'il y a quelque chose à faire, outre les travaux d'entretien, que si la ville veut se livrer à une dépense extraordinaire pour ses fontaines, *l'essentiel est d'abord de se procurer une plus grande quantité d'eau*, sauf à s'occuper plus tard de perfectionner à grands frais les moyens de conduite, quand un volume suffisant de liquide sera trouvé.

Pour qu'Anduze fût approvisionné sur le même pied que nous proposons pour Alais, *il lui faudrait*

cinquante pouces d'eau. Il est à craindre que de longtemps on ne se procure cette quantité, mais, comme
nous ne pouvons en rester à celle de six ou huit
pouces, voici le moyen que j'indique pour améliorer
la position peu-à-peu, c'est-à-dire sans outre-passer
les ressources dont la ville peut disposer.

Au sud-ouest d'Anduze, il existe une montagne
assez élevée dont le *lyas* forme la base, et la *dolomie*
la partie moyenne et supérieure, c'est-à-dire, les
deux-tiers de ce qui s'élève au-dessus de la rivière
ou du *thalweg* du vallon ; c'est la montagne du *Poul-
verel* dont le point culminant se nomme le *Puech-
Souleyret.* Les mêmes conditions géologiques se retrouvent aux quartiers des *Mollières,* de *Veyrac,* de
Tavillon, de *Malhiver.*

Les eaux pluviales s'infiltrent facilement dans la
roche dolomitique fissurée de ces localités ; mais,
arrivées à une certaine profondeur, elles rencontrent les couches imperméables du lyas, et alors
elles viennent à jour si la configuration de la montagne le permet, c'est-à-dire, si le lyas est dénudé.
Si, au contraire, la couche imperméable est partout
recouverte par d'autres terrains, ces eaux restant
enfouies, descendent toujours vers le thalweg soit
en lames, soit en goutelettes, soit en filets non ap-
parens.

Suivant la belle carte géologique de notre collè-
gue, M. Dumas, ce serait l'étage oolithique inférieur
qu'on observerait ici au-dessous de la dolomie ;
mais, à notre point de vue, peu importe la désigna-

tion géognostique ; l'essentiel, pour notre théorie, se trouve dans les seules circonstances physiques d'une roche perméable superposée à une autre qui ne l'est pas.

Le soulèvement du terrain ayant eu lieu au nord, à l'ouest et au sud, les couches, à ces trois aspects de la vallée, plongent en convergeant, c'est-à-dire qu'elles forment comme un demi-amphithéâtre dont les gradins descendent vers la rivière. Ces circonstances particulières dans la constitution du sol, d'une masse perméable reposant sur des couches qui ne le sont pas et qui penchent vers le lit du Gardon, expliquent d'une manière naturelle et satisfaisante l'existence des sources nombreuses et intarissables de Malhiver, de la Tourette, de Veyrac, des Mollières, des Poulverels, de la Figuière, de la Mansarde, et enfin, le produit de la plupart des puits d'Anduze.

Toutes ces sources résultent du même mode général de formation ; quelques accidens locaux ou restreints dans la nature, dans la disposition des roches, peuvent expliquer leurs légères différences. Les plus fraîches, par exemple, ont filtré au travers de la plus grande masse de terrain ; c'est le cas de la plupart des puits d'Anduze qui reçoivent, beaucoup moins qu'on ne le croit, leur eau de la rivière de Gardon.

Lorsque des coupures abruptes se trouvent sur certaines parties de la montagne, lorsque la dolomie a disparu sur quelques points et que le lyas paraît à jour, alors des sources, des filets, ou tout au moins un suintement d'eau se manifestent en ces lieux. Il faut, en effet, que le produit de la pluie, absorbé par la dolomie et qui ne la traverse que molécule à molécule, se retrouve et se réunisse, au bout d'un temps plus ou moins long, dans toutes les dépressions du lyas imperméable, pour couler ensuite suivant sa pente.

Si le lyas paraît au jour, cette eau est conduite à la surface sous forme de source ou de suintement ; mais quand la roche imperméable sur laquelle le liquide coule reste couverte de dolomie, de formation d'eau douce, de diluvium, de terrain de transport récent ou de terre végétale, alors l'eau inconnue, invisible, descend de plus en plus vers les points déclives de la vallée à l'état de courans souterrains, et à des distances souvent très-grandes de la surface.

L'art peu faire, sur certains points, ce que le hasard ou la nature ont produit sur d'autres. Dans les circonstances géologiques où nous nous trouvons, pour avoir de l'eau et pour en avoir beaucoup, il ne s'agit que d'intercepter les courans, les filets, les simples stillicides, à une hauteur suffisante pour que la ville en puisse profiter. Plus bas l'on agirait et plus d'eau l'on retrouverait sans doute, mais il faut que cette eau puisse se rendre dans les conduits publics.

Il convient donc, depuis la première source de nos fontaines, celle de *Galinière* dont l'émergence est au point de contact du lyas et de la dolomie, — il convient, dis-je, à partir de cette source, d'ouvrir une tranchée assez profonde, ou mieux une galerie souterraine qui, du nord au sud, suive le point de contact des deux formations.

Nous découvrirons nous saisirons ainsi beaucoup de veines d'eau inconnues aujourd'hui qui échappent à tout le monde, et la ville d'Anduze pourra augmenter autant qu'elle le voudra le volume de sa fourniture, puisque le produit s'accroîtra en raison de la longueur du développement qu'on donnera aux explorations et aux fouilles.

C'est un cas analogue à celui de l'exploitation d'un filon métallique; le filon est trouvé, il peut être plus ou moins riche, mais il produira toujours quelque chose et proportionnellement, dans tous les cas, à l'étendue des travaux.

A deux cent soixante-dix mètres seulement de l'origine des tuyaux de la ville, se trouvent plusieurs sources, naissant dans un pli du terrain qui semble dominé par des eaux abondantes, puisqu'elles se manifestent aux moindres fouilles dans diverses propriétés. Toutes ces eaux sont supérieures aux réservoirs municipaux.

A trois cent cinquante mètres de ce premier vallon ou dépression de terrain se trouve le plateau principal du quartier des Poulverels dominé par le Puech-Souleyret et plusieurs autres monticules. C'est sur ce plateau que naît la belle source *de Madame d'Anduze* qui fait tourner les moulins de la Figuière; mais, à une certaine profondeur, tout ce quartier paraît n'être qu'un réservoir d'eaux abondantes.

Elles se manifestent au fond de tous les puits et norias qu'on a creusés et qui ne tarissent jamais.

Pendant sa mairie, M. de Narbonne étoit dans l'intention de faire percer un tunnel dans le rocher, depuis la source de la Mansarde jusqu'au milieu de ce plateau ; c'était une vue large et utile, digne d'un bon administrateur auquel je me félicite de trouver une occasion de rendre publiquement la justice qui lui est due. Il aurait, sans contredit, placé l'argent de la ville d'une manière bien fructueuse.

Mais ce plan avait été inspiré plutôt par la considération des sources existantes et visibles qu'on aurait cherché à atteindre, que par une déduction théorique sur ce qui doit se passer au contact de deux terrains de nature opposée, dont le supérieur tamise l'eau avec une lenteur convenable, tandis que l'inférieur offre un obstacle insurmontable à la continuation de sa descente verticale. Il fallait que l'observation géologique fît comprendre les véritables conditions du phénomène, pour qu'on pût espérer d'obtenir un produit proportionnel à la longueur pendant laquelle on suivrait la superposition des deux roches.

Ainsi, en établissant une galerie, comme je le propose aujourd'hui, non pas au hasard, mais dans une position rationnelle ; en la faisant partir du point de contact du lyas et de la dolomie, en choisissant le point le plus bas qu'il puisse être utile et logique d'attaquer, *on se placera sur la ligne où l'on doit trouver le plus d'eau*, une eau dont la majeure partie ne se

montre pas au jour assurément, et dont, par conséquent, personne ne profite. Comme ces travaux
seront, en général, sur un plan beaucoup plus bas
que les sources, puits et norias existans, il est très-
probable que, tout en obtenant les plus beaux résul-
tais, on ne portera préjudice à personne.

Il n'est pas indispensable d'effectuer tout d'un coup
l'entreprise totale ; rien n'empêche de procéder petit
à petit, successivement, et la ville d'Anduze peut être
sûre que chaque mètre d'avancement du tunnel
amènera son filet d'eau dans ses réservoirs. Je con-
nais une masse d'eau sans écoulement, ne servant
à personne, et qu'on atteindrait par quelques jour-
nées de travail; elle n'est pas à cinquante mètres du
réservoir municipal de *Galinière*.

Je pourrais donner ici l'histoire hydrique de toutes les montagnes des environs d'Anduze; je me
bornerai, pour abréger, à quelques remarques très-
rapides.

Au nord, la montagne de *Paillières*, à base gra-
nitique très-peu perméable, abrupte d'un côté, est
recouverte sur son versant le plus doux par une couche de grès ou d'arkose assez perméables, dans les
quelles on trouve des sources nombreuses. Au pied
de cette montagne, dans le vallon de la Bahou, le
granite et l'arkose sont recouverts par le lyas ;
aussi, quand on perce ces couches lyasiques on
trouve au-dessous de l'eau en abondannce, laquelle
y est conduite par l'inclinaison de la montagne. *Il est*

probable que des puils artésiens réussiraient dans cette vallée.

A l'orient et à l'ouest d'Anduze, le calcaire oxfordien repose sur les marnes dites de l'oxford-clay, aux montagnes de *Pierremale* et de *Saint-Julien ;* ces marnes retiendraient bien l'eau, mais le mode de stratification du calcaire d'Oxford ne permet pas qu'elle soit convenablement aménagée.

Quand il pleut, l'eau ne pénètre pas les couches oxfordiennes horizontales ; elle glisse aussitôt sur elles et se rend immédiatement dans la rivière ou dans les ruisseaux du voisinage.

Si, au contraire, les couches sont verticales ou inclinées, l'eau pénètre bien dans les joints de stratification, mais, comme ils ne sont pas très-serrés, elle descend beaucoup trop vite. On a, pendant quelques jours, de belles cascades de tous les côtés, mais les réservoirs s'épuisant promptement, on n'a pas de source pérenne.

Au-dessous de *Pierremale*, la fontaine de *Cantarane* fournit seule de l'eau tout l'été, parce que son émergence a lieu très-bas et que, par suite de deux relèvemens en sens contraire, elle réunit le stillicide de toute la montagne. Toutefois, malgré cette position favorable, elle ne donne que très-peu d'eau pendant la sécheresse.

Lacan, point culminant des environs d'Anduze, à sommet oxfordien et à base marneuse comme Pierremale et Saint-Julien, ne donnerait pas plus de sources que ces deux montagnes, si la dolomie ne paraissait de plusieurs côtés dans son massif.

Enfin, la montagne dolomitique de l'*Arbousset* ne donne que très-peu d'eau du côté de la vallée du Gardon, parce que les couches imperméables qui lui servent de base penchent, en sens inverse, du côté du hameau de Boisset où se trouvent de belles sources.

On le voit, pour deux villes aussi voisines qu'Alais et Anduze, nous proposons des moyens d'approvisionnement tout différens. C'est qu'en pareille matière il faut se régler avec sagesse suivant les circonstances locales, après en avoir fait une étude convenable. Il ne saurait y avoir ici de principe absolu, de procédé exclusif et qu'on dût employer en tout état de cause.

DES EAUX D'AIX.

Messieurs,

Dans mes *Recherches sur les Eaux de Nîmes*, j'ai donné l'historique de plusieurs entreprises de nature diverse auxquelles on a eu recours pour approvisionner d'eau beaucoup de villes considérables, soit en Europe, soit en Amérique; en terminant, je ne puis résister au désir de vous faire part du projet que la ville d'Aix vient d'adopter et qui a reçu la sanction de l'autorité supérieure.

Le voici en quelques lignes :

La sécheresse étant extrême dans le Midi , la capitale de la Provence s'est trouvée réduite à trois litres d'eau par jour et par habitant pour les besoins domestiques. Pour assurer le service des fontaines publiques , un arrêté de l'autorité municipale a dû retirer les concessions précédemment faites aux bains publics , aux lavoirs et aux fabriques.

La pénurie d'eau étant fréquente à Aix , le conseil de ville a pris des mesures pour s'assurer enfin du volume de liquide nécessaire.

Il a voté une allocation de quarante-cinq mille francs, par an , pendant soixante et dix années à une compagnie qui se charge de dériver , à ses frais , la rivière de *Cause* et d'en recueillir les eaux torrentielles dans des gorges profondes qui forment des réservoirs naturels , d'où ces eaux seront amenées à Aix au moyen d'un canal de six kilomètres de longueur seulement.

Ce canal , suivant le projet qui a été approuvé par le Conseil d'État , servira en même temps à l'irrigation du territoire et à l'établissement de nombreuses usines (1).

Voilà un très-beau système , sans doute , imité de celui qui a réussi , à Greenock au célèbre ingénieur anglais Robert Thom, ou plutôt calqué sur l'entreprise plus voisine et *provençale* de Caromb, qui ne fut probablement elle-même qu'une copie traditionnelle

______

(1) Voy. le journal *la Presse* du 14 août 1846.

des réservoirs romains de St-Remy, l'antique *Glanum.*
Cependant, le succès entier d'un projet semblable
excite dans mon esprit certaines défiances dont je
dois vous faire part pour m'éclairer de vos lumières.

En Angleterre et dans l'Amérique du nord, l'eau
se conserve bonne toute l'année dans de vastes réservoirs découverts, et, sans perdre ses qualités d'eau
potable, elle traverse la saison des chaleurs. En France,
il n'en est point ainsi, surtout dans la région méridionale. Au bout de quelques jours, en été, une matière verte se développe dans l'eau, et, par suite de
cette végétation spontanée, le goût du liquide s'al-
tère, il devient malsain.

Aix ne doit donc pas attendre de l'eau potable de
ses réservoirs, cette eau ne pourra servir qu'à l'irrigation, aux lavoirs et aux fabriques.

En second lieu, il n'est pas aussi facile qu'on le
pense de trouver dans une contrée montagneuse des
vallées dont le fond et les côtés soient complètement
imperméables; ne risque-t-on pas, quand on aura fait
de grandes dépenses pour les barrages inférieurs, de
ne pouvoir arriver à remplir d'immenses bassins?
L'exemple des réservoirs de Greenock, de St-Ferréol,
de Lampy, de Rive-de-Gier, de Caromb, est encou-
rageant sans doute, mais enfin, la chance contraire
n'en existe pas moins.

J'espère que nos collègues de la Provence pourront
donner à la Société, sur ce point, les renseignemens
désirables.

En parlant de l'approvisionnement de la ville d'Aix

je m'adresse involontairement cette question : Le
conseil municipal s'est-il suffisamment enquis de tout
ce qu'il était possible de faire, et surtout de ce qui
avait existé, fonctionné autrefois?

Je ne puis m'empêcher de rappeler ici que les Romains avaient amené dans les murs de leur première
colonie gauloise les eaux de trois fontaines très-abon-
dantes, savoir : celle de *Traconades* près de Jouques,
celle de *Vauvenargues*, et celle de *Saint-Antonin*.

La première arrivait par un aqueduc de sept lieues
de long, pour lequel il fallut percer une montagne
d'un quart de lieue près de Meyrargues, et un roc de
deux cents toises de traversée auprès d'Aix.

On dériva dans cet aqueduc principal les eaux des
deux autres sources par deux branches, l'une de trois
lieues et demie de long, l'autre de plus de deux lieues,
de sorte qu'il fallut un canal maçonné et voûté de
treize lieues de Provence de longueur pour amener à
Aix une quantité d'eau suffisante.

Il y avait, sur cette étendue, plusieurs ponts-aque-
ducs pour traverser les gorges ou les vallons; il en
reste encore des parties assez bien conservées.

Vers 1750, on répara plusieurs tronçons de ce canal
pour amener à Aix les eaux de diverses sources qu'on
découvrit à une petite distance de la ville, mais qui
sont bien moins abondantes que celles que les Romains avaient dérivées (1).

Si l'on revenait aux moyens que ces conquérans

1) Mémoires de l'Académie des sciences, 1762, p. 358.

employèrent, l'entreprise pourrait être coûteuse, je l'avoue, mais elle serait glorieuse et donnerait de l'eau *positivement*, *et de l'eau potable.*

Dans ce parti, point d'obscurité, point d'incertitude ; rien ne serait donné au hasard, comme dans la construction des réservoirs artificiels, puisqu'il ne s'agirait que de rétablir, non-seulement ce qui a existé, mais ce qui a fonctionné pendant des siècles.

La chose me semble mériter l'examen le plus sérieux.

(*Lu à Alais, à la réunion extraordinaire de la Société géologique de France, le* 3 *septembre* **1846.**)

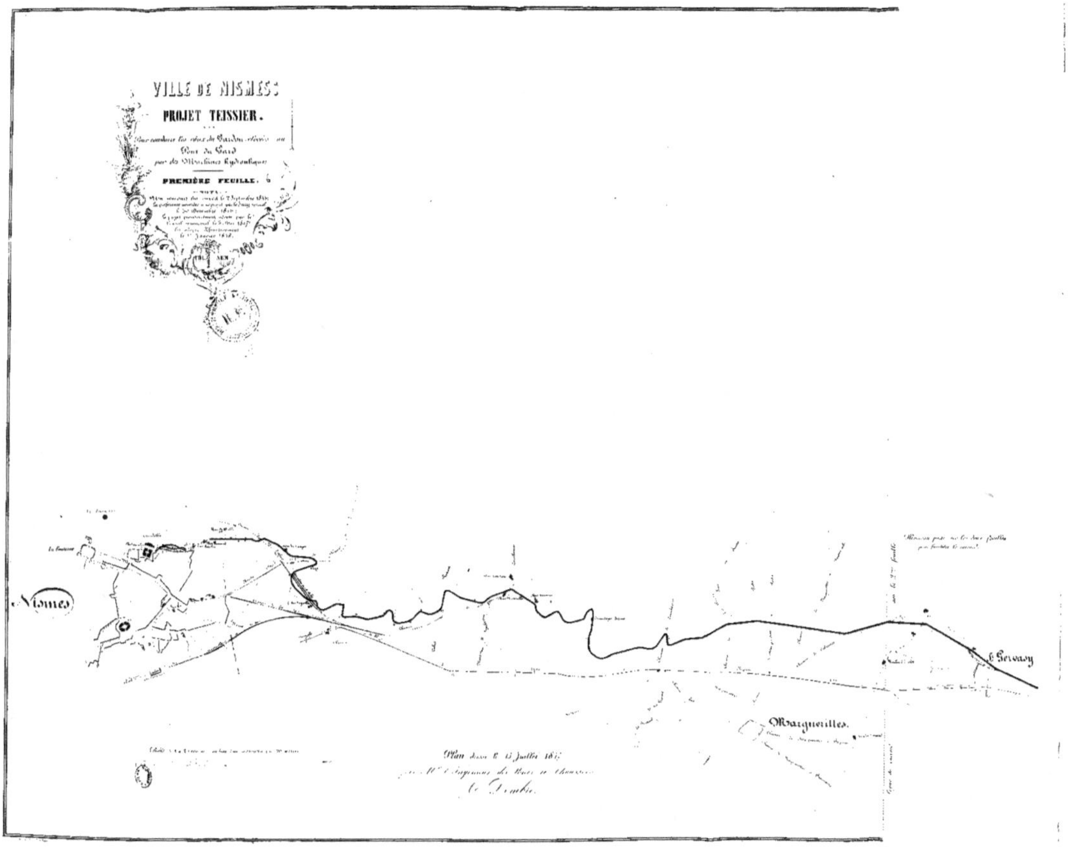

VILLE DE NISMES.
PROJET TEISSIER.
Pour conduire les eaux du Gardon dérivées au
Pont du Gard
par des Machines hydrauliques
PREMIÈRE FEUILLE.
Nismes
Marguerilles.
St Gervasy
Plan dressé le 15 Juillet 1817
L'Ingénieur des Ponts et Chaussées

TABLE DES MATIÈRES.

TOME SECOND. — SECONDE PARTIE.

INTRODUCTION.

*Du Culte des Fontaines et du véritable nom de la source d'Eure
chez les Romains.*

Adoration des fontaines chez les anciens peuples, p. v. — Efforts du christianisme pour la détruire, p. x. — Edicule des nymphes d'Uzès, inscription de *Pandus*, p. xix. — Inscription trouvée à Nimes, se rapportant à la fontaine d'Eure, p. xxiii. — Recherches étymologiques, p. xxv. — Erreur de M. Pelet, p. xxix. — Inscription qui désigne les fontaines de Nimes, d'Uzès et du Vigan, p. xxxii. — Opinion de Mafeï, de Bimard, de La Bastie, de Ménard, p. xxxiv. — Ma première interprétation de cette pierre, p. xxxvii. — Nouvelle étude, p. xli. — Recherches sur *Felicion*, p. xliv; — Sur les *Lares Augustes*, p. xlvii; — Sur le sigle AVG, p. li; — Sur le culte de Minerve, p. lx; — Sur le mot VRNIA, p. lxv; — Sur le mot AVICANTVS, p. lxix. — Explication définitive de l'inscription de *Felicion*, p. lxxii. — Conclusion de l'introduction, p. lxxiv.

CHAPITRE Ier. — *Augmentation de la fourniture d'eau pour Nimes.* — Opinion de plusieurs personnes honorables, p. 321. — Que l'aqueduc soit restauré jusqu'au Pont-du-Gard, et six cents pouces d'eau fournis à la ville, p. 525. — Moyens de satisfaire à ces demandes, p. 526. — Le projet de Lafoux subsiste, p. 528. — On y ajoute une usine nouvelle au-delà du Pont-du-Gard, p. 550. — Motif de presser l'entreprise, p. 557.

CHAPITRE IIe. — *De la quantité d'eau nécessaire aux villes.* — Opinions diverses et contradictoires, p. 541. — Tableau de la fourniture de quarante-cinq villes en Europe et en Amérique, p. 560. — Critique détaillée de ce tableau, p. 561. — Conclusion de ce chapitre, p. 591.

CHAPITRE IIIe. — *Améliorations diverses à nos projets.* — Prise d'eau au confluent du Gardon et de l'Alzon; machines élévatoires à l'est du Pont-du-Gard, p. 597. — La dérivation commençant au confluent de l'Alzon et du Gard est rationnelle, p. 402; — Elle sera facile à établir, p. 407. — Les dommages seront de peu d'importance, p. 412. — Détail des travaux, p. 419. — Force hydraulique, p. 429. — Conclusion, p. 431. — Note sur la dimension des canaux d'amenée suivant leur pente, p. 456; — Autres sur les percés dans le rocher, p. 437; — Autres sur le volume de la fourniture d'eau, p. 439.

Chapitre IVe. — *Suite de la comparaison entre l'emploi d'un moyen hydraulique et celui de la vapeur.* — Auteurs déjà cités, p. 445. — Autorités nouvelles, p. 446. — Opinion de M. de Pambour, p. 446; — Explications sur cette opinion, p. 450. — Allégations de MM. Grouvelle et Jaunez, p. 452; — De MM. Wiksteed et Coriolis, p. 450 à 460. — Résumé, p. 461. — Enquête anglaise, p. 463. — Opinion de M. Gagmard, p. 465; — De M. Moisson-Desroches, p. 467; — De M. de Gasparin, p. 469; — De M. Maynard, p. 470; — De M. Vachon, p. 471, — De M. de Billy, p. 473; — De M. Diday, p. 476. — Pénurie du combustible en France, p. 479. — Durée du bassin houiller d'Alais, p. 482. — Consommation de houille des machines de Paris, p. 486. — Conclusion, p. 496.

Chapitre cinquième et dernier. — Coup-d'œil rétrospectif, p. 498. — État actuel de la question en ce qui touche *le mode d'exécution des travaux*, p. 499; — Quant *à l'emploi de la vapeur*, p. 505; — Quant à la quantité d'eau nécessaire, p. 505. Polémique, p. 509. — Objections de détail, p. 516. — Considérations sur le programme municipal, p. 520. — Conclusion de cette livraison.

APPENDICE.

Des moyens d'approvisionner d'eau les villes d'Alais, d'Anduze et d'Aix (en Provence).

Alais, p. 527. — Opinions diverses, p. 529. — Critique de ces opinions, p. 533. — Projet de l'*auteur*, p. 536. — Calculs dynamiques, p. 539.

Anduze. — Considérations générales, p. 547. — Considérations géognostiques, p. 549. — Moyens à employer pour se procurer de l'eau, p. 551. — Histoire hydrique des montagnes des environs, p. 554.

Aix. — Projet adopté, p. 556. — Objections, p. 557. — Ce que les Romains avaient fait, p. 558. — Restauration de leur aqueduc, p. 559.